梁捷 西方经济思想史讲稿

梁 捷／著

Lectures on History of
Western Economic Thought

復旦大學出版社

目 录
Contents

前　　言 /001

第 一 讲　经济思想史的方法论　/001

第 二 讲　古希腊 /019

第 三 讲　基督教与古罗马　/037

第 四 讲　重商主义与重农主义　/055

第 五 讲　亚当·斯密　/073

第 六 讲　李嘉图与马尔萨斯　/091

第 七 讲　密尔　/109

第 八 讲　马克思　/129

第 九 讲　边际革命　/149

第 十 讲　马歇尔　/167

第十一讲　凯恩斯　/185

第十二讲　三场经济学争论　/203

第十三讲　熊彼特　/221

第十四讲　异端经济学　/241

第十五讲　后凯恩斯宏观经济学　/261

第十六讲　经济学的最新进展　/281

主要参考文献　/299

前　言

本书是过去几年作者在上海财经大学经济学院为基地班的学生开设"外国经济思想史"课程时所使用的讲稿，几经修改，终于和读者见面。在学习和讲授这门课程的过程中，作者曾参考使用过国内外很多相关著作，发觉这些教材虽各有优势，但总有一些不尽如人意之处。最终，作者在大量参考前人工作的基础上，编写了这本适用于中国本科生使用的教科书。

本书写作过程中特别注重以下几个问题。

第一，由于现在的学科分工和知识爆炸，经济系的学生往往缺乏西方历史和政治、社会、制度等各方面的常识知识。而这些常识，又往往是理解西方经济思想的基础。因此，本书在论述西方经济思想的同时，也注意补充相关的历史知识。这些历史知识并不太深奥，但很庞杂，相信对于学生理解西方经济思想的背景有一定帮助。

第二，本书预期读者中有相当一部分的经济系学生。经济系学生一般都学过西方经济学。目前的西方经济学教育多注重技术，而较少讨论历史。所以，激发学生兴趣、帮助学生理解西方经济思想史与当代新古典经济学之间的关系，是本书希望实现的重要目标。

本书坚持在最后几讲介绍西方经济学的最新进展,也是出于此种考虑。

第三,经济思想人物的生平经历与他们的思想之间有着非常密切的联系。所以本书在讨论重要经济思想人物时,都花费一定的篇幅介绍他们的生平活动。过去的经济思想史研究注重抽象提炼,对于人物本身的研究略显不足。这些人的思想非常多元,又有动态变化,需要置于个人的生平经历中才能取得有效理解。

第四,经济思想的演变往往涉及经济思想人物之间的互动和联系,需要动态地考察这些人之间的交往传承。经济思想的演变也绝非线性过程,总有多条线索复杂地交织在一起。所以本书写作时,并不拘泥于章节范畴,而是在必要的地方探讨相关人物和思想。

第五,本书主要基于课堂讲稿整理而成。为了吸引读者兴趣和保持阅读的连续性,本书特意保留了一部分口头表述,并且没有使用图表或任何现代数理工具。

在设计篇章结构时,作者考虑了任课教师授课的各类实际需要。本书共有16讲,适合一个学期16次课程、32个课时使用。每一讲内容都比较充分,如果开设64个课时的课程,也可以用4节课来讲授一讲。如果只有24个课时,那么可以跳过政治经济学和西方经济学已经讲过的内容,选择性地讲授第一到第七讲、第九到第十一讲、第十四讲和第十六讲。

为了便于阅读,本书没有给出太多注释。书末附了一份简要的参考著作,供有兴趣的学生参考。西方经济思想史是一门深邃的学问,若想深入研究,必然涉及海量的一手史料和最新学术研究。斯皮格尔的《经济思想的成长》是这个领域最有影响力的教科书,书后就附有海量的一手资料,有进一步探索需要的读者可自行追溯。

但这些仍然只是专业研究者在研究过程中所使用的工具。新史料和新研究层出不穷,需要研究者独立探索。

在本书的写作过程中,得到上海财经大学以及上海财经大学经济学院的资助。赖建诚、刘丛等师友都曾阅读初稿,给出许多重要意见,在此一并致谢。当然一切缺陷和错误都由作者负责,欢迎读者批评指正。

第一讲

经济思想史的方法论

今天开始西方经济思想史第一讲。本学期的"西方经济思想史"课程共有16次,即16讲,旨在从古希腊的经济学一直讲到当今经济学的最新发展。导论主要讨论三方面的问题:第一,什么是经济思想史?经济思想史的范畴是什么?第二,经济思想史的主要研究方法是什么?为什么要用这些方法进行研究?第三,经济思想史有什么特点?与其他经济学课程有什么区别?讨论完这些问题,我们再对经济思想史所涉及的阅读材料做一些介绍。

一、经济思想史的范畴

首先,有必要先对西方经济思想史的范畴做一番界定。所有学问,从时空来看,无非古今中外。课程主旨是研究西方经济思想,所以我们暂不论中国的经济思想。中国自然很早就有经济理财思想,但真正说到为西方经济学做出一些贡献,那还只是最近几十年的事,中国学者至今尚未获得诺贝尔经济学奖。可以说,在20世纪80年代之前,中国学者的影响几乎可以忽略不计。不过到了今天,华裔学者、中国学者已成为经济学研究中极为活跃的群体,每年发表数量惊人的论文。

我们不仅不讨论中国的经济思想,也不涉及日本、印度、俄罗斯、巴西各国的经济思想。这些国家的学者自然也有丰富的经济思想,但在有限时间内,我们只能重点探讨欧洲与美国的经济思想。过去,北大赵乃抟先生习惯称这门课为"欧美经济思想",说得也没错。今天的美国是全世界的经济研究中心,每年年初的美国经济学年会汇集了全世界的经济学家参与,规模不下数万人,大量中国经济学家都特意去参加学习。而在1800年之前,美国还是个经济不甚发达的地区,学术更不发达,没有特别重要的思想家。奥匈帝国的熊彼特教授在1930年代离开欧洲前往哈佛大学任教,很多老同事都为他不平,觉得是委屈了这位大经济学家。美国经济学今天的地位,与第二次世界大战后美国经济崛起密不可分,却非天然如此。故而学习思想史须有历史感,不可想当然地把今日情形移植到过去。以后如果大家对经济思想有更深入的研究,自然会从时间和空间上拓展自己的阅读和思考。

经济思想史的研究对象和研究范围,过去主要集中在欧洲,尤其是英、法、德三国,甚至主要集中在英国。我们以后会重点讨论的几个学者,斯密、李嘉图、密尔、凯恩斯等,全都是英国人。英国传统与经济学传统有着极为密切的联系,但这绝不意味着其他文化、文明就没有自己的思想传统。即使不说欧洲国家,印度就有自己的思想传统,俄罗斯也有自己的思想传统,泰国、印度尼西亚、坦桑尼亚,只要有一定的历史积累,就会有自己的思想传统。作为入门级课程,没有太多时间在其他文明上展开,但保持开放头脑是学习经济思想的前提条件。

接着再来看时间。我们的讨论从公元前三四百年的古希腊开始,直至今日,跨度是两千多年。"言必称希腊"是一种学术传统,讲西方学术必须从希腊讲起,或者从两希文明讲起。近年来颇有一些学者主张,研究经济思想只应从亚当·斯密讲起。对此笔者不能苟同，原因有二：第一，斯密绝非西方思想的源头。他有师承、有渊源。他的道德哲学有道德哲学的渊源，经济学有经济学的渊源，生活所处的环境更有其独特性。从斯密讲起，就割断了他的思想来源，忽视了他的时代背景。第二，今日我们认为斯密是经济学的开山鼻祖，只是一厢情愿的攀附。《国富论》当然是了不起的经济学著作，但它是否一定是今日经济学之源头？熊彼特的《经济分析史》中对此种说法不屑一顾，认为斯密只是传统重商思想的延续，李嘉图在方法论上有突破，这才真正开创了经济学。现在大家都不加反思地说斯密是经济学的鼻祖，并不深究斯密的思想本意。学习经济思想，千万不能盲从，得批判性思考。

基于以上考虑，我们从古希腊讲起，专门用一次课来讲述柏拉图与亚里士多德的思想。时间所限，我们无法在古代停留过多时间，必须及时转向斯密、李嘉图为代表的古典政治经济学，最终停留在一个很小规模的思想家群体上。但我们要对经济思想讨论的范畴有一个清晰认识。之所以讨论有限几个思想家，是因为他们对于经济和社会问题有精彩表述和深入思考。本课程希望通过探讨这几个人的思想，构建起一套经济思想的叙述逻辑。对于真正的经济思想研究者而言，每个人都有自己心目中的逻辑和表述，这也是思想史可以被反复书写也应该被反复书写的原因。

事实上，斯密的《国富论》是否与中世纪神学家的讨论存在本质区别，或者《国富论》的诞生是否符合科学哲学家库恩所说的范式①迁移？这一点颇为可疑。熊彼特正是出于这一点考虑，将斯密

---

① 库恩在 1970 年出版的《科学革命的结构》中，将一个学科共同体成员所共享的信仰、价值、技术等的集合称作"范式"。

归为旧时代学者,将李嘉图归为新时代学者。我们在阅读教科书时,必须时刻保持警醒,对过去研究范式的分期进行反思,找出原典深入阅读,才能对经济思想建立起自己的认识。

二、经济思想史的研究方法

介绍经济思想史之前,让我们先来看看思想史这个概念。思想就是思想,为什么思想可以有历史?美国著名哲学家洛夫乔伊(Arthur Lovejoy)在1930年代初在哈佛做过一系列讲座,后来结集成为一本书《存在巨链:对一个观念的历史的研究》(The Great Chain of Being: A Study of the History of an Idea)。此书值得一读,这也是美国各大学哲学系广泛研究的一本思想史著作。洛夫乔伊提出"存在巨链"的比喻,很耐人寻味。他认为柏拉图也好,笛卡尔也好,康德也好,就如同一个个环,环环相扣。他们之间存在一些潜在联系,需要前后左右放在一起参详。等你慢慢熟悉了这些人的思想,找到了相扣之处,那么最终,居高临下地看,从柏拉图一直到海德格尔,前后相隔两千多年的人,竟然串成了一条"巨链",而笛卡尔、康德等都是这条巨链上的一个个环。

这条存在巨链并非不言自明,而需要一段一段来识别,来解析,才能证明。在19世纪末20世纪初,西方已经开始流行思想史的这种研究方法。中国较早一批留学生如胡适、冯友兰等接触到这种方法,于是转回头,开始撰写《中国哲学史》。自此以后,老子、孔子与朱熹、王阳明等一同变成了思想史人物。中国的社会科学落后十多年,但也在奋起直追,萧公权撰写了《中国政治思想史》,唐庆增撰写了《中国经济思想史》上卷,胡寄窗稍后撰写了三卷本的《中国经济思想史》，从而形成了中国经济思想史这个学科。所有这些中国各个学科的思想史，都是对西方思想史的一种模仿，源头就是胡适。

内容上可以模仿，方法上仍需要反思。我们今日学习西方经济思想，自然不能再以中国经济思想作为参照，而需要回到西方语境，重新认识西方经济学的源流与演变。虽然已有很多教科书认为，斯密、李嘉图、密尔、马歇尔、凯恩斯等是西方经济学的主线，是存在巨链上的一个个环。但对于思想史研习者而言，这种简单化的描述最不可靠。以美国奥地利学派学者罗斯巴德为例，他也写过思想史的书。他坚持自由主义立场，看轻一切关怀弱势群体、试图改良社会的思想家，但对强调市场的思想家如杜尔哥情有独钟。罗斯巴德认识中的巨链环与很多教科书不同，这一点就能引发我们很多思考。

在具体的研究方法上，有两点必须注意，这也是我们研习经济思想的起点。第一，一定要搞清楚时代背景；第二，一定要搞清楚个人背景。这两点看起来简单，操作起来并不容易。

为什么要关注时代背景？我们举一例，不妨就说斯密。斯密1723年出生于苏格兰。1723年的苏格兰绝非今天的英国，与英格兰有着天壤之别。苏格兰与英格兰分裂数百年，在1707年才达成合并协议，成为一国。从此苏格兰人口快速增长，经济迅速发展，哲学家休谟与经济学家斯密都是在苏格兰快速增长阶段接受教育的思想家，思想背景自然与这个环境有关，与不过相距数十年的洛克、霍布斯就截然不同了。又比如，斯密曾经游历法国，与伏尔泰、魁奈等法国名流交往，学习他们的思想。而法国当时是路易十五时期，正由盛转衰，隐藏了骚动不安的因素，大革命尚未爆发。探讨伏尔泰、魁奈乃至斯密的思想时，这种骚动不安的社会环境作为背景也必须时刻存于研究者的头脑中。

再来看个人背景。我们不妨接着举李嘉图的例子。李嘉图是个证券掮客,或者叫银行家也可,但绝不是现代意义上的经济学家。在我们研究的大多数时间段里,既没有现代意义上的大学,也没有现代意义上的经济学教授,更不用说匿名评审的学术期刊、终身教职这些第二次世界大战以后才有的现代东西。李嘉图 20 多岁时就赚到了足够多的钱,业余时间倾心于研究数学和物理学。他在 27 岁时,很偶然地读到斯密的《国富论》,这才对经济学产生兴趣,尤其对用经济学阐释现实经济问题有兴趣。而当时与他岁数相仿的、最早的职业经济学家马尔萨斯与李嘉图结识之后,两人就开始了通信。马尔萨斯把自己的研究手稿寄给李嘉图,同时也鼓励他整理出版自己的著作。李嘉图虽然对很多现实问题都有研究,但对整理出版非常犹豫。在马尔萨斯的一再鼓励下,李嘉图在 45 岁时出版了《政治经济学及赋税原理》。李嘉图本人与这本书,后来都成为经济思想史上的重要一环。但李嘉图自始至终都不是什么经济学家,也没有给学生上过什么课,这本经典之作就是一个银行家的业余之作。

所以,只有把这些思想家代入那个时代、那个环境,还原他的基本生活,才可能对他的思想环境有一个基本认识。古典经济学家大多数时候都在针对当时的社会、经济问题发言。也只有理解了他们的环境,才能理解他们所要表达的真实想法。

当然这只是第一步的工作,甚至是我们深入阅读之前的准备工作。研究一个思想家,就像认识一个人。在认识这个人之前,你要对他的基本情况有所了解;之后,就是对他留下的各种著述、材料进行分析。有一点需要牢记,我们现在所能接触到的材料永远匮乏不足。斯密主要留下《道德情操论》与《国富论》两部书,并且多次修订,尝试掩盖很多早期的想法。斯密生前还写过修辞学、法学、天文学等许多本书,只是自己都不满意,去世之前付之一炬。我们一般接触的斯密,即使深入研究那两部书,也只是触摸到一个愿意让我们如此认识的斯密,而远非真实的斯密。如何准确理解和认识斯密,这就是有待经济思想研习者开展的具体工作。

三、经济思想史的主要特点

接着再来探讨一下经济思想史学习和研究的主要特点。学无定法,我尝试着概括几个特点,与读者一同探讨。

第一点,西方经济思想史的研究范畴并未固定。前面已经讨论过,经济思想的研究,从研究的时间、空间、对象等很多方面都有值得反思的空间。古典时期的经济思想,过去有很多讨论,但方法论多有问题,存在的盲点恐怕更多。以古希腊的经济思想研究为例。过去有很多学者认为,经济学的概念,从词根来看,源于与柏拉图同一时代的作家色诺芬的《家政学》。但是今天古典学已有很大进展,大家对色诺芬的认识也深刻许多,很容易发现《家政学》与今天的经济学关系不大。与其在色诺芬的书里打转,不如更深入地研究柏拉图与亚里士多德。

在研究柏拉图和亚里士多德的时候,我们也存在大量认识误区,这两人都没有直接以经济学命名的著作。但读一下亚里士多德最著名的《尼各马可伦理学》,就可以发现大量今日经济学在探讨的命题,如善、节制、合理等。《尼各马可伦理学》很值得经济思想研究者研读,而过去很多学者认为这不属于经济研究范畴而轻易放过。

又如中世纪这一阶段的研究。过去学界对其命名为"黑暗的中世纪",而将其完全忽略。但近年来涌现出大量研究证明,不管是中世纪早期还是晚期,都有丰富的经济思想。经济思想研究者应当重视经院哲学中的经济思想。神学家阿奎那在那个时期复兴了亚里士多德主义,对后来的经济思想具有直接的启发意义。我们在研究斯密及更早学者的经济思想时,要注意他们的思想底色即神学背景,这与经院哲学完全分不开。

第二点,西方经济思想研究与其他历史学科应该有紧密联系,与经济史的关系最为密切。近年来,西方的经济史研究取得了令人瞩目的进步,不断更新我们对各个时期经济问题的认识。经济思想的研究应该在这些更新的经济背景下重新审视原有结论。例如,欧洲经济史的进展最为充分。教科书上说,斯密对于自由贸易的态度较为含混,稍晚一点的李嘉图坚决反对《谷物法》,支持对粮食的进口,而马尔萨斯则支持《谷物法》,主张设定粮食进口壁垒。英国在斯密时期,无疑还是一个农业国,一个粮食生产大国。但随着工业进步,农民进城,英国粮食生产逐渐减少,需要粮食进口,这正是发生在李嘉图时期的社会事实。英国从何时起,从粮食过剩转为粮食不足,需要进口的粮食规模又有多少,这些不仅是重要的经济史问题,也应是重要的经济思想史问题。随着现在英国经济史研究的进展,我们可以更清楚地看这些问题,从而更准确地理解李嘉图与马尔萨斯的分歧所在。

再举一例。经济学家在谈论美国 19 世纪经济思想的时候,都非常犹豫。美国内战之前最重要的经济学家、美国辉格党创立者亨利·克莱与内战之后最重要的经济学家、马克思称为"北美唯一有创见的经济学家"亨利·凯里这两人的思想都颇有特点,而且极不同于李嘉图、密尔这一系的英国古典政治经济学,可称为"美国学派"。两人的共同特点是主张关税壁垒,保护幼稚产业,对美国南方种植园经济充满同情。1970年代以后,福格尔等经济史家对于美国内战前南方种植园经济高效率的论点开始引起经济学界的关注。时至今日,美国经济史家用各种方法衡量内战之前南北双方的经济效率,观点分为两派,互不服气。但这些研究,给我们研究当时同情南方、主张关税壁垒的主流经济思想,提供了很多重要意见。

第三点,西方经济思想的研究,应该随着经济学本身的发展而变化。做经济思想研究的学者,亦不能离开对经济学本身的研究,不论是罗宾斯还是熊彼特,都为我们做出了榜样。熊彼特认为,理论、历史与统计,是经济学家必须掌握的三种工具。而在近年里,经济学在这几个方面都取得了巨大进展。

经济学在历史方面的进展,即经济史的意义,前面已经提及。经济学在理论方面亦有很大进展,不仅有大量新兴模型被创建,更重要的是,找到了对很多重要问题、传统问题的新的研究方法。亚里士多德的《尼各马可伦理学》里提及的一系列重要美德在传统经济学里难以得到解释,以至于罗宾斯希望把经济学与伦理学划清界限,各不往来。但时至今日,经济学发明了一系列研究正义、节制等问题的方法,虽与古典研究方法不同,但问题意识并无差别。所以,研究古典经济思想亦需要关注当前经济学研究的最新进展。

而且,经济思想研究的另一分支,也是现在颇为热门的方向,就是研究晚近的经济思想。从弗里德曼到卢卡斯,再到阿玛蒂亚·森,甚至更晚近的、仍然活跃在国际期刊上的作者,也已成为经济思想的研究对象。例如,一些最新出版的宏观经济思想研究专著,就研究"卢卡斯之后的宏观经济思想",一直写到现在热门的DSGE模型。这都是非常好的研究工作。

笔者主张思想史学者必须紧跟学术前沿，这样才能认识学术发展趋势。但也必须指出，这种研究比较危险，如同当代史是历史研究中最困难的部分一样，历史学者一般主张与研究对象拉开一段距离，隔代修史正是出于这个目的。不妨举个让笔者记忆犹新的例子。2000年前后，所谓"千禧年"，人人都觉得这是个重要的新时代。当时《美国经济评论》等杂志也以这个由头，约了一批稿件，请各个领域最出色的学者，畅想一下自己这个领域在新千年会朝着什么方向发展，赫克曼等很多著名学者都应邀写稿。过了几年，回过头去看当时那批文章，可以发现几乎全都预测错了。他们当时预言的发展方向，没过几年就被人抛弃，反而是一些当时并不引人瞩目的领域如实验经济学、劳动经济学等迅速成长起来，成为今天最受欢迎的研究方向。当然笔者并不是各个领域的专家，并不能很有效地判断这些领域是否真正遭遇难以克服的困难。但有一点很确定，即使是各个领域的权威，对这些领域的发展判断也未必准确，学术研究的范式和风潮会受到很多因素的影响，难以预料。因此当代思想史的研究总是比较困难。

但这个领域的研究仍然很有价值。在当今时代，弗里德曼、贝克尔等曾经时髦的学者，都很少在论文中被引用了。论文一般都引用最近十至二十年的论文，如果引更早的文献，也许会被认为不了解当前的学术进展。这样一来，1950—1990年的经济研究就已脱离经济学的研究范畴，进入经济思想的研究范畴。三十年前的经济学已与今天的经济学极不相同，对于有历史感的同学而言，读来一定别有感受。

第四点，西方经济思想的研究应该随着历史材料、历史方法的变化而变化。在这个信息爆炸的时代，大量新材料涌现，出乎我们的意料。或者说，很多材料原本就存在那里，只是由于过去我们研究方法的匮乏，无法利用这些材料而已。

今天，有很多手稿、档案已经电子化，研究者得以有机会通过直接研究档案推动经济思想研究。这些工作可能对于做具体历史研究的人更重要，但对经济思想研究也不无启发。今天交通成本极大降低，使得全世界的研究者都可能去欧洲、美国、日本等各个地方，去查看相应的材料。奥地利学派创始人门格尔晚年把自己的藏书可能还包括手稿，全都卖掉，卖给日本的一桥大学。所以如今要深入研究门格尔思想，就一定要去日本。现在日本的奥地利学派研究非常活跃，可以与欧洲相抗衡。同样道理，如果要研究第二次世界大战以后的经济思想，如萨缪尔森、弗里德曼、加尔布雷斯的经济思想，那一定要去美国。现在真正研究当代美国经济思想的学者还比较少，还有大量的工作有待开展。

同时，历史研究中也有大量的新方法。除了经济史中普遍采用的量化方法之外，还有很多质性研究的方法，归类，比较，地理学的方法，心理学的方法，语言文字分析等，材料越丰富，可以研究的空间也就越大，需要我们掌握各种新工具，把它们引入传统的经济思想分析。

四、经济思想史的阅读教材

对经济思想有一定认识之后，我们接着讨论一个基本问题——教材问题。经济思想史的学习应当采用何种教材？这个问题并没有统一的回答。1949 年以前，北大赵乃抟先生著有《欧美经济学史》，收入《民国丛书》影印本，2007 年重印，今天读起来仍极有启发。中华人民共和国成立之后,北京大学、中国人民大学、复旦大学、浙江大学等各个院校都有学者编纂西方经济思想的教科书。上海财经大学的胡寄窗先生以编写《中国经济思想史》三卷本而闻名学界,但也做过很多西方经济思想的研究工作。以下列举几本。

北京大学的胡代光、厉以宁1982年编写出版的《当代资产阶级经济学主要流派》由商务印书馆出版,在当时学界有很大影响。后来,又有北京大学的罗志如等先生编写的《当代西方经济学说》,由北京大学出版社出版,也被许多学校采用为教材。这些教材都有些陈旧,而近年的教材里,笔者觉得比较突出的有浙江大学蒋自强教授主编的《经济思想通史》四卷本,试图打通中西,也引入过去较少讨论的日本经济思想,很有特色。浙江工商大学的张旭昆教授出版了一系列西方经济思想的教材,试图从不同角度来编排、阐释西方经济思想,代表作是《三次革命和三次综合:西方经济学演化模式研究》。

再来回顾一些已被译成中文的西方经济思想史教科书。近年来,中国学界翻译事业大有进展,大多数较新的经济学著作都被译成中文,经济思想也不例外。虽然每年仍不断会有新作涌现,但我认为有分量的经济思想著作多已被译成中文。

斯坦利·布鲁与兰迪·格兰特合著的《经济思想史》是目前最流行的西方经济思想史的教科书,我也希望将其作为我们这门课的主要教科书。这本书已经出到第七版,仍在更新中。我们知道,更新版本越多,说明一本教科书越受欢迎,越有生命力。曼昆的《经济学原理》也不过更新到第七版,花了20年。而萨缪尔森的《经济学》是史上最受欢迎的经济学教材,1947年出版,一直更新到2010年前后,更新到第十九版。这样对比起来,斯坦利·布鲁的

《经济思想史》更新到第七版,也算经过时间考验。

再来看另一些笔者认为值得参考的教科书。斯皮格尔的《经济思想的成长》,1999 年由中国社会科学出版社出版。这也是一本经典教材,1971 年首次出版,1999 年我们引入的是第三版。这是一本非常详尽的教科书,给出了大量理解经济思想的线索,下卷有一大半是参考文献,非常有用。当年这本书与最经典、最难读的微观经济学教科书马斯克莱尔等的《微观经济理论》同时引入,是必读书目。

接下来是两本也很流行的教科书。一本是埃克伦德与赫伯特合著的《经济理论和方法史》,由人民大学出版社出版,这本书也已更新至第五版,有几十年历史。这本书结构非常清晰,以现在主流经济学的范式为基础去理解古代的思想家。这种做法有助于经济学背景的学生开始研习经济思想。

另一本是兰德雷斯的《经济思想史》第四版,由人民邮电出版社出版。这本书重点突出,对有代表性的几位思想家的思想进行了结构性探讨,便于大家掌握西方经济思想史框架。但我认为这也存在问题,所以不能作为主要推荐教材。

罗宾斯的《经济思想史:伦敦经济学院演讲录》是一本值得回味的著作。罗宾斯是 1920 年代伦敦政治经济学院最有影响的学者,如有大家以后去伦敦政治经济学院学习访问,会知道伦敦政治经济学院最出名的图书馆就命名为罗宾斯楼。我们今天最常用的经济学定义,"经济学是一门研究作为目的和具有不同用途的稀缺手段之间关系的人类行为的科学",就是罗宾斯在 1932 年出版的《经济科学的性质和意义》中提出的。作为一名经济学大师,罗宾斯的上课实录自然极有价值。但也因为是上课实录,所以有所取舍,不会面面俱到。初学者研习这本书,虽能深入罗宾斯思想,但很难跳出来加以反思。

除了以上几本教科书,我还想继续推荐几本不那么主流的书。对经济思想有兴趣的同学,我强烈建议继续阅读以下几种书。

第一种,熊彼特的《经济分析史》三卷本,由商务印书馆出版。熊彼特是近代最杰出的经济学家,从某种意义上说,他与凯恩斯可以并列古典或新古典时代最后的经济学家。而熊彼特的学生,也是凯恩斯的忠实信徒的萨缪尔森,开创了现代意义上的经济学。熊彼特是个百科全书式的学者,无所不知,这种人在当下已很难看到,在经济学圈子中更是早已消失。熊彼特在哈佛大学任教时,晚年一直在撰写《经济分析史》,前两卷基本写完,第三卷只写到一半就去世了,最终由他夫人为他整理出版。

这本《经济分析史》包含了非常多的内容,涉及哲学、伦理学、心理学、宗教学等。很多学者受罗宾斯的影响,认为经济思想中应该把这些内容砍掉。前面提到的几本教科书,除了《经济思想的成长》以外都有这个倾向。而笔者认为这个倾向是错误的,熊彼特的思考路径更有价值。对于青年人而言,一定要先广泛阅读,认识经济学与其他学科之间的关系,才能把握经济学的发展趋势,而非单纯追求"纯粹经济学"。熊彼特的这本书很好,但是对于青年学习者难度较大,甚至对于有经验的学者也会构成一定挑战。

接下来一本非主流经济思想著作,是奥地利学派学者罗斯巴德的《古典经济学:奥地利学派视角》。所谓奥地利学派经济学,并不是奥地利这个国家的经济学,而是一个特定的偏向自由主义的经济学派,因创始人门格尔在奥地利教学和生活而得名。罗斯巴德是奥地利学派经济学在美国的重要代表人物,其著作颇丰,这本经济思想教材带有明显的奥地利学派经济学的特点。罗斯巴德以教科书的形式，撰写了一本奥地利学派前史，介绍古代抱有自由主义倾向的学者，一直写到密尔。密尔之后就是门格尔的时代，罗斯巴德认为，那时已经涌现出门格尔、庞巴维克、米塞斯、哈耶克等一大批现代奥地利学派学者的著作，不必多提。罗斯巴德这部书自然有一些偏颇，只关注自由主义倾向的古典学者，与一般四平八稳的教科书很不同，这也是过去教科书比较忽略的地方。

海尔布鲁纳的《几位著名经济思想家的生平、时代和思想》，1994年由商务印书馆出版，英文原名是《世俗哲人》。这是一本非常精彩的教材，也是笔者反复学习的对象。海尔布鲁纳是美国纽约新学院大学的教授，2005年去世，这本书是他在20世纪50年代写的，当时他还只是个研究生。这本书从斯密写到熊彼特，写得深入浅出，非常贴近古代思想家的真实生活，也是我最为赞同的研究思想史的进路。这本书在美国极为畅销，也修改了好几版，最后的第七版是1999年出的。这本书不像其他教科书那样面面俱到，但对于初学者学习斯密至熊彼特这一段最核心、最精彩的经济思想，非常有帮助。

所谓思想史，都是我们了解一门学科的入门课程，告诉你某位学者在长达千年的思想系谱中处于何种位置，与其他学者之间存在何种关系。只有熟悉了这些基本脉络，才可能深入具体地研究某位学者、某个时期。这些教科书是第一阶段的阅读材料；第二阶段要研读的是它们背后依托的经典经济学著作，如商务出版社的"汉译世界学术名著"丛书中经济学部分的上百册书；再进一步，自然是直接阅读原典和相关资料，直接研究这些学者本身的思想。希望这个学期的16堂课，能帮助经济思想史的学习者走出第一步。

在第一讲中,我们主要介绍了经济思想史这门课的基本范畴,研究方法和学科特点,并推荐了我们主要使用的教科书和参考书。以上就是第一讲的所有内容。

思考题:
1. 西方经济思想史与西方经济学有什么关联?
2. 西方经济思想史中的"西方"有什么特定含义?
3. 西方经济思想史的主要研究方法是什么?
4. 今天的西方经济思想史研究与过去相比会有什么变化?

第二讲

古希腊

西方思想的源头是两希文化，即希伯来文化与希腊文化。希伯来文化对后世影响的关键在于宗教，即犹太的一神教传统，这是整个西方直至今天的思想背景之一。如果不了解神学背景，我们就不可能了解亚当·斯密等一系列学者的思想来源。所以在讨论早期经济思想时，我们需要介绍当时的神学背景。我们将在下一讲中重点探讨这个问题。

这里则主要介绍古希腊，尤其是古希腊的经济思想。古希腊是欧洲文明最直接、最重要的源头，怎么强调都不过分。希腊文明在哲学、诗歌、建筑、科学、文学、戏剧、神话等多个方面都对后来的文明起到巨大影响。"今生，现世，科学与艺术，凡是满足我们精神生活，使精神生活有价值、有光辉的东西，我们知道都是从希腊直接或间接传来的——间接地绕道通过罗马。"① 当然，所有这些因素中，最重要的还是哲学思想，它是科学与艺术的基础。希腊在西方文明中的地位，主要也由哲学决定。我们所关心的经济思想，也必须放在哲学思想的背景下展开讨论。

本讲主要涉及三个问题。第一，古希腊的社会、经济、文化背景；第二，柏拉图的思想；第三，亚里士多德的思想。

---

① 黑格尔：《哲学史讲演录（第一卷）》，商务印书馆1995年版，157页。

一、古希腊的社会、经济、文化背景

首先要明确一下古希腊的地理范围。古希腊绝不等同于今日的希腊,它除了包括希腊半岛外,还包括爱琴海上一系列岛屿,爱奥尼亚群岛,今天已属于马其顿的马其顿和色雷斯,属于土耳其的所谓小亚细亚半岛西部沿海地区等。古希腊有很多大小不一的城邦或者说聚落,其中我们比较熟悉的有雅典和斯巴达。但其他聚落也相当重要,比如荷马史诗《伊利亚特》所描绘的特洛伊战争,它的遗址就在土耳其小亚细亚半岛西海岸中部。也就是说,今天如果要寻访特洛伊遗址,不应该去希腊,而应该去土耳其;又比如《奥德赛》中主人公奥德修斯想要回归的故乡伊萨卡岛,就在希腊的西海岸的爱奥尼亚群岛之中;著名的历史学家希罗多德,相当于欧洲的司马迁吧,就是小亚细亚的哈纳卡里苏这个城市的人,多方游历,最终在雅典写出了有关亚非欧各地风土人情的《历史》。

列举那么多地理知识,还是希望读者把从意大利西西里岛到小亚细亚半岛西岸的这一大片区域作为一个整体来看待。按照如今的地缘政治逻辑,大陆的边缘往往也是国家的边缘。但在古代,从不是这样。大海就是道路,并不比大陆更难通行。我们往往受制于大陆史观,不能自然地通过海洋把不同地区联系起来,这是一个常见的历史错误。

再来明确一下时间线索。西方最早的拥有文字的文明,一般可以追溯到公元前3000年左右,那时美索不达米亚即两河流域以及埃及都出现了比较成熟的文明,拥有文字,也出现了青铜技术。而世界上绝大多数地区的文明还没有兴起,中国虽已存在良渚这样的古国，但尚未进入青铜时代。对于古希腊而言，克里特岛与迈锡尼和伯罗奔尼撒半岛上的迈锡尼都曾出现高水平的文明，并且熟练掌握了青铜技术。到了公元前 800 年左右，迈锡尼文明已经衰落，希腊邦国林立，出现了盲诗人荷马，口述了两部史诗《伊利亚特》与《奥德赛》。法国大文豪雨果在《莎士比亚传》中曾说："世界诞生，荷马高歌。他是迎来这曙光的鸟。"而荷马之前的迈锡尼文明，反而被称作希腊的黑暗时代。学界一般都把公元前 8 世纪左右荷马做史诗到公元前 146 年罗马吞并希腊这一段时间称作古希腊，也是我们要重点讨论的对象。

在这个空间和时间里，笔者列举几件重要的事情，作为帮助读者认识整个希腊历史和希腊思想的参考节点。公元前 776 年，第一次奥林匹克运动会，象征着希腊文明走向兴盛；公元前 594 年，雅典领袖梭伦改革，奠定雅典民主政治道路；公元前 624 年，泰勒斯诞生，希腊哲学开始出现；公元前 492—前 449 年，三次希腊-波斯战役（第一次战役包括马拉松之战，第二次战役包括温泉关战役即"斯巴达三百勇士"、萨拉米湾海战等）；公元前 431 年，希腊-斯巴达伯罗奔尼撒战争；公元前 336 年，马其顿的亚历山大大帝即位，随即东征，灭波斯，至公元前 323 年病死，成就横跨欧亚的大帝国，从波斯到埃及再到广大的中亚地区都进入希腊化时期；公元前 146 年，正在崛起的罗马帝国吞并衰弱不堪的希腊。

城邦在公元前 8 至 7 世纪初步出现。按照希腊研究名家韦尔南在《希腊思想的起源》中的说法："在希腊思想史上，城邦的出现是一个具有决定性的事件。"因为它并不是一个简单的政治制度的改变，同时导致了思想的改变，即与政治有关的哲学的诞生。城邦是一种全新的人与人之间的政治关系，只有在这种关系之下，话语或者说修辞术、论辩术的重要性才凸显出来。人与人之间的关系，从直接的身体斗争转变成思想和政治的博弈。而对论辩真理的追求，即对事物本质的追求，也成为哲学的原初动力。基于文字的教育、法律、被压抑的宗教传统转变为秘教。这就是古希腊文化的总体背景。

有了这个总体的思想背景，我们再来讨论古希腊的经济模式。这里涉及一个极大的争议。传统上，西方学者、苏联学者都认为，古希腊是一个以商业贸易立国的地区。从雅典到斯巴达，从爱奥尼亚到小亚细亚，各个小国都擅长航海与贸易。希腊地区资源丰厚，橄榄油、纺织品、陶器、青铜器、白银等，现在都还能找到不少遗物。而中华人民共和国成立之后，我国老一辈的世界史学者如刘家和、吴于廑等先生也都坚持这一点，认为希腊是一个以工商业和贸易为主的地区。

然而这种观点，随着这几十年来考古学和文献学的巨大进展，逐渐被一些学者所否定。"剑桥古史学派"许多大师都反对把希腊的经济模式称为"古代的重商主义"，认为这只是一种理想化的神话。希腊的社会结构远比我们设想的要原始，绝大多数希腊地区的人都以务农为生，希腊本质上是个农业地区。

复旦大学的黄洋教授在《古代希腊土地制度研究》中指出，希腊是一个重农轻商、以农为本的地区，农民地位高于其他职业，这是希腊当时多数人的共识。黄洋甚至认为，原初时候，希腊并没有土地私有制的观念。这种观念是在城邦形成过程中逐渐确立的，也是公民观念的一个重要组成部分，与公民政治权利紧密相连。这种观点在西方早已成为主流，但在国内尚未被教科书所普遍采用。

以上就是我们讨论希腊经济思想所必须面对的政治、社会、经济背景。本讲的主要内容是柏拉图与亚里士多德，下面就在前述的基础上，分别讨论两人的思想。

二、柏拉图的思想

柏拉图生于公元前 427 年，死于公元前 347 年。他与他的恩师苏格拉底、他的弟子亚里士多德被称作"希腊三贤"。为何我们只讲柏拉图与亚里士多德，却不讲苏格拉底？因为苏格拉底没有著述，而柏拉图有很多著述，著述里却只有苏格拉底，而没有柏拉图。这也是我们阅读柏拉图所必须明白的一点。亚里士多德则不然，现存亚里士多德的著作都为课堂授课的讲义笔记，不存在柏拉图诸多"对话录"的戏剧性。

所以研究柏拉图这个人，必须与苏格拉底置于一处，一并研究。柏拉图身材高大，相貌优美，辩才无碍，才华出众，而且出身于一个比较富裕的雅典贵族家庭，家庭中有不少政治家，所以他从小就持有不小的政治抱负。但不幸的是，他生活在一个雅典社会转型、民主衰落的时期。在公元前 450 年前后希腊与波斯持续数十年战争之后，著名政治家伯利克里主导了雅典民主政治，并在外交上拉拢一些小国，组成提洛同盟。此时，与雅典相邻并长期不睦的斯巴达也在崛起，组织了针锋相对的伯罗奔尼撒同盟。两个同盟摩擦不断，从公元前 431 年正式开打，即所谓的伯罗奔尼撒战争。后来曾参与战争的雅典大将修昔底德撰写了《伯罗奔尼撒战争史》，成为史学经典。

苏格拉底就曾参加过伯罗奔尼撒战争，据说还颇为勇敢。但他职位不高，无关大局。公元前 404 年，雅典彻底战败，斯巴达攻破雅典，在雅典扶持了一个傀儡政权，史称"三十僭主"，标志着经历数百年、凝聚数代人心血的雅典民主制度崩溃。此后雅典政治仍有反复，再从僭主制转向代议民主制，但其最辉煌的时期已经逝去。当时柏拉图才二十出头，正想一展身手，却遭此政治打击。

这还不算什么。公元前 399 年，雅典发生一件思想史上的大事，即苏格拉底被民主投票判处死刑。有人说，西方思想史的核心是两人之死，一是苏格拉底之死，一是耶稣基督之死。苏格拉底并非必死不可。按照美国学者斯东在《苏格拉底的审判》的看法，这是苏格拉底自觉寻死，苏格拉底希望用自己的死给予雅典民众以启示。苏格拉底入狱之后，还有人试图救走他，可是都被苏格拉底严词拒绝。柏拉图亲历了这个过程，对他的人生造成巨大影响。

今日我们常见的柏拉图的著作，有时取名为《柏拉图对话录》，由数十篇组成，还夹杂一些伪作。过去谈论最多的是他的《理想国》与《法律篇》，但《理想国》是他中年时期的集大成之作，《法律篇》则是他晚年的思考，对于不熟悉柏拉图思想和表达方式的人而言，都不易读。我主张按照发展顺序，先读柏拉图早期著作，尤其是关于苏格拉底之死的那些著作，如《申辩》《克力同》《游叙弗伦》；再读柏拉图中期戏剧性比较强的著作，如《会饮》《斐多》《斐德若》；熟悉了柏拉图的表述方式后，再读《理想国》。读完《理想国》之后，再补充读其他著作以及《法律篇》。柏拉图的思想浩瀚广大，希望简单地从《理想国》和《法律篇》中提取出他的思想，那是绝无可能的。

读过一些柏拉图的著作就会明白，这些都是一篇篇"对话"，更准确地说，都是一出出"戏剧"。苏格拉底是戏剧中永恒的主角，而柏拉图自己几乎从未在这些戏剧中露面，连一般的配角都不是。柏拉图把自己深深地隐藏起来。我们在柏拉图这些书里找不到出自柏拉图之口的意见,"柏拉图思想"从何谈起?也有人建议,苏格拉底是永恒的主角,那么柏拉图可能就借助苏格拉底之口表达了自己的意见,可以用苏格拉底的话作为"柏拉图思想"。但问题是,在对话中,苏格拉底虽然总处于优势地位,但他并不愿意说教,而是喜欢使用反诘的方法,诱导周围人说出自己的观点,加以引申发挥后,有效地形成矛盾,从而促进周围人的思考。苏格拉底所说的一切,从今日角度看,多是"话术",又怎能算是"柏拉图思想"。

更深一层地思考,苏格拉底所说的话,是否真是柏拉图心中所认同的内容呢?柏拉图为什么不肯直接地写出自己的观点,而要费尽心思地搞出这些戏剧、对话?芝加哥大学已故的政治哲学大师列奥·施特劳斯认为,这才是问题的关键。柏拉图目睹苏格拉底被民主审判致死,柏拉图深知政治本身的危险性,在雅典民主制崩溃的时代,他用这种"隐微书写"的方式既可以表达自己的观点,又能有效地保护自己。柏拉图的这些著作本身就包含了两重或者多重的含义,不同人所读到的东西、理解的东西各不相同。对一般人而言,只能读出柏拉图的字面意思,即浅白书写的层面。而对于有经验的读者,受过施特劳斯学派大师的指点,就有机会从仔细深入的文本阅读中,理解柏拉图真正要传递的思想。我不想在柏拉图是否"隐微书写"这个问题上纠缠,但我同意施特劳斯学派的很多看法,阅读柏拉图绝不能简单粗暴、断章取义。我们要理解柏拉图对一些经济问题的看法,就一定要先理解作为背景的政治思想。

柏拉图认为,认识事物的关键在于"理念",又有人将其翻译成"相"。比如桌子就有桌子的理念,我们平时看到的只有高的、低的、圆的、方的、木质的、石质的各种各样具体的桌子,但是我们都能很快地将其命名为桌子,我们相互之间也并不会误解。这是因为，所有桌子背后都有桌子的理念，这种理念能被我们的心智所认识。理念是普遍性的，桌子、杯子是这样，勇敢、善良、美好等亦是如此，正因为有理念，我们才有可能认识这个世界。今日我们谈论经济学，谈论各种市场、交易、货币、GDP 的增长，这些概念背后的理念都是什么？

最终的理念是不可达至的。你可以找到各种各样的桌子，但不可能找到"桌子"。按照柏拉图的看法，所有事物都是对理念的模仿而存在，所有的桌子就是对桌子理念的模仿，所有的善都是对善的理念的模仿。事物因为对理念的模仿而成为事物，柏拉图认为，我们这个可感知的世界也不过是造物主根据理念世界所创造，所以要认识终极理念是极困难甚至不可能的。但另一方面，我们可能天然就掌握这些理念，在前世就已熟知所有理念，只是"忘记"了。所有的学习过程，只是帮助我们"回忆"起那些已被遗忘的记忆而已。

在此基础上，我们来讨论一个后来被不断提起、今日仍然具有重大影响力的问题——分工。这个命题因为后来被亚当·斯密在《国富论》的开篇中讨论而被一些经济学家所了解。柏拉图在《理想国》的第二卷中也提及分工。但柏拉图论述的分工与效率没有半点关系，而是与个人的等级、个人的品性直接关联。柏拉图认为，分工的意义仅在于使得每个人专门去做最适合他性格的工作，从而导致效率提高。有些人能坐得住，就适合做一些需要专心一致的工作；有的人好静不好动，就应该去做更需要活动的工作。

柏拉图在《理想国》中表达了如下意思：理念与理念的等级不同，比如"马"作为理念高于"白马"，"白马"又高于"白色蒙古马"；人与人的等级也不同，也存在等级差异；劳动分工可以根据每个人的习性,去做最适合自己的工作,从而对整个城邦有利,实现城邦的正义。这种说法,从启蒙主义之后的政治制度来看,是明显的"政治不正确"。但在柏拉图本身的思想体系里,具有很强的说服力。柏拉图的这本对话录,一般翻译成《理想国》,有些学者主张更直接地翻译成《王制》。显然它不是《经济学原理》,而是从古典的、原初的立场上探讨城邦应当采取的善的政治制度,这是认识《理想国》的基础。

我们不妨顺着这个问题继续追问。《理想国》的核心议题是"正义",包括个人正义、城邦正义等概念的联系和互通。后来的斯密是将分工与效率联系在一起,这已为我们所熟知。但这并非天然。在柏拉图看来,与分工相联系的是正义,每个人都从事最适合自身内在德性的工作,这才是实现正义的必要条件。说实话,这个观点比分工提高效率更符合我们的直觉和常识。

所以毫不奇怪,很多人听到后来经济学的奇谈怪论,都会异常惊讶。已故华裔经济学家杨小凯认为,系统会自动朝向分工的趋势演化。而事实上,人的直觉总是反对分工的。18世纪,有个法国医生写过一本《人是机器》的书,收入商务印书馆"汉译世界学术名著"丛书的哲学系列。它的意思是,人体就像一部机器,复杂而有序地运作。这种机械观点当时就遭到批评。到了20世纪,机器已变得越来越简单,泰罗发现人的劳动可以根据动作进一步拆分,福特发现可以用流水线组装汽车,人的劳动被彻底机械化。用我们很熟悉的一个词来说,就是马克思说的"人的异化"。

如今时常听到一种批评,认为经济学在伦理学维度存在缺失。哈佛有两位教授,写作《经济学原理》的经济学教授曼昆与写作《正义》《什么是金钱不能买到》的伦理学教授桑德尔,一直在这个问题上争论不休;北京大学的汪丁丁教授也一直倡导"寻找市场经济的道德基础"。所有这些问题的根源都在于此。回到柏拉图,回到《理想国》,我们却发现并不存在这些所谓的问题。后来斯密偏离了柏拉图的方向,发展了经济学,也同时引发了这些问题。这正是我们学习思想史的趣味之处。

三、亚里士多德的思想

柏拉图的思想深不可测、无穷无尽,但时间所限,接下来我们讨论亚里士多德。亚里士多德是柏拉图的学生,公元前384年出生,公元前322年去世。他是一个与柏拉图截然不同的哲学家,性格不同,写作表达方式也完全不同。但这两人都是历史上最伟大的学者,都值得我们终身来阅读。

亚里士多德出生于希腊北部色雷斯地区,与马其顿王国毗邻。他的父亲就是马其顿的御医,所以后来亚里士多德也应马其顿国王之邀作为年幼的亚历山大的老师。日后,亚历山大成为亚历山大大帝,东征亚洲,把希腊文明一直传播到非洲和中亚,彻底改变了世界的面貌。这一切战功和判断,与亚里士多德的教育也有一定的联系。

总体而言,亚里士多德并没有像柏拉图那么强的政治野心。他只是对这个世界抱有好奇心,从小就对自然世界有兴趣,后来又在柏拉图的影响下,对哲学产生了兴趣。亚里士多德从18岁直至38岁,一直在雅典跟着柏拉图学习,长达二十年。他跟随柏拉图的时间最长,也确实学到了最多的知识,成为一个无所不知的百科全书式学者。

柏拉图死后，亚里士多德走访了一些地方，又被马其顿国王聘请去教授亚历山大。等亚历山大20岁即位时，亚里士多德离开马其顿，回到雅典，创建了吕刻昂学院。由于亚里士多德喜欢与学生一边散步，一边讨论学术，所以他这一派又被称为逍遥学派。亚里士多德绝大多数著作都是他在吕刻昂学院这一时期留下来的，有些是授课讲义，有些是学生的笔记，涵盖逻辑学、形而上学、自然科学、人文科学、伦理学、政治学、美学等几乎人类知识的所有方面。也就是亚里士多德开始授课时，亚历山大大帝开始东征，占领埃及、波斯直到印度河流域。公元前323年，亚历山大大帝在凯旋的过程中猝死。亚里士多德也离开了吕刻昂学院，第二年，亚里士多德也因病去世。

以上是亚里士多德的简要生平。再来看一下亚里士多德的写作风格。从后世的角度看，亚里士多德的写作比柏拉图要可靠但无趣得多，熊彼特形容读亚里士多德的东西都是"斯文尔雅、平淡无奇、带有庸人气味，而且很有点浮夸的常识"。但无论如何，亚里士多德较柏拉图来得直率坦白。亚里士多德并不回避问题，不会像柏拉图那样通过苏格拉底之口、用华丽的反诘来兜圈子，而是小心翼翼地运用逻辑给出解释。他的很多解释看起来都还属于常识范畴，但由于亚里士多德性格谨慎，坚持古希腊的传统品质——中庸调和，最终容易被大家所接受。阅读亚里士多德时，我们不必像阅读柏拉图那样小心翼翼，而可以使用我们更熟悉的逻辑工具。

亚里士多德的书很多，所有知识都相互联系、相互补充，形成一个相当完善的体系。直到中世纪，大多数人的知识结构仍然由亚里士多德的这些著作所奠定。当然亚里士多德对物理学、生物学的观察并不完全正确，中世纪之后科学的发展就从推翻亚里士多德的很多结论开始。亚里士多德把所有的知识分为三个类别。第一类别是理论的科学，包括数学、自然科学与形而上学；第二类别是实践的科学，即伦理学、政治学等；第三类型是创造的科学，即诗学。我们只讨论实践的科学，主要包括两本书：《尼各马可伦理学》与《政治学》。

《尼各马可伦理学》从"善""德性"这些概念开始讨论。在今天英语统治的学术世界里，很难准确翻译"善"。有一个重要译本就把"善"根据理解翻译成"幸福"，我觉得很有道理。幸福现在不正是福利经济学的重要议题吗？我们再挑一个关键词来讨论——《尼各马可伦理学》第四章里的"公正"。公正、正义都是很复杂的概念，自柏拉图、亚里士多德开始，上千年来一直在讨论。最近一次热潮是20世纪70年代哈佛哲学教授罗尔斯写出《正义论》，这被认为是过去一百年最重要的哲学著作，但仍不完美，所以对正义的讨论仍在延续。

亚里士多德还没有能力像罗尔斯那样构建复杂的正义系统。但他用的是和罗尔斯一样的分析方法，试图寻找一种公正的定价法则。亚里士多德认为，不论物物交换还是财货交换，必须遵循公平原则，即双方的付出和回报必须"相等"；反过来说，只要交换、交易双方的财货是"相等"的，我们就可以认为这种行为是公平的。

经济学家很容易由此联想到后来李嘉图刻意区分的价值与交换价值，即抽象出一种内在的、不依赖于市场交易的价值本身，这一点在马克思手里发扬光大。但这不是亚里士多德的本意。亚里士多德注意到这个问题，但并不愿意对商品本身做什么价值的抽象，而更愿意在市场的范畴内解决公平的问题。他认为，正常的价格竞争都属于公平范畴之内,都是公正的价格。公正价格就是整个社会对每一种商品的估价,就是这个数值把公正与其他自然而然的观念联系起来,如此就足够了。

亚里士多德对于抽象的价值并无兴趣,他更愿意将公正价格与货币联系起来。《尼各马可伦理学》中是这样表述的:"因此,货币可能是一个使各种东西相等的尺度,通过应用它们而可能使各种东西得到共同的测量。没有交换便不能有结合,而没有等同性便不能交换,而没有共同的可测量性,等同性也是不可能的。"在这里,亚里士多德认为货币的可测量性是一个关键性的用途,通过货币,我们才能得到公正的价格,才能实现公正,从而最终实现善或者幸福。

而货币之所以成为货币,是因为它具有便于交易的属性。我继续摘引《尼各马可伦理学》的内容:"货币是一种媒介或工具;它测量每一种东西,因而它测量过剩的东西和短缺的东西。例如,等于一栋房子或一顿大餐的鞋子的数量。当一个建筑师走进鞋店的时候,必须有如此多的鞋与一栋房子或一顿大餐相适应,否则便不能进行交互或结合。但这将是不可能的,除非鞋与房子或大餐在某种意义上是等同化的。"

所以,亚里士多德已经准确地认识到货币必须拥有交易方便和测量尺度的作用,这也是他构建包括公正、善等系统理论所必需的推导。但是,我们不应根据后来的经济学理论过度推测亚里士多德头脑中的归纳倾向。亚里士多德的著作中有多处可以反驳这一点,如他在《尼各马可伦理学》中就说,"货币只是约定俗成地成了需要的代表"[1],所以可以由社会习惯加以改变或废止,这种看法就更接近后

---

[1] 亚里士多德:《尼各马可伦理学》,商务印书馆2003年版,第144页。

来自由主义延续至今包括比特币热潮在内的自由主义货币观念。

亚里士多德的著作可以从更多角度加以分析，例如，还有很多思想家热衷于讨论亚里士多德对利息的看法。我们在这里不多展开，只说一点，亚里士多德对利息的看法也与他对公正、善的追求有关。亚里士多德并不反对利息，他几乎不会反对任何习俗传统中就"自然"存在的事物，而只是追求公正与中庸。在亚里士多德看来，自我克制、审慎行为、追求适度是最高的德性、最重要的德性，这也是古希腊传统中最有价值的一种德性。今日的经济学研究以"最优效率"为目标，而亚里士多德的思想以"审慎、适度"为目标，两者各自如何通向最高的善，这一点值得我们思考。

就在亚里士多德在吕刻昂学院传播这些系统知识的同时，马其顿的亚历山大大帝的军队开始了东征。亚历山大先是一统希腊，然后横扫中东地区，再进入埃及，进入波斯，一路向东，最终到达印度河流域。亚历山大发现士兵们有了思乡之情，终于决定撤兵回归。他一路征服的地方都建起了"亚历山大城"，最东端一直建到如今的阿富汗，其中最有名的一个城市是埃及的亚历山大。后来在这个城市里建立起世界七大奇迹之一的灯塔和图书馆。图书馆毁于罗马大帝凯撒之手，灯塔后来也倒塌了。亚历山大横扫天下，在归乡的过程中，在巴比伦突然去世，年仅33岁。

亚历山大大帝的突然去世，使得他所征服的地区迅速分裂，亚洲地区基本为塞琉古帝国所继承，埃及则变为托勒密王朝。但是塞琉古帝国仍然保留了大量希腊传统，即后来所谓的希腊化时代。这些希腊化地区也崇拜希腊诸神，在打造的金银钱币的正面用青年亚历山大大帝的形象，反面用赫拉克利特的形象，有识之士开始研习柏拉图、亚里士多德等希腊思想家的著作，后来演变成为新柏拉图主义等。

希腊地区的政治、经济、军事都开始衰落，思想观念的黄金时期也已过去，但它对欧洲乃至整个世界的影响仍在长期持续。古希腊的经济思想就先讲到这里，下一讲要讲述基督教及罗马帝国时代的经济思想。

思考题：
1. 古希腊与今天的希腊有什么联系和区别？
2. 为什么古希腊会涌现重要的经济思想？
3. 柏拉图的写作具有怎样的特征？
4. 亚里士多德的写作，与柏拉图有什么联系和区别？

第三讲

基督教与古罗马

本讲主要讨论基督教的兴起以及罗马帝国时期和中世纪的经济思想,时间跨度超过千年。本讲的内容可以分为三个部分:基督教的兴起、奥古斯丁的思想、中世纪神学家阿奎那的思想。

一、基督教的兴起

基督教是世界三大宗教之首、西方文明的基石,两千年来的西方文明可以说都建立在基督教的基础之上。按照国际上的统计调查,全世界大约有 1/3 的人是基督徒,是全世界信仰人数最多的宗教。我们到欧洲任何一个国家,都能看到大量宏伟的教堂;任何一个收藏古物的博物馆,都能看到大量基督教主题的艺术品;任何一个酒店,床头柜里都会有一本《圣经》。不了解基督教文明,就无法真正了解西方文明。

基督教早已遍布世界。即使一些非传统基督教国家,现在也纷纷转向基督教。例如,菲律宾是个有 1 亿人口的大国,90% 的民众都信仰天主教;又如韩国,它在历史上主要信仰儒教或者佛教,但现在韩国也有 30% 以上的民众信仰基督教,这个数字还在快速增长之中。

从中国历史看,基督教的一个分支在唐代就已传入中国,被称作景教。西安碑林有一块"大秦景教流行中国碑"记录此事。中国一直有不少基督徒，逐渐形成了中国的基督教传统。近几百年，许多欧洲及世界各国的传教士前来中国传教，为中国带来基督教的同时，也带来很多科学技术知识，是中西交流的重要渠道。中国人最早对亚当·斯密等西方的经济学者有所了解，也与19世纪中期传教士的工作分不开。所以我们学习西方经济思想，一定要对基督教和《圣经》有所认识。

今天我们所使用的《圣经》一般包括两个部分，即《旧约》与《新约》。它们分别形成于两个完全不同的阶段。《旧约》这一部分不仅为基督教所继承，犹太教乃至伊斯兰教也部分承认《旧约》。《新约》反映的是耶稣基督的福音，只有基督教承认。《旧约》是一部同时带有神话与历史特点的著作，它以世界诞生即《创世记》的神话作为开篇，主要叙述以色列人为核心的历史，摩西带领族人出埃及等，一直写到大约公元前5世纪。《旧约》的主要内容是"摩西五经"以及接下来的"历史书"，还有"诗歌智慧书"等，著名的篇章包括《约伯记》《雅歌》等。

《旧约》写作经历了很长时期，学界看法不一。大约从公元前五世纪这段时间开始撰写，一直补充、修改到公元前1世纪，后来还有局部改动。《旧约》最初是由希伯来文书写的，大约在公元前280年左右，由72位来自埃及的犹太学者翻译成希腊文，又叫"七十士译本"，那时候的《旧约》就大体上与今天的版本接近。

相比之下，《新约》就完全不同了。《新约》的核心是"四福音书"，即记录耶稣基督诞生到被钉十字架受难，死后再复生的经历。耶稣在十字架上的受难是基督教的核心事件。"四福音书"即马太福音、马可福音、路加福音和约翰福音，分别从不同角度记载了耶稣的身份、生平和地位。它们都记录了耶稣基督的奇迹，正是在这个意义上被称为福音书。耶稣诞生就是公元 0 年，这也表明了基督教在西方历史叙事中的重要性。耶稣大约在公元 30 至 33 年之间被钉十字架，之后，他的很多学生和信徒开始传播福音。虽然很多人对耶稣的真实性表示怀疑，但因为耶稣被钉十字架一事被多种福音书以不同方式记录，一般我们认为它是一桩历史事件，而非完全虚构的神话。

在古代，没有印刷术，所有经典文本的复制都依赖手抄。《旧约》圣经在几百年时间里，被不同语言翻译、传抄，各个环节都有一些改动。《新约》形成的时间较短，争议更大。我们今天读到的《圣经》内容，在公元 397 迦太基会议上得到正式确认，以后不再增添新的文本。

基督教在欧洲传播开来，经历了几百年的艰难历程。例如，《新约》中的《使徒行传》里就记录了基督徒在各地传道的经历。又如，《新约》里有一半的内容是所谓的"保罗书信"。犹太人保罗一开始并不信仰基督教，认为耶稣是一种异端，支持打击迫害基督教。但后来的一次经历，让保罗感受到神迹，因而他转变为使徒，努力传播基督教。"保罗书信"就是保罗对各地教会关于基督教教义的书信。保罗传教的影响力极大，就是在保罗这样有能力实践、传播基督教的使徒工作下，基督教在整个欧洲传开，这些书信后来也被接纳为《新约》的一部分。

在讲述基督教如何成为基督教的过程中，我们同时要学习一下古罗马的基本历史。罗马就是今天的罗马，在意大利半岛中部，历史可以追溯到公元前 700 多年所谓的罗马王政时代。罗马的早期历史尤其是罗马建城的历史充满传说，不必完全当真。一直到公元前 509 年，罗马建立了元老院，从政体上说从王政时代转为共和国时代。罗马共和国从公元前509年一直延续到公元前27年屋大维称帝，罗马进入帝国时代。也有人认为应该从公元前44年凯撒担任终身独裁官开始算，从那时候起，罗马的共和国时代就已经结束了。

罗马是一个农业社会，经济比较原始，人民比较淳朴。在希腊文明笼罩地中海的时候，罗马并不引人瞩目。希腊在伯罗奔尼撒战争之后，城邦的民主体制逐渐衰落。同属于希腊文明的马其顿的亚历山大大帝在公元前330年前后的东征虽然一时惊艳，把希腊文明播撒到非洲、西亚和中亚，但也很快分裂和衰落下去。而罗马就是在公元前3世纪前后，利用军事力量开始崛起。

公元前246年到前146年，罗马与北非的迦太基为争夺地中海的霸权，展开三次战争，即所谓布匿战争。迦太基遗址在今天的突尼斯，是北非的重要旅游景点。三次布匿战争在历史上非常有名，迦太基有一员名将叫汉尼拔，曾经率军翻越阿尔卑斯山、奇袭罗马，但最终还是被罗马战败，失去海外领土。而在最后一次布匿战争中，罗马彻底消灭了迦太基，将其变为一个行省。罗马同时发动了马其顿战争，吞并了古希腊，又征服了伊比利亚半岛即西班牙，还进一步扩张到小亚细亚半岛甚至黎凡特地区，成为一个以欧洲为主但延伸到亚、非的巨型帝国。

罗马共和国时期的军事武功令人瞩目，诞生了一系列英雄人物。例如，公元前60年，罗马形成了克拉苏、凯撒和庞培的前三头联盟。很快凯撒打破这个约定，横扫欧洲，独裁统治，将各种权力集于一身。凯撒于公元前44年被刺杀。后来，安东尼、雷必达与屋大维又公开结盟，形成所谓的后三头同盟。很快，屋大维又打破约定，再一次集权，改称奥古斯都，罗马正式进入帝国时代。凯撒与奥古斯都都是著名的英雄人物，生平经历跌宕起伏，被改编为各种电影、电视剧。

罗马帝国时期很长，我们将其大略分为三个阶段。从奥古斯都称帝，一直到公元200年左右，罗马帝国一直比较强盛。在这段时间里，罗马既有比较贤明的皇帝如著名的图拉真、哈德良等，也有比较暴虐的皇帝如尼禄。但总体而言，罗马帝国还算比较稳定，疆域也扩大到极致。耶稣基督受难正发生在这期间，判处耶稣钉十字架的正是罗马帝国犹太行省的总督彼拉多。从耶稣受难直到公元二三百年，基督教一直被认为是异端宗教，大量基督徒被迫害乃至处死。优西比乌的《教会史》中详细记录了早期基督徒被迫害的历史。

公元200年之后，罗马帝国开始陷入所谓的三世纪危机。三世纪危机包括内战、外敌入侵与经济危机，而基督教与这些危机都纠缠在一起。罗马帝国疆域辽阔，皇帝用行省的方法控制各个地区，但缺乏中央集权，对边远地区的控制力有限。戴克里先皇帝率先改革，推出"四帝共治"的政治管理制度，即在整个境内确立两个皇帝、两个副皇帝，两个在东方、两个在西方，分头管理整个帝国，这也在很长一段时间内成为罗马帝国的基本政治制度。但这个制度的最大缺陷在于继承权，子承父业与副皇帝即位一定存在冲突，皇权转移必定导致内乱。

戴克里先的继承者君士坦丁大帝统一了罗马帝国。君士坦丁大帝信奉基督教，于公元313年颁布《米兰敕令》，承认了基督教的合法地位。公元325年召开第一次尼西亚会议，君士坦丁大帝亲自主持，开始了基督教形式化、正典化的过程。同时，君士坦丁大帝在东方拜占庭修建新城，命名为君士坦丁堡，这就是今天土耳其的伊斯坦布尔。君士坦丁大帝雄才大略,推动了基督教合法化,但他死后,罗马又一次陷入分裂。公元395年,罗马帝国正式分裂为西罗马帝国与东罗马帝国,且再没有统一过。

至此,罗马帝国在军事、政治、经济各个方面都开始走下坡路。公元410年,罗马城被蛮族攻破。公元476年,西罗马帝国最后一位皇帝被废除,西罗马帝国消亡。而此时,远在君士坦丁堡的东罗马帝国仍然强盛,它继续维持了近一千年,一直到1453年被奥斯曼土耳其人攻破,标志着世界政治、经济进入一个新的时期。东罗马帝国又叫拜占庭帝国。

西罗马帝国灭亡以后,历史也并未终结。法兰克人建立了加洛林帝国,在公元900年前后,与一些西欧、中欧的封建小国一起以德意志地区为核心建立了神圣罗马帝国。神圣罗马帝国的生命力很强,一直延续到1806年,在拿破仑手里终结。所以罗马帝国历史太长,从凯撒、屋大维算起,前后有1500年左右。后来还有与之不直接相关的神圣罗马帝国。

罗马以小农经济为主,人民刻苦耐劳,军事纪律严明,文化上推崇质朴刚健,反对奢侈腐败,有自己的文明特色。罗马使用拉丁文,文学上不够有原创性,但也涌现出西塞罗、维吉尔、奥维德等人。古罗马有不少重要的历史著作,如李维、塔西佗的著作。后来描述罗马历史最著名的著作是吉本的《罗马帝国衰亡史》,总共6卷。第一卷出版于1776年,与斯密的《国富论》同时。吉本与斯密非常熟悉,存有大量通信。因此阅读吉本的这本巨著,了解当时的世界观、历史观,对于认识斯密的思想也很有助益。

罗马的法律对西方各国影响极为深远,是现代法律的共同源头。罗马早期经济模式非常单一,后来随着疆域扩大,不同地区之间的经济互动变得多元起来。近年来,随着考古资料的丰富,对于古罗马经济的研究也成为学界热点之一。古罗马的经济一直存在问题,这也是三世纪危机的重要原因之一。

二、奥古斯丁的思想

接下来我们就在罗马帝国和基督教的大背景下,来讨论两个重要的思想家,奥古斯丁和阿奎那。这两人生活的时代相去甚远,奥古斯丁是公元3世纪后期的人,当时西罗马帝国已走向衰败,但尚未完全被蛮族灭亡。而阿奎那生活在13世纪,是属于神圣罗马帝国的人。这两人都是基督教历史上最重要的护教之人,只是方法论完全不同。奥古斯丁受新柏拉图主义影响,对神学的看法被称作奥古斯丁主义,有很浓的神秘色彩;而阿奎那受亚里士多德的深刻影响,非常强调理性,他的论点被称作托马斯主义。这两种思想是神学发展史上两条不同的路径。

奥古斯丁,生于公元354年,死于公元430年。他出生于北非,从当今的地理归属来看,应该属于非洲哲学家。但我们仍要记住前面讨论过的地理认知错误。地中海如今是隔绝欧洲与北非的显而易见的分界线,而在古代,那是通路,大海上的交通往往比陆地更方便。所以北非与欧洲的文化是一体的,人种也是相似的。在罗马帝国时期,腓尼基曾对罗马造成巨大威胁。直到今天,北非仍然与撒哈拉以南的非洲即黑非洲存在巨大差异。当我们讨论非洲时,必须注意讨论的是北非、南非,还是东非、西非。

奥古斯丁生平的著述有1/3本书及五百多篇讲章,其中比较出名的著作有《忏悔录》《上帝之城》《论三位一体》等。《忏悔录》

是奥古斯丁最著名的一本书，我们认识奥古斯丁应当从它开始，因为这直接有关他的信仰历程。

奥古斯丁一开始是个摩尼教徒。摩尼教发源于波斯，是一种在火祆教基础上加以改变、特别强调善恶二元对立的传统宗教，影响广泛。摩尼教曾传入中国，即元末明初的明教。在奥古斯丁时代，基督教并没有明确的边界，甚至连《圣经》应该包括哪些篇目，哪些是次典，什么是基督教的核心教义，都还在争议之中。日常的基督教里混杂了大量其他元素，尤其是神秘主义的元素，又常被称为诺斯替主义。

摩尼教徒奥古斯丁经历了一次神迹。一天他在花园里为信仰而困惑时，耳边听到声音，让他拿起书来读。他拿起《圣经》，正好翻到《罗马书》这一篇，里面的几句话说中了他的心事，顿时觉得有一道光射中内心，泪流满面。奥古斯丁从此洗心革面，成为一个虔诚的基督徒，异常坚定，后来还做了主教。

奥古斯丁是一位百科全书式的学者，写过很多书，留存下来的不下百种。奥古斯丁大量著作都还没有翻译。从宗教角度看，《论三位一体》最有名；从其他方面包括经济思想来看，恐怕《上帝之城》最重要，所以我们也主要来谈谈《上帝之城》。这本书的写作时间超过 12 年，是奥古斯丁晚年完成的巨著。在这过程中，他经历了公元 411 年蛮族攻破罗马城，对他的思考造成颇大的影响。

奥古斯丁极为强调信仰。他认为基督徒太看重地上的城市，这才会对苦难与天命感到困惑。《上帝之城》里提到，自从亚当、夏娃被贬之后，这个世界就已被划分为两座城，"一座城由按照肉体生活的人组成，另一座城则由按照灵性生活的人组成"。前者是我们生活的城市，后者才是上帝之城。地上之城的命运无关紧要，因此基督徒生活的城市才会被蛮族攻破，真正的平安与公义社会只在天上寻见，这也是爱神之人的命运。他们在地上的朝圣之旅，不管是内心认同还是外在财富，看起来与地上之城的人们无分别地混杂着，教会与社会无甚区别。

在当时的罗马，主流的哲学思想所谓的新柏拉图主义，代表人物有普罗提诺。奥古斯丁熟读普罗提诺这一派对柏拉图的阐释。柏拉图说过，我们前世都知道所有的理念（相），只是这一世把它们都忘记了。学习的过程，本质上是回忆的过程。柏拉图生在耶稣基督之前三四百年，自然不会有上帝的概念。奥古斯丁与柏拉图的区别就在于上帝论。上帝是全能的，既不需要材料，也不需要工具，甚至连时间和空间也不存在，他仅凭语言就足以产生出整个世界。普通人对此不可想象。奥古斯丁巧妙地把新柏拉图主义与基督教信仰结合起来。他指出，在亚当、夏娃那时，人类自然知道上帝之城的存在。但是今天，我们因为罪，沉溺于地上之城的生活。而基督教是上帝对我们的爱，帮助我们"回忆"起上帝，"回忆"起上帝之城。脱离了上帝，单纯讨论地上之城的政治、经济，以及人间的财富，并无多大的意义。

罗马帝国时期，罗马核心区域的经济一直依靠小农经济支持，偶有贸易，但并不发达。全世界的经济都处于一个低谷，再加上连年战乱，人民的苦难可想而知。在这种经济背景下，包括各种诺斯替神秘主义在内的宗教，在人们生活中起到重要作用。对奥古斯丁而言，他的所有理论的核心和基础是上帝论。例如，他认为，美是分等级的，其中最高的、绝对的美就是上帝。其次是道德，而形体只是低级的、相对的美。低级有限的形体美本身并无独立价值，只是通向无限的绝对美的阶梯。

同样，人世间的财富也是如此。有一些人利用贸易或者战乱的机会，聚集了大量财富。但这些始终都是地上之城的财富。如果地上之城的财富不能有助于一个人认识上帝，认识上帝之城，那么这些财富就没有多大意义。当然奥古斯丁也不是完全否定财富。财富毕竟是维持一个人生存的必要条件，而一个人也只有生存下来，才有机会认识上帝荣耀。

经济思想研究者指出，奥古斯丁特意钻研过"公平价格"的概念。他在注释《圣经》第一篇《创世记》时曾举过例子："我知道有这样的人，即当购求抄本时，看见卖主不知抄本的价值，而他却自然而然地给卖主以公平价格。"可是这种思想，亚里士多德就已提出。在古罗马，这种公平思想最重要的发展，是进入了罗马法，进入了实践领域。奥古斯丁认为，在上帝之城自然要遵循上帝的法律，而在地上之城还是应该遵循罗马法。

公平价格只是在罗马法中用于协调买卖双方矛盾的有用概念。在奥古斯丁时代，确实在一些领域已经存在价格管制。戴克里先时期，就颁布过一个价格管制的布告。但总体而言，价格管制尚不普遍，自由经济占据主导地位。这些价格管制在中世纪逐步加强，到阿奎那时代成为一个必须重视的问题。所以奥古斯丁认为，违背了公平价格的欺骗行为，本质上只是一个道德问题。这在上帝眼中却是一个大问题，逃不过去。所以公平价格最终的解决途径，还是要从认识上帝、敬畏上帝入手。

古罗马还有一则普遍流行的寓言故事："一个到罗马朝圣的传教士为他的主教买了一只银制圣餐杯。在与一群商人一道返回德国的途中，他向他们展示了那只容器，并告诉他们他花了多少钱。商人们向他表示祝贺，告诉他付出的价格远远低于那只容器的价值，并笑道,尽管他是一个不问世事的传教士,但他比任何人都会讨价还价。传教士吓坏了,马上返回罗马,付给圣餐杯售卖者足够的钱,以达到价格。"传教士重返罗马付给圣餐杯商人更多的钱,也是道德力量使然,也是对当时经济活动与宗教观念关系的一条注释。

三、阿奎那的思想

跳跃七八百年时间,即所谓黑暗的中世纪,让我们直接来看看阿奎那与他的时代,经院哲学的时代。按照一般历史学的划分,经院哲学的时代仍然属于中世纪。阿奎那生于1225年,出生在意大利南部的一个小城。他的父亲是官僚,叔叔是修道院院长,所以阿奎那很自然地从小就开始学习神学。他16岁去那不勒斯大学读书,但出人意料地加入了多明我会。

13世纪初,基督教中分化出两个流派,一派叫方济各会,因成员多穿灰衣而俗称"灰衣修士";另一派叫多明我会,因成员多穿黑衣而俗称"黑衣修士"。教会繁荣,这也是中世纪与奥古斯丁所生活的时代的最大不同。教会对日常生活的影响力、控制力极大,很重要的一点是,教会掌握了知识的权力。教会以外的人一般既不识字也不懂法。同时,教会也掌握了相当的财富。但正如奥古斯丁所说的,教会认为我们所处的这个世界永远无法变成天堂,所以应该做一些慈善工作,减少罪孽。教会的行动促进了慈善团体的运作,但教会本身不可能对当时的自然而然的自由经济体制和私有产权制度提出挑战。

阿奎那的家族原本保守,没想到他会加入这么个新兴流派。家人朋友们想了很多办法希望挽回他，阿奎那不为所动。家人没办法，只能把他送去最著名的多明我的神学院，就是科隆神学院。阿奎那跟随名师大阿尔伯特学习，成为多明我会的教士。他跟着大阿尔伯特学习的这段经历，最重要的一点就是接触到了亚里士多德的思想。亚里士多德的思想在中世纪的学者之间已开始复兴，大阿尔伯特是其中一个重要的亚里士多德思想阐释者，当然后来阿奎那变成更重要的亚里士多德思想阐释者，甚至整个经院哲学的基础就是亚里士多德思想。而后来启蒙运动反对经院哲学，具体表现就是反对亚里士多德哲学。伽利略嘲笑了亚里士多德，弗朗西斯·培根嘲笑了亚里士多德，这对于亚里士多德或者13世纪的经院哲学而言，自然是很不公平的。

阿奎那学成之后，在巴黎、罗马等很多地方都工作和生活过，在巴黎的时间比较长，最后也是在法国去世。不管在哪里，阿奎那的工作就是写作和传道。多明我会的宗旨是做上帝的忠犬，激烈地与异端做斗争。阿奎那作为多明我会的主要思想来源，却非常温和、理性，他的自我克制和理性文风也使得他的地位被抬至最高。

这里要向大家推荐英国著名散文作家、神学家切斯特顿的《阿奎那传》，其中对阿奎那的形象有非常生动的刻画。阿奎那身材健硕，但举止端正，非常克制，总是用渊博的学识和清晰的逻辑赢得对手尊重。亚里士多德的核心思想是"审慎"，阿奎那也用自己的行为完美地诠释了这一点。阿奎那认为，人类有四大美德，即审慎、节制、正义、坚忍。而神学上亦有三种美德，即信仰、希望和爱。这三种美德超越自然，超越人类理性所能取得的知识。但人类的四大美德是最为重要的。

阿奎那和奥古斯丁一样，写过无数著作。从神学角度看，他的

《反异教大全》等书极为重要；而从普通的、包括经济思想史的角度看，他的《神学大全》自然更为重要。这确实是一部百科全书，涉及600多个问题、3 000个条目以及上万篇讨论。

阿奎那的《神学大全》涉及宗教和世俗生活的几乎所有问题，这也是时人崇拜他无所不知、后人讨厌他啰嗦烦冗的原因。这里我们主要讨论两个问题：第一个还是公平价格的问题，第二个是利息与高利贷的问题。讨论过程中，不要忘记阿奎那理性、审慎的亚里士多德式的论证方式。

在阿奎那的时代，罗马法对产权保护和自由交易保护的概念已经深入人心。法律保障交易，允许自由竞争，自然只能界定一些特别不公平的价格，而很难划定什么是公平价格。而教会在这个问题上要苛刻很多，非要追求一个明确的公平价格。阿奎那坦然地面对这两者之间的差异，认为人的律法只是规定一个最低道德要求，而神的律法要规定最高道德要求，两者之间必然存在差异。而公平价格的准确划定，必须从《圣经》和亚里士多德思想中寻找灵感。亚里士多德在《尼各马可伦理学》中讨论过"公平交易"，作为对公平概念分析的应用。阿奎那用同样的方法，讨论"公平价格"。亚里士多德到阿奎那，在这个问题上的转变就是从公平到公平价格。后来的经济学家尤其是价值论研究者，主要关心价格中包含的价值，而非交换过程中的德性，这一点确实可以追溯到阿奎那。当然，阿奎那并没有走得更远，更没有提出任何形式的价值理论，不能将其作为斯密和李嘉图在价值论上的前辈。他只是将亚里士多德思想运用于当时的经济交易环境，使得一切的世俗生活可以在理性和信仰中得到调和。

再来看一下利息和高利贷问题。之前提到过，公元325年，第一次尼西亚会议,开始了正典化基督教思想的过程。在那一次的会议中,通过一项规定,禁止牧师以任何形式收取贷款利息。我们在《路加福音》里确实可以找到对应的经文。所以基督教禁止利息,在宗教上有其理论基础。而随着教会的建立以及教会势力的逐渐扩大,教会把禁止利息的命令适用于更多人,论证其既违背自然法,也违背《圣经》教义。

在阿奎那的时代,民间对利息的追逐与教会禁止利息的规定之间的冲突,已经变得很激烈。阿奎那面对这个问题,设想出一种新的分析方法,将可消费和不可消费的商品做出区分,同时也在贷款和租约之间做出区分。阿奎那支持"租"而不支持"贷",支持"租约"而反对"贷款"。这种分析方法非常聪明,今天我们讨论伊斯兰经济思想时,很多人仍然采用阿奎那这种论证方式,可见其生命力。

阿奎那否定了利息。他引用亚里士多德的话说,货币的主要用途是通过扩展或消费来充当交易的工具。所以从这个角度看,货币是可消费的商品,而不像房子那样是生产资料。货币之间的关系只能是"贷"而不可能是"租",所以教会应当反对利息。但是如果人们以生产目的、租约形式进行货币借贷,则教会不应对此加以反对。即使阿奎那对利息和高利贷如此暧昧,他的态度也得罪了很多保守严谨的神学家,大家围绕阿奎那的这一套论述展开讨论,无穷无尽。这个问题,在以后的好几个世纪里,一直是教会与民间之间争讼不休的焦点。随着教会改革和启蒙运动的展开,一些叛逆、激进的欧洲思想家抛弃这个问题,这才有了现代经济学的萌芽。

我们在这一讲里主要讲述了基督教的兴起背景与古罗马的宏大历史,然后深入探讨了奥古斯丁的经济思想和阿奎那的经济思想。

思考题：

1. 古罗马帝国的主要发展、演变历程是什么？
2. 最初的基督教教义如何看待经济问题？
3. 奥古斯丁的"上帝之城"是什么意思？
4. 阿奎那在解经中，涉及哪些重要的经济问题？

第四讲

重商主义与重农主义

第四讲的内容是十六、十七世纪世界交通背景下的英国经济思想和法国经济思想。我们主要讨论三个问题：第一，十六、十七世纪欧洲视野下的全球政治经济环境；第二，该环境下的英国重商主义以及批判重商主义经济思想；第三，法国十六、十七世纪的重农主义或者自然主义经济思想。这两种思想都与历史渊源以及各自所处的经济地位有关。

一般把公元476年西罗马帝国灭亡，到1453年东罗马帝国灭亡的这段时间，称作中世纪。当然学界对此有多种不同的划分方法，有人认为应该划到文艺复兴的兴起，那是从1453年之前一两个世纪开始算；有人认为应该划到大航海的兴起，那可能是从1492年哥伦布航行美洲或者1497年达伽马绕过好望角开始算。还有不少学者认为中世纪的划分已经过时，法国年鉴学派代表人物勒高夫教授有一本书《我们必须给历史分期吗》讨论了这个问题。但我认为划到1453年有一定的道理，而且大航海的热潮兴起也与1453年的转折有关。

在中世纪这段时间，世界上发生了很多重要事情。比如，伊斯兰教在公元7世纪诞生于阿拉伯半岛，并迅速扩张。中国唐代文明也曾盛极一时，但在往西扩张时败于伊斯兰文明，随后自身也解体崩溃了。伊斯兰文明同时往东、西两个方向扩张，1100至1300年间，在罗马教皇支持下发动了九次"十字军东征"，试图恢复伊斯兰文明所占有的土地。从军事角度看，十字军东征是失败的，但从交流和贸易角度看，十字军东征促进了欧洲与中东地区的交流。畅销历史作家盐野七生的《十字军的故事》对此有生动描述。

再从东方来看，经历了军事上疲弱、经济上发达的中国宋代后，蒙古人在草原上开始崛起。蒙古人在两三代人的时间内横扫欧亚大陆，一直打到维也纳。这次蒙古征服运动非常重要，毁灭了数以千万的人口，让西方极为惊恐。与此同时，蒙古人西征也极大地加强了东西方的交流，大量科学和技术得到了传播。

宗教的生命力一直比暴力本身要强大。蒙古征服运动后，蒙古帝国很快分裂成多个汗国，而且大多数地方很快伊斯兰化。与此同时，欧洲从意大利威尼斯等地区开始了所谓的文艺复兴运动，也延续了两三百年。文艺复兴运动的重要性在于，整个社会在政治制度上开始更多地肯定和依赖商人，削弱宗教的控制力。在文化领域如绘画、雕塑、建筑等方面，这种表现特别突出，对人和人性的追求逐渐挣脱宗教的束缚，得到了表现。代表性的作家作品有但丁的《神曲》、薄伽丘的《十日谈》等，艺术家有波提切利、达·芬奇等。

从古希腊一直到罗马早期，基督教尚未成为社会的主流思想，所以对人性的刻画一直是文艺作品中的主要特征，而这一特征随着基督教的兴起，尤其是在基督教势力空前强大的中世纪被压抑下去。文艺复兴的重要目标就是对抗基督教的压抑，因此试图从前基督教时期的文化中寻找精神支持。意大利是古罗马所在地，所以文艺复兴很自然地从此兴起。在薄伽丘或者彼得拉克的作品里，处处可以看到古罗马学者西塞罗、维吉尔等人的影响。

从经济角度看，最重要的一点是，全能的政治统治已很难覆盖社会的方方面面，商业活动很自然地试图挣脱政治约束。商业活动有很强的吸引力，之前讨论的公平价格、利息等概念已不能有效约束经济活动。不管思想观念上有没有做好准备，现实的经济活动已经势不可挡。这就是 15 世纪中期欧洲经济转型之前的背景。

一、大航海时代的背景

1453 年，君士坦丁堡被奥斯曼土耳其帝国攻破，东罗马帝国或者拜占庭帝国覆亡。这是一件历史上的大事。君士坦丁堡是基督教在欧洲最东端的堡垒阵地，地形极为特殊，易守难攻。伊斯兰世界无数次向西扩张，但都被君士坦丁堡所挡住。这不仅是个文明、文化意义上的堡垒，也是商业堡垒。只要这个堡垒存在，地中海的贸易就可以得到保证，威尼斯的繁荣就可以得到保证。欧洲人所热爱的欧洲不能生产的东方香料，一直是由中东商人贩卖给欧洲商人，通过地中海贸易传播到欧洲各地。但是随着君士坦丁堡被伊斯兰文明攻破，整个地中海贸易的局势发生了改变。近年，地中海历史研究者罗杰·克劳利的三部曲被翻译成中文，第一部就是《1453：君士坦丁堡之战》。通过这本书可以理解这场战争对于世界格局转变的重要性。

地中海东部被伊斯兰势力所控制，欧洲人很难再直接通过地中海来开展贸易。而西欧一些擅长航海的国家，航海技术变得越来越高超，于是萌发了探求海外新大陆的想法。我们主要按照时间顺序介绍三个时期开拓航线、建设海外殖民地的航海国家：第一个时期的代表性国家是葡萄牙与西班牙，第二个时期是荷兰，第三个时期是英国。在介绍这些国家殖民历史的时候，我希望大家反复思考宗主国与殖民地之间的关系。例如，英国是否应该将北美或者印度次大陆作为殖民地？英国应该从这些殖民地输入些什么，又应该为殖民地提供些什么？这对于英国本土人民有什么好处？我们要反复追问这些问题，因为这也是当时所有重要经济思想家一直在思考的问题。

葡萄牙和西班牙是最早试图开发新航线的西欧强国。1492 年，代表西班牙的航海家哥伦布发现美洲新大陆，从此欧洲开始与美洲联系在一起，这对于欧洲和美洲都是很重要的事情。而达伽马在 1498 年，第一次带领船队绕过好望角，到达印度，这是另一件大事，把欧洲和亚洲通过海路联系了起来。大西洋与人们早已熟识的地中海完全不同，茫茫大海，极度危险，必须遵循特定航路、利用洋流和季风才能顺利到达目的地。人类对于大海航行的知识积攒了很多年，一直到 15 世纪才趋于成熟，这才有了爆炸式的地理大发现。

地理大发现持续了多年，几代学者对世界的认识和想象也一直在改变。例如，一直到 1770 年英国的库克船长发现澳大利亚的东海岸，西方人才开始确信地知道这片南方大陆。1788 年，英国把第一批流犯送到澳洲，人类对澳洲的认识才刚刚开始。而在此时，美国东部 13 州都已摆脱英国殖民而独立，亚当·斯密《国富论》已出版数年。又如，虽然人们在古希腊时期就很清楚北非的情形，达伽马时期已能清楚画出非洲大陆的形状，但对于非洲内陆的情形仍然非常无知，并不知道尼罗河的源头在哪里。英国传教士利文斯顿在 19 世纪中期才第一次深入非洲大陆的内部。这些事情都再一次提醒我们，研读思想史和经济史，必须注意当时人们头脑中对世界的认知。

为了协调葡萄牙和西班牙两国在探索海外殖民地方面的利益冲

突,1494年,在教皇协调下制定了一条"教皇子午线",即大西洋以东地区主要是非洲和亚洲,都属于葡萄牙探索范围。而大西洋以西地区,主要是美洲,都属于西班牙探索范围。教皇子午线穿过巴西,所以南美洲后来只有巴西成为葡萄牙的殖民地。葡萄牙人很快就在亚洲立足,达伽马成为印度殖民地的统治者。在很短的时间里,葡萄牙又以印度殖民地为基础,往西在阿拉伯半岛霍尔木兹海峡建立殖民地(与今日迪拜的繁荣有关),往东在马六甲以及印度尼西亚的摩鹿加群岛等地建立殖民地,开始东西方的贸易,主营东方香料。而西班牙则在南北美洲开拓,迅速导致墨西哥地区的阿兹特克帝国和秘鲁地区的印加帝国崩溃,然后开始臭名昭著的从非洲到美洲的"奴隶贸易",重建了美洲。

从地理大发现开始,时间就过得很快。随着东西方的相互接触,很多地区延续千百年的传统面貌可能在很短时期内就被彻底改变。例如,墨西哥的阿兹台克帝国,据估计全盛时期人口多达上千万。但是1519年,西班牙人科尔特斯带领几十个人到了墨西哥,趁机绑架阿兹台克帝国的君主,随后在那里展开大屠杀。在欧洲传入的传染病的帮助下,阿兹台克帝国的人口很快就下降到数十万,在短短数十年时间里就彻底消亡了。如今我们在博物馆里仍然能看到大量阿兹台克、印加帝国或者亚洲的印度、印度尼西亚等地新发掘出来的艺术珍品,证明它们在历史上所达到的高度。但是这些文明在扩张的资本主义文明面前,变得极度脆弱,就这样消失了。

地理大发现导致许多方面的交流。

第一,物种的交流。前几年,有一本书非常流行——《1493:物种大交换开创的世界史》,值得一读。今天我们生活中的很多商品都依赖于地理大发现导致的物种交换。例如,南美洲为全世界提供了玉米、土豆、番茄和辣椒这几种生活中必不可少的食物。我们今天会说，炸薯条几乎是英国的国菜；1840年代，爱尔兰发生了著名的土豆大饥荒事件，掀起爱尔兰向全世界移民的浪潮。微观经济学里的"吉芬商品"即起源于此。土豆对于英国人如此重要，可这种原产南美洲的植物，一直到公元1500年以后才传至欧洲。辣椒，现在对于全世界人民都是难以割舍的植物：印度咖喱必须有辣椒，韩国泡菜必须有辣椒，中国的川菜、湘菜都必须有辣椒。而辣椒从南美洲走向世界各地，也不过是公元1500年以后的事情。

第二，人口的交流。中国、印度、阿拉伯地区沿海人群向外移民交流，都已有千百年历史了。但地理大发现无疑极大地加速了这个进程。大量人口自愿或者非自愿地移民到距离甚远的地方，导致当地人种的变化。今天我们研究一个国家或地区，必然要关注它的人口构成，很多地区的人口构成在大航海时代以后发生了巨大的改变。

第三，物资的交流。我们就以秘鲁的白银为例。世界各地使用何种货币，主要依赖于资源禀赋。例如，希腊是著名的出产白银的国家，所以希腊早期货币是白银；亚欧草原地区黄金储量较多，所以使用黄金；中国的金银都比较欠缺，但铜矿储量较大，所以历史上多使用青铜货币。而西班牙殖民者在秘鲁发现了储量惊人的银山，白银纯度极高，开采毫无困难，于是就用大帆船利用季风将其一直运输到菲律宾马尼拉。那时正是中国明朝晚期，中国商人向外输出瓷器、丝绸等，导致大量白银输入中国，而欧洲人再把中国的瓷器、丝绸运回欧洲，形成一个完整的贸易链条。大量白银输入对中国晚明的货币制度乃至政治制度造成巨大冲击，已有很多经济学者关注这个问题。所以，地理大发现导致的国际贸易，将世界各国的经济、政治都联系起来，这是思想史研究者必须注意的问题。

西班牙和葡萄牙称雄世界，但时间并不长，取而代之的是荷兰。西班牙与葡萄牙衰落的原因，值得我们思考。一般认为有内部原因和外部原因。内部原因，就是西班牙和葡萄牙没有在本土发展起有潜力的经济产业，没有更多的原始积累，而是快速地挥霍由国际掠夺和贸易得来的财富；同时，西班牙与葡萄牙没有在海外殖民地建立起有效的管理制度，没有充分发挥殖民地的作用。外部原因，就是欧洲其他国家崛起，相互竞争。1588年，英国以弱胜强击败了西班牙的无敌舰队，终结了西班牙的海上霸权。

荷兰在1602年建立东印度公司，开始加速在东半球争夺殖民地。它的主要竞争对手是老牌国家葡萄牙。荷兰作为低地小国，航海技术极为发达，在争夺殖民地和贸易机会时也更为残暴。它在很短时间内就把葡萄牙在印度、马六甲、印度尼西亚等地的殖民地全都夺去，印度尼西亚的巴达维亚即今天的雅加达就是荷兰在亚洲重要的落脚点。荷兰还一度在日本和中国台湾开展贸易，郑成功夺取台湾时，面临的就是荷兰人建立的堡垒，即今日中国台湾地区的安平古堡。有一本美国学者写的通俗史书叫《1661：决战热兰遮》介绍这段历史，可以参考。

近代国际法的奠基人、重要的经济思想家胡果·格劳秀斯就是这个时代的荷兰学者，他的代表作是《海洋自由论》与《战争与和平法》。格劳秀斯继承了欧洲传统的自然法理论，并在某种程度上提出自然权利和社会契约的观念，是思想史上的重要一家。他的思想必须置于当时荷兰参与全球殖民地争夺的大背景下，才能得以理解。葡萄牙比荷兰更早经营这些地区，荷兰试图参与进来，必须证明"海洋自由"。荷兰曾盛极一时，今天美国的纽约城最早就是荷兰人所建,名为新阿姆斯特丹,后与英国人交换后才改名新约克(New York)。荷兰缺乏资源,终究和葡萄牙一样衰落下去。新兴的英国以及法国坚持不懈地制定针对荷兰人的歧视性法律,同时不断展开消耗性战争。最悲惨的时代是在拿破仑帝国时代,荷兰亡国,虽然荷兰当时还拥有印度尼西亚的海外殖民地。好在拿破仑被流放之后,荷兰迅速复国,也重新控制了印度尼西亚,但总体而言退出了竞争舞台。

英国是较晚进入海外殖民地争夺的西欧国家,但来势迅猛。与过去葡萄牙、荷兰等国采用粗暴方式不同,英国对待海外殖民地因势利导、尊重传统。例如1620年,由百余名清教徒乘坐"五月花号"来到美国波士顿以南的普利茅斯,开始建设美国。这个团体的特殊之处是制定了一份《五月花号公约》,签署人立誓要组建一个自治团体,而非其他政治形式的团体。这份公约影响很大,后来成为美国宪法的原型,也是今天美国精神的来源。所以我们不能简单地将美国与其他殖民地对比着看。

而英国夺取其他殖民地,也有自己的特色。英国早期都是通过东印度公司来运作,东印度公司非常重视与殖民地当地政府的关系,希望输入英国的价值观之后,推动当地独立自治,而非试图简单地把当地改造成和英国一样。英国开始思考如何对待殖民地,这是英国与其他资本主义国家最大的不同。当然这是一个极为困难、充满挑战的问题,从早期思想家一直到密尔、凯恩斯,好几代英国思想家一直在探讨这个问题。第二次世界大战之后,掀起民族国家独立热潮,今天的英国已经没什么殖民地,但英国往往为这些殖民地留下特别重要的制度、法律等传统,一直在为人所讨论。麻省理工学院的阿西莫格鲁教授有一篇经典论文,探讨殖民地经历对一个地区如今经济发展的正面促进作用。

二、英国早期经济思想

艰难地回顾整个世界进入相互联系、相互贸易的阶段之后，我们才可能分两个阶段来讨论英国早期的经济思想。第一个阶段，可以称作重商主义阶段；第二个阶段，则是对重商主义进行反思的阶段。当然这两个阶段也不能截然分开，而应当视作英国在探索海外殖民地时的思考和总结。

中世纪之后，民族国家的概念逐渐凸显。德国法哲学家哈贝马斯认为，1618—1648年的三十年战争以及结束战争的《威斯特伐利亚条约》是欧洲民族主义的开端，此后各国开始明确地产生维护自己民族国家霸权的观念。我们所讨论的这一时期的经济思想重点也都在于维护国家利益，英国、法国、德国俱是如此。英国国内在17至18世纪发生了一系列重要的政治事件。1640年代，英国内战，国王查理一世被击败，最后于1649年被送上断头台。护国公克伦威尔摄政，军事独裁，悬置了君主制。1660年，查理二世复辟，恢复君主制。1688年，英国贵族发动光荣革命，推翻了当时的君主詹姆士二世，通过《权利法案》，建立君主立宪制。英国从此才进入政治比较稳定的阶段，1707年，北方的苏格兰与英格兰正式合并。

所以我们在阅读大量英国名家著作时，需要注意他们的时代。例如，写作《利维坦》的霍布斯，主要活动在英国内战期间，生命安全难以得到保障。这就使得霍布斯的写作极为谨慎，用词也极为隐晦，这样才能为生命安全提供一些保障。政治学家施特劳斯的名著《霍布斯的政治哲学》对此多有阐发。而写作《政府论》的洛克,面临的环境是光荣革命前后的英国,所以洛克的自然权利理论需要与当时富有争议的光荣革命实践相互对照。而我们下一讲讨论18世纪的休谟和亚当·斯密时,这些政治问题已经基本解决,大家才可以比较专心地投入经济学问题。

我们再回到较早时期,17世纪初,英国刚刚成立东印度公司。国王特许东印度公司可以在亚洲进行贸易。当时英国正在崛起,在印度、马六甲等地建立殖民地据点,大幅度侵蚀荷兰的利益,通过亚洲带回来的香料、棉布、茶叶等资源换取了惊人的利益。此时的东印度公司已逐渐成为英国经济最重要的增长来源。所以,重商主义也好,反对重商主义也好,这里的商指的就是东印度公司那种带有巨大风险的、经常与武装暴力混合在一起、某种程度上得到国家默认支持的贸易,而非今天所说的一般意义上的自由贸易。在东印度公司存在的两百多年历史里,对它的批评和反对意见从未减少过。

从政策观念来看,重商主义的核心概念是"贸易平衡"或者"贸易差额"。当时普遍认为,应使一个国家国内产品在出口价值上高于国外产品的进口价值,因为贸易差额必须用货币或金块支付,这样才能使一个国家的财富有所增加。这就是重商主义者最主要的看法。

当时的英国,面对重商主义这种观念,存在两种不同观点。第一种观点的代表人物有马林斯,主张"金块主义"。他们认为,进出口应当保持平衡,不平衡的地方会由金块或者铸币的流动来实现平衡。汇率也就是"黄金输出点",它主要是银行家们玩的游戏。马林斯主张采用固定汇率,就把汇率盯在造币厂的平价上,消除波动带来的危害。如果英国在前往亚洲的贸易过程中丧失金银,那就是浪费人力、物力。

而另一些学者如米塞尔登或者托马斯·孟都不同意这一点。他们觉得重点不在于保持货币的稳定增值，更重要的是保持或者增加"贸易差额"。孟（1571—1641）本身是商人，也是东印度公司的董事。他曾写过不少小册子，早年的成名作是《关于英国对东印度贸易的论文》，这是一本争论性很大的著作。孟要直接面对这样的问题：如果东印度贸易一直在消耗欧洲的贵金属货币，它是否还值得继续？孟的回答是肯定的。英国在贸易中带回东方的香料，带回棉布、生丝、茶叶等，这些都是英国非常需要的。在贸易过程中，英国扩大了国内市场，帮助更多人就业，至少造船业是一项能大量提供就业的产业。同时，英国扩大了国际市场，使得英国自身的一些产品找到了新市场。

孟的另一部著作更有名，即《英国得自对外贸易的财富》，收入商务印书馆"汉译世界学术名著"丛书。孟的这本书把对于东印度贸易的讨论提升到抽象层面，总体地讨论国际贸易对于国民经济的意义，是重商主义思想的高峰。孟的名言是："增加我们财富和金银的普遍方法是对外贸易。因此我们必须认清这个规则，每年卖给外国人的商品在价值上要比我们消费他们的更多。"马克思认为，孟的这本书可谓重商主义的福音书。

与法国思想相比，孟对交换、流通的重视程度远远高于生产本身。他认为，财富可以分为"天然财富"和"人工财富"，前者是土地作物获得的财富，后者是制造业、运输业等获得的财富。后者更为重要，因为它为多样化的财富利用提供机会。所以，孟比早期金块主义者更重视海外殖民地本身。他不再把殖民地当作单纯的原材料供应地，而主张英国应该更好地协调管理，做整体规划，从而促进英国本土的利益。

孟的著作内容极为丰富,不仅涉及贸易、金银等当时的主流问题,还与英国当时的财政、殖民地政策有关。在很长时间里,学者们单纯依据亚当·斯密等后来学者对前人的批评而否定重商主义思想,其实是忽视了当时的历史环境和思想背景。

托马斯·孟的著作是亚当·斯密之前最有影响的经济问题主流论述。他在1640年前后去世,影响持续到18世纪。在他之后,威廉·佩第、洛克、休谟等都从不同方向上拓展了经济学的讨论,对斯密产生重要影响。所以我们把他们都置于下一讲,与斯密一起加以讨论。

三、法国的重农主义思想

今天要讨论的最后一个问题是法国早期的经济思想。过去我们把这些学者称作重农主义,这也是因为斯密在《国富论》里认为"他们把土地生产物看作各国收入及财富的唯一来源或主要来源"。这只有一部分是正确的。在法文里,他们对自己的称呼是"经济学家",而在代表性人物魁奈的著作里,认为他们的理论体系注重"自然统治"。我们既可以把他们称作重农主义者,也可以按字母意义把他们称为自然主义者。

很多思想史家如伦敦政治经济学院的罗宾斯就注意到,从柏拉图一直到重农学派的思想,已经包含许多经济的思想,涉及无数问题,却不能说提出了一整套经济理论体系。斯密的《国富论》是经济学的开山之作,包含了一套体系,这套体系就是古典经济学的分类方法,一直沿用到今天。我们往前推敲斯密理论体系的源头,会发现这是法国重农主义学派喜欢的分析方法。最早用系统方法来思考经济问题的人，不是斯密，而是坎蒂隆。

这里主要介绍两个重农主义经济学家，约翰·劳与坎蒂隆。这两人都是英国人，但做出重大成就时的生活区域主要在法国，因此我们还是将他们置于法国语境下加以讨论。他们可以被视为自然主义的先驱。而与斯密关系更为密切、更为直接的魁奈、杜尔哥，是真正的、团结的重农主义者，我们将放在下一讲中与斯密一同讨论。

首先还是要了解一下法国在17、18世纪的基本政治经济背景。法国一直主要是个大陆国家，在17世纪迎来了伟大的"太阳王"路易十四（1643—1715）。路易十四执政时间极长，类似中国的康熙、乾隆皇帝，非常积极地实施中央集权，他有一句名言："朕即国家（L'etat, c'est moi）。"他构建了法国的官僚体制，也是后来大革命所竭力要推翻的政治体制；军事上，路易十四称得上穷兵黩武，四处开战，耗竭了法国的财政储备；文化上，路易十四兴建了奢华的凡尔赛宫，今天法国的很多奢侈建筑都还能追溯到那个时期；同时，他追求宗教统一而打压新教，大量新教徒出走法国，到瑞士、比利时、荷兰等国，这也是他向西欧诸国开战的理由。为了维持他的野心，支付军费、官僚费用以及凡尔赛宫等建筑的修建，他必须广泛征税，最终还不得不向贵族征税。总体而言，路易十四是个非常积极的君主，17世纪后半期的欧洲堪称路易十四时代，他的威名无人不知。路易十四的形象非常复杂，过去流传的经典有伏尔泰所著《路易十四时代》，高度歌颂这个君主。最近美国历史名家彼得·伯克的著作《制造路易十四》，批评了伏尔泰的夸大其词，反思了路易十四这个形象的塑造过程。

路易十四多年来四处扩张，耗费惊人，必然有个有力支持他的财政大臣，那就是柯尔贝尔。柯尔贝尔施行非常典型的重商主义政策，即鼓励发展本国工商业，当然是国家直接控制的工商业，同时提高关税来抵御外国商品进口。柯尔贝尔花费心力最多的事情，是帮路易十四征税。法国曾尝试施行人头税，但是很多贵族可以豁免；法国也尝试过土地税，于是地主就通过瞒报土地来避税。柯尔贝尔设计的办法是加重消费税，让所有贵族无法避税。总之，柯尔贝尔想尽办法填补路易十四挥霍所造成的财政漏洞，导致法国人民的税赋压力非常重。于是，在这一背景下出现了追求自由放任、追求休养生息、发展农业的自然主义思想。

约翰·劳（1671—1729）是苏格兰人，出生在爱丁堡，父亲是个会计，但他后来的事业主要在法国。劳是个数学天才，对金融有着非常好的直觉。他在金融领域做了两件事，一件让他暴得大名，一件又让他臭名昭著。1715年，路易十四去世后，法国的财政趋于崩溃。劳认识到，法国当时流通的金属货币已远远不能满足正常的商业需要。他建议皇室发行纸币取代金属货币。皇室无奈之下，采取了劳的建议，很快收到奇效，法国的商业开始复苏。

劳在成名之后，又做了一件惊人的事，推行密西西比计划。美国的密西西比河正在开发过程中，劳建议法国政府成立一家密西西比公司，垄断密西西比河流域的开发，同时发行股票。股票光每年的红利就高达40%。密西西比股票涨到很高水平，然后泡沫破灭，成为金融史上一个著名的案例。后来哈佛的金融史家金德尔伯格的名著《疯狂、惊恐和崩溃》中也收录了这则著名的案例。

但我们真正认真阅读劳的那些小册子会发现，他非常明确地对重商主义予以抨击。他充分理解信用货币的作用，也相信信用货币能比金属通货更好地推动经济发展和扩张。他把"流动"这个概念引入经济分析，认为银行家不是把钱在各个人之间转移，而是实在地创造自己的钱。从某种意义上说，劳已经超越古典经济学家关心的价值/使用价值的讨论，可以直接与20世纪经济学家对金融的认识相衔接。而劳所重视的"流动"概念，在后来法国自然主义者那里，在亚当·斯密及古典政治经济学里，都是最为关键的概念。所以，劳虽然酿成一场大祸，但他反击重商主义，主张金融自由，开启了法国重农主义思想的路径。

在劳之后，最重要的学者就是坎蒂隆（1680—1734）。坎蒂隆的家族是爱尔兰望族，他后来追随亲戚在巴黎经营银行业，正值约翰·劳在那里推行通货膨胀，趁机赚了大钱，然后游历各国。约翰·劳搞出了密西西比泡沫，坑害了无数人，而坎蒂隆却是在这场泡沫中赚大钱的少数人。据说坎蒂隆在1734年死于谋杀，至今仍是疑云重重，也有人说他借大火脱身隐居。坎蒂隆生前只写过一本《商业性质概论》，二十年后才得以用英文出版。据说这本书当时受到自然主义名家米拉波的推崇，但影响还是不大。一百多年后，英国的经济学名家杰文斯发现了这本书，大力推崇，称其为"第一篇系统的经济学论文"，这才让他重新被大众想起。这些年来，奥地利学派在回顾自由主义经济思想家的时候，又注意到了坎蒂隆，而且发现坎蒂隆对生产、对自由的推崇，比后来的亚当·斯密更清晰。奥地利学派的推崇，使得坎蒂隆再一次开始被学者们认真对待。

《商业性质概论》的最大特点就是系统性和理论性。它有三个部分，第一部分讨论经济运行一般规律，第二部分讨论货币理论和利息理论，第三部分讨论商业和银行。他在书里进行了很多数量计算，也常常使用"其他事物相等"之类的概念保证自己分析的严格性。最重要的一点是，他把各个领域之间的关系都联系起来，形成一整套系统，一个循环流。这种循环流的思想是法国自然主义学派最突出的特征。循环流是自然而然的，无须人工干预，无为而治，这也是自然主义学派的基本态度。在这个循环流中，土地和农业拥有特殊地位。坎蒂隆提出，土地是一切财富的本源或实质，劳动是生产财富的形式或方式。土地所有者拥有一种特殊的主权，因为他们自身在购买力上具有优势，社会上其他群体也会效仿他们的消费方式。坎蒂隆推崇土地所有者的主权，这一点也为后来的自然主义者完全借鉴吸收，因而成为重农主义者。

这一讲讨论到这里，重点介绍了英国的重商主义思想和法国早期的自然主义思想，距离亚当·斯密的经济学只有一步之遥。在下一讲中，我们就来讨论亚当·斯密及其经济学思想。

思考题：
1. 地理大发现和大航海时代，经济活动的内容和形式发生了哪些变化？
2. 美洲白银的发现，对于世界经济产生了怎样的影响？
3. 英国重商主义与它的殖民实践存在怎样的联系？
4. 法国重农主义的社会现实背景是什么？

第五讲

亚当·斯密

本讲主要介绍亚当·斯密及其经济学思想。终于讲到大家比较熟悉的古典经济学部分，也与今天的经济学开始产生联系，越往后联系越紧密。大家可以从这门课程中看到我们今天非常熟悉的经济概念和分析方法何时在历史上出现，并且一步一步演变成今天的样子。

亚当·斯密被誉为"经济学之父"。他身上的荣誉太多，经济学学生无不崇敬他。然而，斯密也是被误解最多的经济学家。不管是他个人，还是他所使用的一些概念如"看不见的手"等，都在后来被简化、被曲解。所以我们今天要讨论斯密，绝不是单纯地纪念他，而是要分析斯密思想的来龙去脉，分析斯密个人经历与他论著的具体关系，分析斯密真实的写作目的，等等。

只有破除斯密身上的神话，才能认识一个真实的斯密。只有认识斯密，才能对整个古典政治经济学的起源和发展有所认识。斯密本身是个异常"丰富"的作者，我们通过阅读斯密流传下来的著作、文章，能获得远比教科书刻板印象丰富得多的知识。

我们今天的讨论分为三个部分：第一部分介绍斯密思想上的先驱，第二部分介绍斯密的个人经历与写作过程，第三部分进一步探讨斯密的两本代表性著作——《道德情操论》与《国富论》的内在关系。

一、斯密思想上的先驱

先从斯密之前的英国讲起。1600 年开启的这个百年，英国变化很大。政治方式的变化，之前已经提到。从文化来看，甚至从英语本身来看，变化也非常大。莎士比亚的众多作品在 17 世纪初大受欢迎，改变了英语的文字书写。

威廉·佩第（1623—1687）出生在英格兰，是个裁缝的儿子，自学成才。他年轻时，正逢英格兰内战，只得四处奔波，倒是结识了著名学者霍布斯，并担任霍布斯在医学解剖学方面的助手。由于霍布斯的影响，佩第有机会和许多科学家接触，开始学习刚刚兴起、高速发展的科学知识。随后他得到霍布斯的推荐，在牛津获得了一份医学专业的教职。佩第的学术生涯并没有持续太久，就加入了进攻爱尔兰的军队，成为随军医生。克伦威尔当时向许多招募的军人许诺，只要攻下爱尔兰，就会给大家分配土地。克伦威尔果然攻克了爱尔兰，却发现手头并没有准确的爱尔兰勘测地图，也就无法有效地分配土地。佩第医生在勘测这方面出人意料地表现出专长，所以被委以重任。勘测和分配土地成为佩第的终身工作。后来佩第在英格兰和爱尔兰两地生活，他的著作中有一部《爱尔兰的政治解剖》，直接讨论当时爱尔兰在战后需要改变的财政、税务、货币等问题。我们将这本书与其他关于英国经济的书进行对比，可以看到当时英格兰和爱尔兰两地在经济上的巨大差异，直至今天差距仍然显著。所以这是一本重要的经济史料。

佩第是克伦威尔的宠臣。但是后来复辟的英国国王查理二世对他也颇为器重，并不追究他的过往，还将他封为爵士。由此我们可见佩第丰富的社会经验和圆滑的政治手腕。佩第的妻子是当年追随克伦威尔的爱尔兰陆军少将的女儿。后来光荣革命时的国王詹姆士在逃走之前，还把佩第的遗孀封为贵族。佩第的家族从此变为豪门，延续几代都出了人才，后人也搜集整理了他的很多著作，让我们对他能有更深入的了解。

佩第的代表作有《赋税论》《政治算术》等，都在他死后才出版。佩第最大的特点是注重数字，追求精确化和经验化，他在爱尔兰的实践也让他对于统计调查特别重视。所以过去佩第更多地被视作一个统计学家，而非经济学家。政治算术基本就是今天统计学的范畴，即用统计实证的方法来治理国家。佩第甚至已经提出"国民收入"的概念，比20世纪的凯恩斯早很多。但是佩第不可能真正把这一概念投入应用分析。他曾在《政治算术》中说过这样的话，"对那些依赖于个别人对其他方面的反复无常的想法、意见、口味和激情，均不予考虑"，表明了他的科学态度。但在佩第那个时代，追求精确的数字十分困难，到今天仍非常困难。佩第曾被指控篡改数据取悦国王。所以，比他晚一个世纪的斯密在研究经济学时都表示，"我不太相信政治算术"。

佩第深入研究测量测算问题，在研究中已经触及价值问题。例如，他观察到房屋出租要比土地出租具有更多的不确定性，那么房屋的租金就应该高于土地的租金，这样才能弥补这种不确定性。又如，佩第曾写过："我要说，当一个人在收获之后留下他的种子，再留下自己食用和给予他人以换取布匹及其他自然必需品的谷物的时候，剩余的谷物便是该年土地的自然的和真实的租金；七年的环境，或者说是构成周期的许多年，在该周期内饥荒和丰年造成循环，并给出土地的普通谷物地租。"在这里，佩第对于如何得到土地的合理地租的研究，其思维方式已经和后来的李嘉图高度接近了。

再来看一段话，马克思凭借这段话认定配第已经触及劳动价值论："如果他完全雇佣自己去生产和获得这些谷物，在同样时间内超出和高于他花费的货币，也就是地租的英国货币价值。让另一个人旅行到产白银的国家，在那里他开采白银、冶炼，并把白银带到另一个人种植其谷物的同一地方；同一个既生产货币又生产谷物的人，在为获取白银而全力以赴工作的同时，也积累为他的生活所必需的食品，并努力使自己获得住所。我要说，某个人的白银，必须由于等于另一个人的谷物的价值而受到尊重，一个也许是20盎司，另一个也许是20蒲式耳。由此可知，1蒲式耳谷物的价格等于1盎司白银。"这段话很典型，代表了配第试图计算价值、寻求测量标准的努力。价值论有很多种，劳动价值论则是所有价值论的巅峰。

配第在这个问题上不断推敲，但没有系统性地分析经济和社会关系，这也从来不是英国式思维方式。所以除了配第之外，我们再来关注一下法国的自然主义学者魁奈，因为斯密本身的经历和思想都横跨了英、法两国，两国的先驱都对他特别重要。

魁奈（1694—1774）的主要身份是路易十四和路易十五的私人医生，他长期接触上层人士，出入凡尔赛宫，并具有很好的声誉。据考证，魁奈接触过中国派去的学习基督教的青年人，通过他们了解过一些中国文化。当时法国也有一股中国热，热衷于中式审美，使用中国瓷器，等等。但这只是法国人眼中的中国，很难说中国文化对法国思想有多少实质性影响。而魁奈接触过的青年人，回国时正值乾隆年间，打压天主教，所以这些早年的海归也没有起到任何作用。

出入凡尔赛宫的魁奈本人就是百科全书式的人物，他周围活跃着大量著名知识分子，其中的几个如狄德罗、达兰贝尔等后来编纂了《百科全书》，被称为"百科全书派"。魁奈和百科全书派的思想存在内在联系，就是试图全面、整体地把握关于这个世界的知识。魁奈的好友还包括著名的文学大师伏尔泰，两人同年。伏尔泰后来被认为是当时法国"启蒙运动"真正的思想领袖，主张天赋人权、人人平等、一切人都有追求自由和幸福的权利等。这种今天我们习以为常的价值观，在当时具有激烈的革命性。

魁奈只是在一个短暂阶段研究了经济学，而且是比较晚的时期。他的兴趣逐渐离开经济学，最后的那些年里索性转向了数学。但在他研究经济学的那几年，出版了《经济表》这样的著作，1759年前后流传出来，对后人产生了重要影响。斯密就在1764—1767年游历法国，与魁奈等有很密切的交往，而魁奈那时正在关心经济学问题。

重农主义有一个系统性的思想体系，这一点极为重要，也是斯密之前英国经济学传统所欠缺的。如佩第提出大量经验性知识，也对价值问题有过深入思考，但他并未想构建一套系统性的体系。从斯密开始，经济学家开始有一个整体性思考的意图，这点是其他社会科学一直不太重视的。后来边际革命时期，法国的瓦尔拉提出一般均衡思想。到20世纪50年代，法国数学家德布鲁与美国的阿罗证明了一般均衡。从笛卡尔到魁奈到瓦尔拉到德布鲁，法国一直有这种系统主义、总体主义的思维模式，这绝非偶然。

既然有系统主义倾向，重农主义或自然主义是否与后来的凯恩斯主义接近？我们来看看他们的基本立场：他们认为社会中存在着不以人的意志为转移的客观规律，就是自然秩序，这种自然秩序是永恒的、理想的、至善的。如果人们遵循自然规律,那么社会经济就是健康的、稳定的,反之则不稳定。当时的法国经过路易十四的穷兵黩武和路易十五的碌碌无为,时常陷入混乱,而这些自然主义知识分子开出的药方,就是要认识自然规律,减少政府的错误干预,无为而治。在工业与农业之间,显然农业更接近自然,更贴近所谓"生产"过程,这也是这群人特别重视农业的根本原因。同时,自然主义知识分子还注重经济放任、私有产权这些基本概念。我们今天称呼自由主义,用 laissez-faire 这个词,这是法文词,就是那个时代流传下来的,代表了最正宗的自由主义思想。凯恩斯与之相比,并没有这种系统主义、自然秩序的认知方式,事实上,纯正的英式思维方式反对这种观点。凯恩斯是个实用主义者,主张根据经济、政治的局势,灵活调整政策,积极干预,不要墨守成规。所以凯恩斯关心宏观经济,只是像佩第一样关心宏观经济的测量,从而给现实政策以指导,而非认为宏观经济存在内在的自然秩序。很长一段时间内,宏观经济学中新凯恩斯主义与新古典主义的争议,本质上就是实用主义与自然秩序世界观的差异。我们今天觉得宏观经济学精妙异常,其实它只是更精确、更高版本的自然主义,两者认识世界的方式是完全一致的。

二、斯密的个人经历与写作过程

接下来我们还是要用更多时间来讨论斯密思想的细节。先来了解他的生平。亚当·斯密(1723—1790)生活在英国一个特殊的时期,与他的前辈如霍布斯、洛克等完全不同。苏格兰与英格兰在1707年合并统一,从此英国的政治变得平稳,不再有流血危险,各种新潮思想在苏格兰等不太引人注意的偏僻地区迅速活跃起来。后人把这几十年、这几代人的学术活动，称为苏格兰启蒙运动，这与法国伏尔泰、卢梭等引发的启蒙运动有很大不同。虽然当时苏格兰已与英格兰合并，但我们坚持认为，这种启蒙运动只流行于北部高地的苏格兰知识分子之中，因而不能称作英国启蒙运动。

苏格兰启蒙运动对人的理性有一种非常警觉的怀疑，理性起源于感知，而感知必定有所局限，所以理性固然极为重要，有助于认识世界，但并不全能。因此我们要对运用理性认识社会的方法保持一种宽容、开明的态度，保护自由权利，防止理性的专断滥用。人性之中，除了理性之外，还有一部分激情，合成起来才是一个真实而并不完美的人。而自由市场正好能包容理性的不完美，包容各种各样有缺陷的人，最终实现和谐。后来被认为是自由主义大师的哈耶克虽是一个出生于奥匈帝国的人，但他最终总结思想，还是服膺苏格兰启蒙运动。我们没有时间介绍更多斯密同时代的学者，如他的老师哈奇逊，他的密友休谟、吉本等，但一定要注意，认识斯密的思想，必须将其置于苏格兰启蒙运动的大环境之中考察。

1723 年 6 月，斯密出生于苏格兰的一个名为克科迪的小镇，据说当地只有 1 500 个居民。它与伦敦不同，没有特别激烈的商业竞争和严重的贫富差距，这是我们试图理解斯密的一个重要出发点。斯密小时候就很聪明，17 岁时就去南边的牛津求学了。当时牛津并不是一个很了不起的学校。斯密在牛津待了六年，却对于在牛津所接受的教育极为失望。他说："他们甚至已经完全放弃了伪装在教学。"斯密并没有碰到任何值得一提的老师，但他无疑在那里读了大量的书，整个学习过程都是自学，斯密想读什么就读什么。但有一次，有人在他的房间里发现休谟的《人性论》，这是一位离经叛道攻击天主教的作者的书,当时是禁书。斯密差点因为读这本书而被牛津开除。今天我们不会把休谟归入任何意义上的激进知识分子派别,但在当时那种非常压抑、上课前必须祈祷、上课必须使用拉丁文的环境下,休谟充满自然主义风格的上帝观在当时已经是一种激进哲学了。

经过多年学习之后,1751年,斯密回到苏格兰成了格拉斯哥大学的逻辑学教授。当时的逻辑学并非今天的逻辑学,主要是指用辩证法来思考。中世纪的大学里只教授"七艺",即逻辑、语法、修辞、数学、几何、天文和音乐,其他一切都是非法。后来的学术分工就是文艺复兴运动之后逐渐从"七艺"中分离出来的。斯密时代,英国大学处于过渡时期,所以有逻辑学教授的职位,主要教授与现实无关的文学。一直到后来大家才意识到,当时的格拉斯哥实际已是苏格兰启蒙运动的中心,思想地位比过去的认知要高得多。第二年,格拉斯哥大学道德哲学教授的职位空缺,斯密就又从逻辑学教授转变为道德哲学教授。我们现在有比较完整的斯密教授道德哲学的讲课笔记,可以了解斯密当时的想法。

过去一直有种说法,斯密是从法国重农学派那里学来的经济学。后来,坎南发现了一份斯密的学生笔记,记录了斯密在去法国之前上课讲述的内容。我们可以发现,很多经济学的想法在斯密去法国之前就已形成。当然斯密当时讲授的经济学内容,与后来的《国富论》还有很大的差距。我们有理由认为,斯密青年时代的学习和思考,与他后来在法国的游历经历,对于《国富论》的形成同等重要。我们固然应该研究斯密思想的来源,但也不能否认斯密本人的天赋和直觉。

1759年,斯密出版了《道德情操论》,这是斯密第一本出版的专著，应该也是他最重要的一本专著，在当时产生很大反响。斯密本人对《道德情操论》极为看重，重视程度应该远远高于后来名气更响的《国富论》。从当时英国乃至世界的知识体系来看，道德哲学是一个重大的领域，他的老师哈奇逊的代表作《道德哲学体系》非常出名，现在已有中译本。斯密就是接替哈奇逊讲授道德哲学，这理应是他更关心的领域。斯密讲授的道德哲学分为四部分，第一部分是带有自然主义的自然神学，第二部分是伦理学，第三部分是法学，第四部分是作为短期权宜之计的实用学科，包括政治学和经济学。

斯密是个写作非常谨慎的作者，这也是英国的传统。所以斯密一直在修订他的书稿，主要是《道德情操论》以及后来的《国富论》。《道德情操论》一共改过六次，《国富论》只改过两次，由此可见这两本书在他心目中位置的不同。关于这些版本的修订过程，可以参考浙江大学罗卫东教授的《情感秩序美德：斯密的伦理世界》。他近年来组织对斯密和苏格兰启蒙运动的翻译和深入研究，帮助我们对斯密有了更深的了解；同时也提醒我们，研究《道德情操论》《国富论》这样的经典著作，离不开版本比较和细读。中国的《红楼梦》研究曾达到很高的高度，形成"红学"，基础就在于对不同版本的比较研究。而《道德情操论》也好，马克思的《资本论》也好，乃至今天曼昆的《经济学原理》，都有多个不同版本，反映出作者思想变化以及对时代需求的回应。有志于研习经济思想史的同学亦应该像罗卫东教授那样扎实深入地进行版本细读。

斯密出版《道德情操论》之后，引起一个政治家的注意。他叫汤森（Charles Townshend），国内介绍不多，但他在英国政治史上颇为重要。今天我们谈论美国独立，会追溯到波士顿倾茶事件，而倾茶事件的直接原因就是英国通过《汤森法案》，允许东印度公司直接把茶叶运入美国并予以征税。这个法案直接影响波士顿许多走私犯的利益，最终酿成美国独立运动。从结果来看，汤森并非一个聪明的政治家。但他看上了斯密，希望把自己的儿子送到欧洲大陆"壮游"，让斯密教授作为陪读。汤森开出的工资是每年300镑，再加退休以后每年300镑退休金。这是个很好的机会，斯密在大学里每年最多不过拿到170镑，所以愉快地答应了。知识分子有不同的养活自己的方法，斯密的好友休谟也做过这种陪读，并不奇怪。

斯密就陪小公爵去了法国，四处游历，见了伏尔泰，再去巴黎认识了魁奈，从此进入魁奈的社交圈。斯密在去法国之前就思考过经济问题，在法国正赶上魁奈的《经济表》被炒得火热，斯密在与魁奈交往中自然进一步对经济产生兴趣。斯密的思想与魁奈等自然主义的思想有着千丝万缕的联系，但也有着明显差异，斯密心目中的"自然"，他与休谟一直探讨的"自然神学"，与法国人眼中与土地生产密切联系的自然，并不是同一个自然。

斯密在1766年回到英国，随后回到故乡小镇克科迪，立即开始构思他的一部大书——《国富论》。斯密写了十年，偶尔也出去社交，朋友中除了最密切的住在爱丁堡的休谟外，还有那位编写词典的约翰逊博士以及促成美国革命的富兰克林等。1776年，《国富论》正式出版，在英国产生轰动性的影响。斯密却没有考虑回到大学，回到学术界。1778年，斯密当上了爱丁堡的海关税务司长。虽然他在《国富论》里一直在批评海关的职能，但他晚年却拿着海关的工资养老，每年工资高达600镑。斯密的声誉通过《国富论》和早前的《道德情操论》达到顶峰，我们很好奇斯密晚年的想法，他目睹了美国独立，目睹了英国社会道德的堕落，甚至在去世前也目睹了 1789 年的法国大革命，但我们对他晚年的想法所知甚少，也许解读他对《道德情操论》的不断修订可以给我们一点线索。

斯密 1790 年去世，终身未婚，与洛克、休谟、康德等很多著名学者一样。他临死之前，焚毁了除哲学论文以外的全部论文。因为休谟在去世之前，委托斯密销毁他的所有手稿。但最后斯密失言了，仍然将休谟的《自然宗教对话录》出版（由此可见斯密对自然宗教问题的重视程度）。斯密担心类似的情形在自己身上出现，所以焚毁了自己所有手稿。斯密的研究绝大部分已经消失，但后人还是在他的学生那里找到一些笔记，这些不全面的材料能帮助我们还原一个更真实的斯密。

三、《道德情操论》与《国富论》的内在关系

了解斯密的生平经历之后，下面我们就能比较具体地来阅读和讨论斯密这两本巨著。这两本巨著的写作时间不同，但斯密一直在修订它们。过去的说法，斯密思想有两个面向，那只是在学科分裂情况下的应付，不可当真。要真正认识斯密的思想，必须综合这两本书，综合《国富论》的不同章节，完整地理解。

斯密并没有采用清晰的分析方法进行写作，而是在写作中采纳了大量世界各地的细节和观察资料，这就与他的后继者李嘉图截然不同。我并不赞同很多学者对《国富论》进行理论抽象，这种工作非常困难，方法也存在问题。因为斯密并不是要写作一本教科书，而是要为同时代的普通读者写作。他不厌其烦地批评当时仍然影响巨大的重商主义思想，写了两百页。但他知道，重商主义仍没有被完全驳倒。时至今日，我们日常生活中仍然经常出现重商主义的言

论和实践,由此可知斯密审慎的目的。

同时,我们也不要因为斯密含混的文字而低估斯密的激进性。斯密时代,在保守的苏格兰地区,上课前不祈祷、不使用拉丁文,就是激进的行为,阅读休谟著作更是激进的行为。斯密并不像马克思那样同情底层贫民而要打倒中产阶级,他既看到中产阶级的辛勤工作,也意识到他们可疑的道德动机,所以要用一种看似矛盾、实则坚定的立场对经济活动加以论述。我们之前已介绍过亚里士多德的审慎思想,之后还要介绍密尔的审慎思想,再结合今天政治哲学中越来越流行的关于审慎(deliberative)的探讨,需要体会这种传统美德的微妙之处。

斯密真正关心的问题是,社会何以团结,何以组合成为我们所见的样子?社会学是一门比经济学更晚诞生的学科,诞生的标志是马克思、涂尔干和马克斯·韦伯三位学者的工作,从不同角度回答了什么是社会。而斯密和休谟比他们更早思考这个问题,斯密的解答是经济学式的:市场将英国社会团结起来。

先引用一段斯密违背休谟意愿坚持出版的《自然宗教对话录》:"看看周围的世界吧,琢磨一下它的整体和每一个部分。你会发现它什么都不是,只是一架庞大的机器,细分为数不清的较小的机器。它们还能进一步细分,直到人类的感官和能力无法分辨和解释的程度。所有这些各种各样的机器,甚至是其中最微小的零件,相互之间精确地调整,使曾经凝视着它们的所有的人由陶醉而至崇拜。世间万物,精确地相似,奇特地为达到目的而调整手段,这远远超乎人类智慧的产物所能及。"休谟这里讲的自然宗教,显然与后来斯密"看不见的手"是一回事。

斯密先在《天文学讲义》中提到"看不见的手",接着在《道德情操论》,最后在《国富论》中提到,反反复复使用这个暗喻,表明他并不是想用这个暗喻来支持自由市场,而是用自由市场这个案例来支持他的自然神学。同时,斯密也引用了孟德维尔的《蜜蜂的寓言》,这部书现在也因为它的副标题"个人恶行即公共利益"而为人所知。孟德维尔并没有系统性的想法,但他有实用主义的直觉,"伦敦的火灾是一种大灾难,但是如果木匠、泥瓦匠、铁匠和其他由于重建工作而获得就业的人一致反对那些火灾中受损失的人,那么庆贺即使没有超过,也等同于抱怨"。孟德维尔的这个看法,现在看来倒和凯恩斯主义有很大的共识。

而斯密把"看不见的手"的暗喻与孟德维尔的"个人劣行即公共利益"巧妙结合起来:"我们期望的晚餐并非来自屠夫、酿酒师或是面包师的恩赐,而是来自他们对自身利益的特别关注。我们与这些人打交道时所想到的也绝不是他们的仁爱,而是他们的利己之心,他们所想得到的也绝不是我们的需要而是他们的利益。""工人们不会去想着提升公众的利益,他们也不知道自己能提升多少,他们只在意自己的所得。他们被无形的手牵引着,不自觉地走向目的地。"在这种背景下,"如果没有成千上万人的协助与合作,在一个文明的国度里,即使是要求最低的人,以鄙人愚见,也无法用简单容易的方式使其需求得到满足"。这样一来,斯密思想的总体框架终于清楚了。

即使是普通工人,追逐自己的利益也不会毫无道德感。斯密从来不主张把自己的思想推向极致,"经济学认为人是自私的",这只是后人栽赃给斯密的论述。《道德情操论》的基本问题就是,既然人是理性的,何以能形成道德判断?斯密认为,这都要归结于"同情心"。同情是人类最原始的一种情感特质,每一个人都具备,无论是高洁圣人还是卑劣顽徒。正是同情心帮助人与人之间建立联系纽带，也制约人们对个人财富和名誉过度追求。在斯密看来，同情心本就是人和人交往沟通的一个前提。人若是没有同情心，根本就无法理解对方，何来的贸易交流？市场之所以为市场，本身必然已经包含了人的同情心即道德的交往，这在17、18世纪的哲学家眼里都是清清楚楚的事情。

在这基础上，我们可以讨论市场的规律。市场规律就是使得产品既有一个竞争价格，也使得生产者注意到社会所需要的商品数量，即在商品的价格和数量之间建立起联系，在行业与行业之间建立起联系。"如果采矿业的回报比别的行业要高得多，那么资本自然会流向这个领域，而远离那些生产率低的领域。所以每个工人都会努力寻找能够给他们最多薪水的工作。"这就是供求规律，也是今天经济学最基础的命题。它有一个前提假设，那就是自由。自由一直是苏格兰启蒙运动学者的思想底色，也是后来哈耶克愿意把自己归入此列的原因，更是斯密在《国富论》里不遗余力批评重商主义的原因。我们学习经济思想史，也必须意识到"自由主义"以及后面还要讨论的"功利主义""社会主义"等好几种主义。

有了这些基础，我们可以进入一些常见的思想史命题，如斯密在《国富论》一开始论述的分工理论。我们在讲柏拉图、亚里士多德时就已提及社会分工，古典思想以人为本，分工的原则就是让每个人做最适合自己的工作。而斯密在此之外，还注意到一个经济学奥秘，即分工有助于提高生产效率。"一个训练有素的工人会想方设法利用自己手上的工具，在一天内或是最少的时间内，制造出一枚大头钉。通过把一项任务分解成十个不同的任务，拉直、切断、削尖、制造大头钉头部等，由十个不同的工人去共同完成，这样可以生产出更多的大头钉，不只是两倍那么多。"

斯密的这种洞见非常了不起，在后来产生了深远影响。20世纪初美国经济学家杨格把这种规律描述成边际报酬递增，但你们的微观经济学知识足以证明边际报酬递增在传统数学中无法处理。后来杨小凯也研究劳动分工、报酬递增理论，引入新的数学工具，并产生巨大影响，他称其为"超边际分析经济学"。这是对分工理论的重要发展，却不是斯密的本意。斯密从不想探索发展潜力，只是想探讨市场"自动调节"、自我恢复的能力，探讨一种静态、稳定的经济学。

在斯密的时代，尤其是撰写《国富论》时所见到的苏格兰地区，经济上确实还没有形成大规模的、具有垄断能力的大型企业。既然大多数企业都是小型企业，那么需求变动确实会导致价格的变动，或者引起数量或者结构性的变动。对于一个刚刚开始工业革命、尚未展开殊死竞争的社会而言，斯密理论与现实相符。斯密从未见过什么经济周期。但到了斯密晚年，英国社会经济的竞争程度不断加强，政府对市场干预的力度越来越大，民众之间的贫富差距变得触目惊心，与斯密所设想的市场环境已完全不同。

斯密不是马克思，他并没有预期到社会结构会加速变化。他相信历史悠久的机械论，即作用一定会受到反作用，社会亦是如此。这是他的前辈牛顿发现的物理定律，但更早可以追溯到亚里士多德的哲学。斯密还认为，"控制人的生产的，就像任何商品一样，必然是人的需求"，"在苏格兰高地，一个母亲生产了20个孩子，而存活的不到两个，这并不算什么稀罕事"。后来马尔萨斯在《人口理论》中预期遏制人口增长的自然规律，在斯密这里也能找到雏形。所以写作《国富论》的斯密并不是太担心资本积累和社会分化,他的自然神学理论,让他认为自然总会让这个社会朝向一个有序的方向稳健地进步。

虽然我们已经习惯将斯密作为现代经济学的开创者,但在某种意义上,他也是18世纪古典哲学的最后高峰。他相信理性和秩序,相信自然神学,相信自私利己会转变成社会德性,从而促进社会自然地发展。斯密之后,虽然无数人阅读和引用斯密,却几乎无人相信他的这种系统性的、笃信理性、充满自然法的世界观。而这正是斯密与我们今天的经济学者最根本的不同。

关于斯密的经济思想,值得不断地讨论下去,但我们必须在这里结束。下一讲,我们将讨论斯密之后古典经济学逐渐发展和展开的过程。

思考题:

1. 什么是苏格兰启蒙运动?
2. 斯密在经济学方法论上学习借鉴了哪些先驱?
3. 什么是"看不见的手"?
4. 如何理解《国富论》与《道德情操论》之间的关系?

第六讲

李嘉图与马尔萨斯

上一讲我们讨论了古典经济学的创始人亚当·斯密的经济思想，今天将继续讨论斯密之后的经济学的发展。这一讲的主要内容是李嘉图和马尔萨斯的经济思想，两人必须并置讨论。因为这两人生活在同一个时代，关系非常密切，大量通信。同时，两人对很多问题的看法又截然相反，互不相让，持续争论了数十年。两人气质截然不同，一个对经济社会发展抱着乐观态度，另一个持悲观态度。综合地阅读和思考这两人的研究工作，有助于我们对19世纪初期欧洲的古典政治经济学有一个总体的认识。

这一讲我们主要讨论三个问题。第一，斯密之后英国社会经济环境的变化，尤其是《谷物法》的出台背景；第二，马尔萨斯的生平和主要经济思想；第三，李嘉图的生平和主要经济思想。对两人观点的讨论，常常会交叉进行。

一、斯密之后英国社会环境的变化

斯密去世之后，苏格兰的思想环境有所变化。一件影响整个欧洲的事件，就是1789年的法国大革命。法国大革命在法国引起巨大的混乱，也对英国造成不小的恐慌。苏格兰的辉格党支持激进革命，很自然在国内受到批评和镇压。苏格兰的大学一直向学生教授道德哲学，从哈奇逊到斯密都是教道德哲学，政治经济学也属于它的分支，而这种教育最容易引起激进思考。众多学者都强烈要求苏格兰的大学加强古典和传统教育，减少这种有"异教"色彩的道德哲学教育。慢慢地，苏格兰地区的思想不再活跃，英国的经济学重心逐渐转向南方。

1821年，伦敦政治经济学俱乐部成立，标志着新的政治经济学的大本营的成立。它的参与者不仅有学术界精英，也包括商人、议员、活动家等。1816年，英格兰也开始出现讲授经济学的大学——剑桥大学。1825年，牛津也开始出现政治经济学的教职。我们今天知道的李嘉图"门徒"麦克库洛赫等人就在大学里教授经济学。

这是思想的变化，再来看欧洲经济环境的变化，重点是英国和法国。在法国大革命之前，英国和法国的小麦价格长期保持在一个较低的价格水平上。甚至在亚当·斯密生活的时期，英国还是一个粮食出口国，而非进口国。但是1801年，英国的小麦价格竟然已是1794年的3倍。我们很容易找到一个理由，就是法国大革命之后拿破仑上台执政。

1799年，强人拿破仑上台执政，1804年称帝，把法国从共和国改成帝国。拿破仑执政期间不断发动对外战争，横扫欧洲，对整个欧洲产生深远影响，直到1814年战败。拿破仑帝国时期，除英国外，其他欧洲各国都向法国臣服或结盟。1815年拿破仑短暂复辟，随即又在滑铁卢战败，帝国终结。拿破仑战争期间，法国经济有着优异表现，尤其是工业取得长足进步。1812年，法国已有200多家机械纺织厂，开始了向工业化国家过渡。

拿破仑战争时期，英法交恶，暂时断绝了来自国外的谷物供给，从而提高了小麦价格。但是，即使拿破仑战争结束，小麦价格仍然居高不下。英国农民非常担心，一旦降低门槛，波兰等产粮大国涌入的谷物会迅速拉低价格，对英国农民造成巨大打击。国会因此任命了维持谷物价格的委员会，用各种方式论证应该保持谷物在高价位。这正是后来李嘉图论证《谷物法》时所面临的经济背景。

在1790年前后，英国已经没有能力实现粮食的自给自足了，这也导致谷物价格与地租的迅速上升。1802年，英国大量地主和农场主都对谷物的价格表示担心，因而议会通过了《谷物法》，为谷物设定了一个最低价格，即每夸特50先令，1803年又修改法律提高到63先令。它的意思是说，只有在国内谷物的价格达到或者超过这一价格水平时，才允许向国外进口谷物。在拿破仑战争期间，《谷物法》尚没有太多争议，但1813年战争结束后，面临着谷物价格大幅下跌的趋势，地主们要求再次修订《谷物法》，甚至将谷物最低价格提高到80先令。这个提议引起广泛争论，很多知识分子都参与了《谷物法》的讨论。知识分子影响公众意见的主要手段就是出版小册子，李嘉图与马尔萨斯是其中最活跃的几个人。

从经济学常识不难推断，《谷物法》设定如此严格的贸易壁垒，一定会保证谷物价格上涨，同时推动地租上涨，使得大地主的收入大幅度增加，而对于普通农民或者工业从业者而言极为不利。但《谷物法》的背景不仅是大地主阶级与议会相互勾结、反对法律调整，也代表了一批知识分子对于社会发展前景悲观的态度。如果废除壁垒，任由国外低价粮食进口，必定会打击英国的农业和地主，土地荒废，英国的国力和安全能否得到保障？所以《谷物法》这个法律竟然持续了几十年。1840年代，曼彻斯特等地出现了强有力的反谷物法联盟，经过不断抗争，终于在1846年废除了《谷物法》。一般认为，《谷物法》的废除表明英国商人势力终于压倒传统的地主势力，实现了权力的转移，也使得英国转变成一个全面支持自由贸易的国家。与之相比,很多发达国家都经历过这样一个阶段。例如,美国整个19世纪基本采用李斯特主义的贸易保护政策,直到19世纪末才走向自由贸易阶段。英国经历了这一轮《谷物法》存废的争论,却还是世界各国中较早走向自由贸易的国家。

19世纪初期,正是英国不断向外扩张、建设殖民地的阶段。1819年,英国开辟新加坡殖民地。1824年,英国发动英缅战争,逐步吞并缅甸。1839年,英国与中国爆发第一次鸦片战争,随后通过《南京条约》取得香港殖民地等。而在英国国内,正是其工商业快速发展,与传统农业相互竞争的阶段。所以,我们阅读李嘉图、马尔萨斯,以及下一讲涉及的密尔、马克思等,除了关注他们思想的内在理路,也应该关注这个国际国内政治经济背景。

李嘉图在《谷物法》问题上纠缠了很久,最后逐渐厘清思路,发现问题的关键在于搞清楚收入分配的原则。李嘉图说:"确定支配这种收入的法则,是政治经济学的主要问题:虽然杜尔哥、斯图亚特、斯密、萨伊、西斯蒙第以及其他人的著作使得这门科学得以发展。但是,就地租、利润以及工资的自然过程而言,这些著作并没有提供令人满意的资料。"李嘉图在思考具体问题时,逐渐走向抽象理论,这是李嘉图的思考特色。而这段评价也体现出李嘉图宏大的理论野心。

与之相比,马尔萨斯并不反对《谷物法》,他也有三点理由。第一,19世纪初期,英国还是以农业为主的农业国家,农业部门的人口与产出是经济重心所在。如果让廉价谷物自由流入,农业部门必然遭到严重打击。农产品价格低落,农民受益大跌,地主收入大跌,这会动摇英国的经济稳定。这种观点我们今天也经常能听到。第二,当时英国工商业部门尚在成长,资金主要依靠农业部门提供。如果农业受到冲击而崩溃，那么工商业也得不到发展所需要的资金。第三，农村部门破坏之后，地主与贵族的优势消失，议会、阶层制度、传统价值观、社会秩序都会遭到破坏。基于这些理由，他认为《谷物法》有存在的必要。

由此可见，马尔萨斯是一个在价值上比较保守的学者。他把农业和工商业截然分开，未免过于机械化。马尔萨斯晚年对此也有一些反思，对以上经济观点作出一些修正。但马尔萨斯也有非常好的洞见，例如，他认为在开放市场环境下，传统价值观、社会秩序都会受到冲击。这确实就是19世纪中期以后英国所面临的问题，也是从马克思到马歇尔都异常关注的问题。

我们由《谷物法》的存废引出了马尔萨斯与李嘉图两位学者的相对观点，但他们生前都没有看到《谷物法》被废除。他们的主要生活经历都在19世纪初期，下面就围绕两人的思想分别加以讨论。

二、马尔萨斯的生平和主要经济思想

马尔萨斯（1766—1834），正式身份是牧师，后来有机会成为经济学教授，也是英国最早的经济学教授之一。他出身于书香门第，父亲也是牧师，交友广泛，好友中就包括休谟和法国的卢梭。马尔萨斯1784年在剑桥读书，1797年成为牧师，1804年结婚，1805年受邀成为东印度公司学院的经济学教授，后来他又组织了伦敦的政治经济学俱乐部，还有皇家统计学会，是当时英国学术圈重要的组织者。李嘉图就是被马尔萨斯发现，并引入学术圈。

马尔萨斯的工作可以分为两段。一段是早年出版的《人口原理》，一段是晚年他对经济学的研究，两段经历之间有着内在的思想联系，值得我们仔细体会。马尔萨斯一开始对人口问题感兴趣，是与他小时候家庭环境分不开的。老马尔萨斯有许多法国的朋友，比如卢梭、孔多塞等（经济学家知道孔多塞，往往是由于他最早发现孔多塞悖论即后来的阿罗不可能定理），他们都对人类社会的未来抱有极大热情，充满了幻想和展望。

英国学者戈德温（此人妻子是女权主义者沃斯通克拉夫特，女儿是写《科学怪人》的玛丽，女婿是写《西风颂》的诗人雪莱）在1793年出版《政治正义论》，介绍了法国启蒙主义者的思想，老马尔萨斯对此非常赞同，马尔萨斯则非常不赞同。天性所致，马尔萨斯完全看不到社会朝向积极、和谐一面进展，所以匿名写出了《人口原理》。事实上，那些乐观的启蒙主义者如孔多塞就死在雅各宾派的断头台上。

马尔萨斯直接地说："当前争论的重大问题是，人类究竟是从此会以加速度不断前进，改善的前景远大得不可想象呢，还是注定要永远在幸福和灾难之间徘徊，仍然距离想要达到的目标无限遥远？……据我看，改良的途中有一些巨大的不可克服的困难。"

为了论证他的悲观主义论调，马尔萨斯提出两个基本公理。第一个公理是，食物为人类生存所必需。第二个公理是，两性之间的情欲是必然的，而且几乎会保持现状。你们不必觉得第二条公理耸人听闻。在他所针对的戈德温的《政治正义论》里，戈德温认为人类的情欲将逐渐消除。相比之下，戈德温的乐观观点要激进多了。

顺着马尔萨斯两条公理的推理，人口在不加抑制的时候，会以几何级数的速度增加，即1，4，9，16，…，而土地为人类提供生产生活资料的能力，只能以算术级数的速度增加，即1，2，3，4，…，两者差距会逐渐增大，人口增殖力无限大于土地为人类提供生产生活资料的能力,两者不能相互匹配,最终将导致极大的悲剧。

马尔萨斯说:"在整个动物界和植物界,大自然极其慷慨大方地到处播撒生命的种子。但大自然在给予养育生命的种子所必需的空间和营养方面,却一直较为吝啬。我们这个地球上的生命的种子,如果得到充足的食物和空间,经过几千年的繁殖,会挤满几百万个地球。但贫困这一专横而无处不在的法则却可以把他们限制在规定的范围内。植物和动物都受制于这一伟大的限制性法则。人虽有理性,也不能逃避这一法则的制约。在植物和动物当中,自然法则表现为种子不发芽、害病和夭折;在人类当中,自然法则表现为苦难和罪恶。"

基于这个原理,马尔萨斯归纳说,人口总是会保持在同生存资料相适应的水平上。他对戈德温最根本的批评就是:"戈德温以为这一点不可思议、充满神秘色彩,所以只是提及而未试图加以研究。它的原理,我们将看到,就是折磨人的必然法则——贫困和对贫困的恐惧。"马尔萨斯终于把"贫困"这个问题提了出来,这一点极为重要,是贯穿19世纪欧洲、美国经济发展的主要线索。当代经济学在很长一段时间里已经忽视了这个主题,近年来终于又重新关注。可以想见,贫困在相当长的一段时间里,仍是整体人类社会所要面对的一个根本难题。

马尔萨斯知道《人口原理》的情绪过于悲观,会引发很多争议,所以匿名出版。这本书果然引起了轩然大波。戈德温当然对这本书破口大骂。浪漫主义诗人华兹华斯对《人口原理》的观点大加批驳,主要也都是感情上的批驳。著名作家卡莱尔认为,《人口原理》一出,经济学从此变成"沉闷的科学",后来这也成为经济学的代名词。当然现在也有人为卡莱尔辩护,认为卡莱尔之所以这么说,是因为经济学将所有的种族都视作有可能平等参加交易的对象。而卡莱尔却认为种族是有区别的,如黑人天生就是奴隶。今天的经济学已越来越关注福利问题,所以有人认为它已变为"快乐的科学"。

马尔萨斯著作很自然地会引申出是否要进行人口控制的问题。既然出于人类情欲的天性,人口数量会以几何级数增长,那么是否要人为地、科学地加以限制,如推广避孕工具或者延迟结婚年龄。1801年,英国举行了第一次现代意义上的人口普查。人口普查对于各个国家都是极为重要的事,它的重要性往往被低估。至于各国应采取何种人口政策,这始终是个难题,在世界各国经历了许多年的争议和实践,包括中国近几十年来的计划生育。今天,我们会发现,马尔萨斯的一个直觉非常正确,在一个相对文明的国度里,真正在宏观层面上控制人口进一步增长的因素,就是贫困和对贫困的恐惧。所以发达国家的出生率不断降低,纷纷陷入老龄化危机。

马尔萨斯这本书的影响巨大。达尔文就非常佩服马尔萨斯,在《物种起源》中承认自己的理论"只是马尔萨斯理论在没有人类智力干预的一个领域里的应用"。不过我们不应该将对马尔萨斯的关心全部集中在他早年的《人口原理》上。写作《人口原理》时,他只是个30岁出头的牧师。他在1805年之后,成为职业经济学教授。1814年他写出分析和支持《谷物法》的小册子,并且在李嘉图的刺激下,1820年出版了他的代表作《政治经济学原理》。凯恩斯后来认为,这是对他影响最大的一本书。

马尔萨斯《政治经济学原理》的重要发现是,他把储蓄从一种绝对美德转变为相对美德。他承认投资需要储蓄,但认为储蓄原则如果被应用过度,也会破坏生产动机。"如果每个人满足于最简单的食物，最少量的衣服，最简陋的住房，那么可以肯定，根本就不会有其他种类的食物，衣服和住房存在了。"

当时法国萨伊提出"萨伊定理"，风靡一时。萨伊认为，经济不会发生任何生产过剩的危机，也不会出现就业不足，因为"供给创造自己的需求"。李嘉图对此十分支持："任何人从事生产都是为了消费或销售，销售则是为了购买对他直接有用或是有益于未来生产的某种其他产品。所以一个人从事生产时，他要不是成为自己商品的消费者，就必然会成为他人商品的购买者和消费者。"但是马尔萨斯坚决反对萨伊定理，他认为："如果没有对国内资本的有效需求，那么所有原理之中第一位、最重要、最具一般性的供求原理，主张储蓄，以及把更多的收入转化为资本，难道不是徒劳无功的吗？"这也反映出他在思考经济学问题时，与李嘉图截然不同的思考方式。李嘉图是高度抽象和演绎的，而马尔萨斯非常注重经验性。

马尔萨斯在很多地方都已表现出与今天宏观经济学一致的直觉，包括否定斯密当时的中性货币的假定。斯密认为，货币的职能只限于交易中介，而不是价值储藏。这主要是用于攻击重商主义者的观点。而马尔萨斯认为，"货币对于任何可观的储蓄都是绝对必要的。人们有很多持有货币的动机，例如抚养儿童，购买物产，在未来支配劳动等等"。马尔萨斯认为，储蓄并不是窖藏，现在经济中的主要问题是过度储蓄和消费不足，这才是重要的。马尔萨斯非常强调消费，而非生产，这在当时的语境下显得很奇怪。从法国自然主义到斯密，再到李嘉图，都把重点放在生产上，生产更接近"自然"，所以马尔萨斯的这些经济学观点长期被低估，直到一百年后，凯恩斯才重新将其挖掘出来。

我们再把马尔萨斯早年的《人口原理》与晚年的《政治经济学原理》做一个简单对比。早年的《人口原理》主要强调供给侧的问题，人口的供给与自然资源的供给等，在长期内会朝向一个悲剧性的方向发展。而到了晚年，马尔萨斯更多强调需求侧的问题，强调短期的经济影响，也是他对经济活动有了更深入洞察的结果。

三、李嘉图的生平和主要经济思想

李嘉图是荷兰犹太商人的后代，跟随父亲从荷兰移居英国，14岁就开始在伦敦从事金融工作。他的父亲从荷兰到英国，反倒更充分发挥犹太人的精明特点，从事一切有机会赚钱的投机生意，作为证券经纪人发了大财。他的父亲总共有17个孩子，李嘉图是其中第三个。父亲希望李嘉图接受正宗的犹太教育，但李嘉图背叛了信仰，与基督徒结婚并且与家庭决裂。我们从这件事中可以看出李嘉图性格的一个方面。

当然李嘉图的聪明才智很快被其他银行发现。李嘉图继续从事金融掮客的工作，很快就凭借自己准确的判断赚取数量庞大的钱。他在拿破仑战争期间，准确地预见了形势的变化，赚到很多钱。当时他也建议马尔萨斯跟着他投机，但马尔萨斯拒绝了，错过了这次发财机会。同时，李嘉图保持了最可贵的金融品质——诚实，因而在金融界和学术界都有良好的声誉。相较于一般知识分子，李嘉图的生活十分富裕。但是从传统教育的角度看，李嘉图所受的教育远远不够，也不系统。他对新知识一直很有兴趣，研究过矿物、地理等很多种学问，但直到27岁才有机会第一次接触经济学。1799年，他在很偶然的机会读到《国富论》，立刻迷上了这本书。此时，他积累的财富已经超过 200 万英镑，不再需要考虑生计问题。他花很多时间研究《国富论》，也会读一些其他书，但更多是凭借自己的头脑独立思考，逐渐想清楚很多重要的经济问题。

1809 年，他终于开始向报社投稿，第一篇文章是关于金银货币问题。投稿发表后，他开始很有兴趣地继续开展研究，同时认识了一批好友，如詹姆斯·密尔（老密尔，即后来的小密尔之父）和马尔萨斯。李嘉图、老密尔、马尔萨斯三人成为至交，彼此之间不断地进行访问和通信，持续多年。所以小密尔从小就已非常熟悉李嘉图及马尔萨斯的工作了。

老密尔在 1815 年建议李嘉图把各种经济研究内容综合起来，写成一本书。李嘉图在反复与他们通信讨论后，终于在 1817 年出版了《政治经济学和赋税原理》，这本书一举奠定了李嘉图在经济学历史上的地位。两年后，李嘉图也进入了英国议会。但是李嘉图缺乏政治经验，并不适应议会生活。他曾说："如果我们消灭了两个最大的罪恶，国债和谷物法，这里就是世界上最幸福的国度，它在财富方面的进步就会超出所能想象的程度。"这种看法完全从李嘉图坚信不疑的自由主义理念出发，但这在大多数议员看来不啻为天方夜谭。

这本书出版后，马尔萨斯并不同意他的很多观点，两人展开长期的往来通信。马尔萨斯在 1820 年出版了自己经济学方面的代表作《政治经济学原理》，李嘉图也表示不同意，给马尔萨斯写了 200 多页的意见。当然这些往来争论的邮件并没有损害两人之间的友谊。1823 年，李嘉图去世，年仅 51 岁。他在给马尔萨斯的最后一封信里说："像别的争论者一样，经过多次讨论之后，我们依然各持己见，相持不下，然而这些讨论丝毫没有影响我们的友谊；即使您是同意了我的意见的,我对您的敬爱也不会比今天更进一步。"

马尔萨斯则说过:"除了我的家人,我从没有像这样爱过他人,交换看法,我们毫不保留,之后我们共同探讨感兴趣的问题,只为真理,别无他念,以至于我不得不设想,或早或晚,我们总会取得一致。"

玛丽亚·埃奇沃思这样描绘他们:"他们齐心协力探寻真理,无论谁是第一个发现者,他们都欢呼相庆;我真切地看到他们以自己有力的手臂拉动绞盘,让那痴心眷恋于井底的真理女神升出地面。"所以他们两人的友谊是经济思想史中的一段佳话。

李嘉图的工作,最重要的是他的方法论——抽象归纳的方法论。斯密的著作中,既有归纳的方法,也有演绎的方法,斯密认为不可以把经济学理论从他身处的社会、历史环境中抽象出来。但李嘉图则不然。李嘉图缺乏良好的历史训练,同时是个热衷于科学思考的人,他的写作一直致力于厘清那些不够清晰的概念,从中归纳出普遍适用的经济学法则。李嘉图并没有使用今天我们的数学工具,但他的思维是归纳式、科学式的。"他没有受益于所谓的精度的教育。这教育是否对他有好处,它是否可能引导他的头脑走上研究的道路,是可以怀疑的。在早年的生活中,深入思考的习惯是陌生的,这使得他能够发展最深奥和最复杂的学科,并成为重要发现的作者,而不是消极接受其他人的思想。"

也正是在这个意义上,熊彼特将李嘉图而非斯密认定为现代意义上的经济学创始人。当然李嘉图这样的工作也有很多弊端,熊彼特称其为"李嘉图恶习",就是在经济分析中剔除社会、历史背景,而这种工作方式在20世纪的绝大多数时间里,成为经济学研究方法的主流。

李嘉图的研究涉及经济很多方面，但价值理论是其中的核心。李嘉图最终也未发表《论绝对价值和相对价值》，这是他一直在思考的问题。研究价值问题，也是为了确定"分配"。如果说现代经济学家一般关心供给与需求，那么古典经济学家关心的就是生产与分配。

商品的价值或其所能交换的任何另一种商品的量，取决于其生产所必需的相对劳动量，而不取决于付给这种劳动报酬是多少。这句话就是李嘉图在他的《政治经济学及赋税原理》中总结出来的价值理论，后来被概括成劳动价值论。当然，只有马克思的价值论才是彻底的劳动价值论，李嘉图的价值论并不彻底，他承认工资和利润也会影响交换价值。所以也有人认为李嘉图的价值论是一种生产成本论，尽管是排除地租的生产成本论。此后，李嘉图一直在思考这个论断，但从未放弃。马尔萨斯始终反对这个论断，他不支持劳动价值论，认为重点在于付给这种劳动报酬是多少。

李嘉图在地租问题上与马尔萨斯存在巨大分歧，李嘉图非常讨厌地租。马尔萨斯在其《地租的性质与发展的研究》中则指出，由于存在三种原因，所以地租必须存在。第一，土地生产超过耕种花费的剩余。第二，这个剩余在长期总是创造新的需求。第三，大多数的肥沃的土地总是稀缺的。因为存在这三个原因，地租被看作一种有利的社会制度。但是李嘉图清醒地反对这一点，认为："如果一切土地都具有同样的性质，如果土地在数量上是无限的，在质量上是相同的。那么，对土地的应用就不能支付费用了，除非在土地具有特殊位置的优点的地方……仅仅由于土地在数量上不是无限的，在质量上不是相同的，才总是对应用土地支付地租。"这就是李嘉图对地租的看法。他对地租是批评的，认为社会发展或者生产便宜的谷物,总是会减少地租而非增加地租。

"假设土地所有者的利益关系那样重大,以至于我们对于按低价进口谷物而产生的一切利益一概置之不理。那么,我们对于农业和农具的一切改进也应该禁止。因为,由此可以同样肯定的是,谷物会跌价,地租会削减,土地所有者的纳税能力,在一个时期内,会由于这种改进所受到的损害至少和由于谷物进口而受到的损害是一样的。那么,为了保持一致性,不妨在同一法令中制止改进,禁止进口。"这段话充分体现出李嘉图的雄辩口才。

李嘉图也曾花费很大力气来讨论货币理论。必须指出的是,李嘉图是通过将自己的价值理论应用到货币上,这才形成的货币理论。他认为,如果货币作为商品对待,它的价值就会反映内在于其中的劳动的数量。金币可能比相应数量的金块更有价值,因为它们包括了国家的货币铸造费用,这种费用也是用劳动的方式予以解释的。在李嘉图研究货币问题的时候,英国正在从纸币本位转向恢复金本位的过程中,李嘉图对此大力支持。英国从19世纪初期开始使用金本位,非常稳定,支持了英国的经济发展,直到20世纪初世界大战爆发。

李嘉图始终在追求思想的一致性。他的货币理论是从价值论里推演出来的,他对《谷物法》的看法也是从他对自由贸易的主张中推演出来的。李嘉图对抽象逻辑有着非常坚定的信念,他的《政治经济学及赋税原理》就是以这些基本逻辑构建出的完整体系。从传播角度看,李嘉图对于后来几代学者的影响,对于古典经济学的意义,并不亚于亚当·斯密。

最后,我们简单总结一下马尔萨斯与李嘉图的思想差异。他们两个人出生背景不同,教育水平不同,个人积累财富数量不同,个人的情感即对待社会的态度不同。马尔萨斯更悲观,并不看好新兴的工业发展,而是支持传统的农业地主经济,也因此支持《谷物法》。而李嘉图对新兴工业抱有极大热情,并且根据他的抽象归纳逻辑支持自由经济贸易,坚决反对《谷物法》。

此外,我们还能总结以下几点。第一,马尔萨斯把构成物品价格的相关报酬都包括在地租之内,而李嘉图并没有。马尔萨斯是从系统、总体、宏观的角度分析经济,这也是我们说的斯密继承的自然主义传统分析方法。而李嘉图只对局部分析有兴趣,他更关注局部产品的价格和价值。第二,在选取价值尺度上,两人各不相同。李嘉图偏好黄金,马尔萨斯主张利用工资,即把既定时期商品价格转换为在通行报酬下它所能支配的劳动时间的数量,并且在其他时候还愿意重复这一过程。比如说,一种商品能够支配的劳动时间减少了,我们就可以认为它的价值下降了。这样,马尔萨斯就避免了寻求绝对价值尺度这样的工作。第三,李嘉图没有利用供给和需求的分析,因为这对于他所关心的绝对价值尺度并没有异议。而马尔萨斯对供求原理非常关注,也注意到总需求不足,可能与供给无法匹配。

今天对马尔萨斯与李嘉图的讨论就先到这里。在下一讲中,我们将继续介绍古典经济学的另一座高峰——密尔。

思考题:

1. 什么是《谷物法》?
2. 马尔萨斯的《人口原理》的核心命题是什么?
3. 李嘉图的经济学方法论有什么特点?
4. 李嘉图与马尔萨斯在经济学上的主要分歧是什么?

第七讲

密 尔

这一讲要讨论的主要内容是密尔（John Stuart Mill，1806—1873）的经济思想。我们将讨论四点内容：第一是密尔的生平及其主要经济思想；第二是密尔与功利主义思想的关系；第三是密尔与社会主义思想的关系；第四是密尔与历史主义研究方法之间的关系。

今天这一讲的内容非常重要，虽然主要是讲密尔，但实际上会把整个 19 世纪所谓维多利亚时代的英国政治经济学思想串联起来。因为密尔本身就是个思想极为复杂的经济学家，也是文化名人，与当时的各种思潮、各个方向的学者都有非常深入的沟通交流。

而维多利亚时代本身又是个特别重要的时期，英国工业革命达至顶峰，铁路和蒸汽船快速扩张；英国文化全盛，狄更斯、勃朗蒂姐妹的小说，阿诺德、罗斯金的散文无不名噪一时；还有英国建筑、英国服装、英国的博览会等，吸引了全世界的目光，当时英国经济占到世界经济的 70%。如此重要的时期，却是我们过去了解比较少的一个时期。

我们在这门课没有太多时间深入讨论社会主义、历史主义等至今仍非常重要的思想潮流，那可能会偏离西方经济学的主线。但是希望通过这一讲对密尔的讨论，大家可以对当时不同的思想潮流在思想史上的位置和关系有一个比较清晰的认识。我们所学习的思想史，不应该只是名人名言汇萃，而应该梳理各个时代杰出学者的思想特征,及其思想流变。

一、密尔的生平及其主要经济思想

密尔,经济学中又常译为穆勒,因为最早开始翻译经济学的严复将其姓名定位穆勒。我们今天还保留的严复译名非常少,但经济学界还是把穆勒的名字保留下来。但其他学科仍将他称为密尔,方便起见,我还是把他称作密尔。

密尔的生平经历可谓一波三折,引人入胜,单是密尔的个人经历就能给我们很大的启发。密尔的父亲老密尔,是与马尔萨斯、李嘉图齐名的经济学家,斯密的忠实继承者。老密尔最著名的工作是写过一部《英属印度史》,这也是英国最早的印度史,虽然存在不少错误,但在历史上仍拥有极高地位。依靠这部《英属印度史》,老密尔就在东印度公司工作,后来他的几个儿子,包括小密尔,也都在东印度公司工作。

老密尔望子成龙,从小就对小密尔展开了惊人的教育。密尔后来写了一部《自传》回顾他的成长危机,这是非常值得一读的书,在文化史、教育史上都非常出名。市面上也有好几种中译本,我以前读过一种是郭大力翻译的,他也是《国富论》和《资本论》的译者。在《自传》里,密尔回顾了他小时候所接受的教育。他从3岁起开始学习希腊文,在7岁时就已读了大部分的柏拉图作品,还有希罗多德、色诺芬等人的著作。7岁开始继续学拉丁文,他又读了维吉尔、李维、奥维德等人的著作。同时,他还在读几何、代数、罗马史、世界史等。他说:"我从来没有用希腊文写过诗,也很少用拉丁文写诗。这并不是由于我父亲不重视从事这种锻炼的价值，而实在是由于没有时间。"

密尔在12岁时开始研究逻辑学和霍布斯，在13岁时，已经非常熟悉李嘉图与马尔萨斯的工作。密尔几乎每隔一年就学会一种外语，在13岁左右，他已经积累了极为惊人的知识。但父亲对他的教育和严格监督是有代价的，"我几乎没有任何玩具"，小密尔也没有任何的朋友，他自认为是"在缺少爱和在恐惧中"长大。他父亲教授小密尔一切知识，除了诗歌和音乐，因为诗歌和音乐中可能包含不正确的内容。老密尔坚信，小密尔将会成为功利主义大师边沁最重要的接班人。

密尔在20岁的时候，经历了一场精神危机，或者说神经衰弱。他无法继续思考和工作。当时他正在帮助边沁编辑出版《司法证据原理》，但他自我思考，"如果你建议的关于社会改革等一切都实现了，你会感到某种幸福吗？"他的回答是否定的。由此他陷入一种可怕的境地，再也无法正常工作。这时候，正是他父亲所反对的浪漫主义诗歌如华兹华斯和柯勒律治等拯救了密尔，让密尔体会到很多自身欠缺的经验和情感。同时，密尔喜欢上一个有夫之妇即泰勒夫人。密尔等到泰勒去世后，与泰勒夫人结婚。泰勒夫人对密尔的影响极大，促使密尔写出一部重要的女权主义著作《妇女的屈从地位》。很多时候，大家都把这本书与玛丽·沃斯通克拉夫特（即戈德温的妻子）的《为女权辩护》并列，视作18至19世纪最重要的两本女权主义著作。

受到泰勒夫人的鼓舞，密尔在30岁左右逐渐恢复健康，他进入父亲的东印度公司工作，业余写作，终其一生他都没有进入大学，始终是个业余作者。1843年，密尔出版了《逻辑学体系》（严复将其译为《穆勒名学》），这是一本逻辑学史上的巨著。严复在翻译《国富论》的同时，也翻译了这本《穆勒名学》。密尔在1848年出版《政治经济学原理》，这是承前启后的经济学巨著。而密尔到了晚年，声誉更为出众，他写了3本小册子，分别是《论自由》（1859）、《代议制政府》（1861）和《妇女的屈从地位》（1869）。前两本都是政治学必读的经典，经济系学生也有必要读一读，了解这一百多年来对于自由主义、代议制民主讨论的一个起点。

下面来讨论密尔本人的经济思想特征。过去我们一般把密尔的思想特征概括为"调和"或"折中"，即他总是在两种或多种相互冲突的理论中折中，从不简单偏向任何一方，而是利用自己渊博的知识试图构建出一种可以同时容纳对立观点的理论。但我更喜欢用"审慎"（deliberative）这个词来概括密尔的思想，这是贯穿密尔所有著作的一个共同的品性。

密尔认为，经济学家应该是一门科学的研究者，而不是一门艺术的实践者，因为经济学是实证的真理的汇集，而不是规范性原则的集合体。尽管密尔认同经济学是抽象科学，但并不完全像李嘉图那样追求纯粹的归纳方法。密尔认为，经济学的命题是假设性的，因此一定有前提条件，这些命题只有在那些没有考虑到的因素不发生作用的条件下才是正确的。而密尔认为，对这些因素的探究正是解释和预测真实世界现象的不可或缺的前提。经济学不应只使用归纳法，还应该使用演绎法，演绎法的作用是完成对那些借助猜测假定发展起来的一般命题的证明。密尔说："纯粹的政治经济学家不研究科学而只研究政治经济学，如果他试图把他的科学用于实践，注定会失败。""事实上，政治经济学从未自称只凭它本身理论而不依靠其他的帮助就能给人类以指导。虽然那些只懂政治经济学而不懂别的东西的人承担了指导人们的责任，他们也只能提供有限的见解。"这两段话值得我们回味。

密尔的《政治经济学原理》分为"生产、分配、交换、动态学和政府的影响"五个部分。他所针对的是当时主流学者西尼尔的看法，西尼尔认为经济学是处理"财富的性质、生产以及分配的科学"。西尼尔甚至在李嘉图和马尔萨斯的基础上提出了经济学的四条基本原理：第一，理性原理，即人们是理性的和精于计算的，并且希望以最小牺牲获得财富；第二，马尔萨斯人口学说；第三，农业的收益递减原理；第四，历史上的产业收益递增原则。密尔不能接受西尼尔比李嘉图更彻底的归纳方法。

所以密尔没有重点讨论价值理论，他甚至认为这并不是需要讨论的重点。而在他之前的李嘉图，在他之后的马克思和杰文斯，都把主要精力投入价值理论，这也是后人在很长一段时间都低估密尔、认为他没有认清楚时代重要问题的原因。密尔没有像杰文斯那样支持效用价值论、反对劳动价值论的原因在于，他与杰文斯对功利主义基础认识不同。密尔认为，消费并不需要单独提出讨论，那只是功利主义的一种简单应用，而且功利主义中还应该加入很多非直接效用的部分。这种功利主义的立场，使得密尔的价值思想最终表现为对李嘉图劳动价值论的一种补充修饰，而不是更进一步。同时，密尔主张把生产和分配截然区分开来，这里暗含着他的社会主义倾向。"如果生产受到文明进步这一大的影响，它就不会不是人类制度的一部分，与分配完全一样。"所以，密尔对生产与社会之间关系的看法，恰好与马克思相反。他认为随着文明进步，生产会嵌入社会，而马克思却认为，生产过程中不可调和的矛盾最终会导致社会革命。

我想讨论密尔有创造性的两个地方。

第一个是他对静态学与动态学的区分,这种区分可能来自法国学者孔德。密尔说的静态、动态,与我们今天宏观经济学中仍在使用的静态、动态完全一致,"有必要把社会现象的静态观点与动态观点结合起来,不仅考虑不同因素不断进行的变化,而且考虑每一因素的同时代的环境;并因而在经验统计上获得相应的法则,不仅是那些因素同时的不同状态之间的对应,而且也有那些因素的同时的变化之间的对应"。这段话来自《逻辑学体系》,而非《政治经济学原理》。

静态与动态这两种对立的分析方法,至今仍有很多不可调和的结论。密尔理想地认为,人口有可能缓慢增长,从而逐渐涌现出一种不完全推崇物质的文化。收入重新分配,价值重新定位,"没有一个人贫穷,没有一个人希望更加富有,同时也没有任何理由担心,其他人向前的努力会把自己向后推",这种静态社会也会是一个美好社会。显然,这其中包含了大量社会主义的因素。

第二个是工资基金理论。这也是密尔为了坚持生产与分配之间存在断裂这一观点后,为了解释工资而发展出来的理论。工资基金理论是指,工人的工资受到人口规律支配,工资高低完全取决于工人的人口数量,工人的工资总和不可能超过工资基金的数量。只有在资本增加或者就业人口减少的条件下,工人的一般工资水平才有可能上升。所以,工资不是由生产资料决定的,而是由资本决定的。密尔认为,对商品的需求并非对劳动力的需求。工资基金的规模就是积累资本中支付给劳动的部分,它使得劳动需求固定。密尔后来逐渐意识到工资基金内在的困难,它很难解释长期工资的变化,同时这一理论也忽略了很多可能影响资本、利润率、储蓄率的因素,但它的浓缩和归纳仍然具有很强的洞察力。

二、密尔与功利主义

接下来,我们要讨论一下功利主义。因为功利主义在汉语里有贬义,所以一些学者主张将功利主义翻译为效用主义,但我觉得从习惯出发,还是保留功利主义的译名为好。功利主义是一种很典型的激进的道德哲学,试图寻求指导各种行为的根本原则,即效用。功利主义在很多早期学者的思想中都有体现,如古希腊的伊壁鸠鲁说过,"如果抽掉了嗜好的快乐,抽掉了爱情的快乐以及听觉与视觉的快乐,我就不知道我还怎么能够想象善"。他还说:"一切善的根源都是口腹的快乐,哪怕是智慧与文化也必须推源于此。"这就是很典型的功利主义看法。在17、18世纪,英国学者哈奇逊、休谟,法国学者爱尔维修等,都已进一步地阐释过功利主义的原则。但功利主义真正成为系统化的哲学,必须归功于边沁以及后来的密尔。

边沁(1748—1832),出生于伦敦的一个律师家庭,1760年进入牛津读书,学习法律。他认为英国法律即普通法缺乏理性基础,所以一直致力于创建一套完整的、全面的法律体系,修正普通法的紊乱之处。其中的理性基础和道德原则,就是功利主义。边沁在1776年即斯密出版《国富论》那一年出版了《政府片论》,这也堪称他的代表作。1789年,边沁又出版了《道德和立法原则概述》,在法学界很有影响。边沁也写过一些经济学方面的小册子,如批评斯密支持的"利率的合法上限"等,但总的来说,他对经济学的研究被他在立法上的贡献所掩盖。

边沁一辈子都在积极推行他的政策建议,交游很广。他在1808

年左右认识了老密尔,老密尔立刻成为边沁的忠实学生,同时也开始对小密尔进行功利主义的教育。边沁晚年的声誉越来越高,创办了宣传功利主义哲学的《威斯敏斯特评论》,他也参与了伦敦大学(UCL)的建设。依据他的功利主义理念,他希望自己死后,尸体仍能起到教育作用而非毫无意义地埋入坟墓。因此后人根据他的遗愿,将他的尸体制成木乃伊,保存在伦敦大学。现在每逢重要节日,伦敦大学仍会推出边沁的木乃伊供大家瞻仰和怀念,也是伦敦大学一景。

边沁说:"大自然将人类置于两个至高无上的主人的统治之下,即痛苦和快乐。正是它们这二者,指出了我们所该做的,决定了我们所将做的……无论我们做什么,都受到它们的支配。"由此,就可以引出边沁的功利主义的两个基本原理:第一,效用和最大幸福原理;第二,自利选择原理。

边沁认为,快乐是好的,痛苦是坏的,因为人的行为都趋利避害,所以任何正确的行动和政治方针都必须实现最大多数人的最大幸福,并且将痛苦减少到最小。在必要情况下,为了实现最大多数人的最大利益,甚至可以牺牲少部分人的利益。所以行动和政治方针的基础,就是一种"幸福计算",然后根据计算结果把它应用于现实。

功利主义是一种激进哲学,因为它并不完全符合我们的直觉。当代哲学家用无数"思想实验"试图来证明功利主义的荒谬。如诺奇克的"体验机",或者桑德尔在"公正"课程里举出的无数道德悖论等。但功利主义仍然具有极大的吸引力,它能把复杂的社会决策归结为简单直接的计算。因此,到了19世纪后期,以杰文斯为代表的一批经济学家都主张把经济学的基础联系到功利主义之上,而到了20世纪，这个工作已经彻底完成，甚至已经有效地让学生忘记经济学的功利主义基础这个问题。功利主义与直觉不符这个问题始终存在，导致外界对经济学有很多批评。而要真正认清楚这些批评，还是要回到功利主义本身。

边沁试图在功利主义基础上构建其他理论，包括经济学。边沁认为满足最大幸福原则的公共政策应该有四项目标，依次是生存、安全、富足和平等。为了实现这一目标，边沁的经济学就与李嘉图的自由主义经济学有所偏离。边沁反对对利率给予上限，但主张对谷物价格规定上限，这表明他并不愿意完全依赖市场调节，而觉得政府干预也有一定的意义。他甚至已有一定的宏观经济学想法，主张货币扩张可以促进充分就业，这表明他已对投资-储蓄关系、消费倾向等问题有所意识。但他的这些想法遭到了李嘉图以及老密尔的批评，所以最终没有发表，从而被低估。

边沁甚至认为，动物也有其权利，在探讨功利主义时，我们需要将动物权利考虑在内。因此现在很多动物权利主义者，都将边沁认为是该理论的先驱。但是受过良好古典教育并受到当时法国哲学影响的密尔无法接受这一点，认为这一点忽视了将人与其他动物区分开的大量因素。

密尔从小接受功利主义教育，并且积极帮助边沁出版文集。他总体上是支持边沁想法的，但也就是在功利主义这个问题上导致了他的精神分裂。所以，后来的密尔虽然仍然支持边沁，但他在边沁的功利主义中偷偷掺杂了不少自己信奉的浪漫主义思想，也是他审慎风格的一种体现。密尔在《功利主义》（1863年）中提出，"某些类型的快乐比其他类型的快乐更加理想和有价值"，就是说快乐不仅有数量上的差别，还存在质量上的差别，"一个能力较高的人要求得到更多以使其幸福",而这一点是边沁坚决反对的。

密尔说:"做一个感到不满意的人,要比做一头感到满意的猪要好;做不满意的苏格拉底要比做满意的傻瓜更好;并且,如果傻瓜或猪有不同意见,那是因为他们只知道从自己这一方面来看待问题,而人或苏格拉底却知道对两方面加以比较。"

密尔的这个想法非常重要,以后也引发了功利主义的两条不同进路。后来著名的心理经济学家埃奇沃思在《数理心理学》中就说,人具有超越野兽、超越原始野蛮人的与生俱来的能力,而天才人物和男性具有较高级的能力。因此,人与人的效用是不平等的。但遗憾的是,后来主流经济学的发展采纳了边沁而非密尔的想法。如杰文斯以及后来伦敦政治经济学院的罗宾斯都坚决反对人与人的效用不平等,主张在价值领域,每个人的效用都应该平等看待,后来这也成为芝加哥经济学的基本立场。

直到近年,这种立场才有所松动,密尔和埃奇沃思的区分不同人的效用层次的看法,重新开始被一些学者所重视。功利主义过去几十年里,在经济学里几乎消失了,但它一直在道德哲学领域发展,涌现出一大批重要的有关功利主义的道德哲学著作,典型代表就有罗尔斯的《正义论》。经济学与道德哲学、伦理学的关系,也在近年来被重新审视。

三、密尔与社会主义

随着欧洲走出中世纪,社会主义思想就已经开始萌芽。按照字典定义,社会主义就是将社会视作整体,由社会拥有和控制产品、资本、土地等资源,管理和分配都必须基于公共利益。1516 年,英国人托马斯·莫尔写了一本非常畅销的书,名为《乌托邦》,这可以视作社会主义思想的起源。社会主义思想一直在欧洲大陆传播,英国、法国都有重要的社会主义思想家,我们不难发现,功利主义也与社会主义思想存在千丝万缕的联系。

我们主要介绍两个人。一个是法国人圣西门,一个是英国人欧文。圣西门(1760—1825)出生于巴黎的贵族家庭,与宫廷有着密切联系。他参与了1779年美国独立战争。他是支持美国这一方的,帮助美国独立后,满载荣誉回到法国,正赶上法国大革命爆发。圣西门比较幸运,没有死在大革命中,转而研究科学,从1802年开始宣传自己的社会主义思想,并且培养了很多学生和门徒,形成一个圣西门主义的团体,其中最有名的学生就是社会学之父、深刻影响了密尔的孔德。圣西门从旧贵族转变为革命家,最终变为社会主义者,这一生的经历很值得我们思考。

圣西门所做的事,简单而言,就是在当时的工业背景下,用产业工人能够理解的方式建立了一种新兴宗教。他虽然写了大量著作,但真正的读者不见得很多。他主要凭借个人魅力形成了这种半神秘、无组织的教派。在这种宗教中,信徒都穿着蓝色衣服、彼此之间按照次序排列,这种衣服在无人相助的情况下自己既不能把它穿上,也不能把它脱下,从而强调每个人都不能单独存在,必须兄弟般地相互依存。它的基本原则是,一个人如果要分享社会的成果,就必须工作。

圣西门认为,社会组织就像一个庞大工厂,所以组织社会时所遵循的应该是工厂的原则。政府应当是经济性的,而不是政治性的,应该为事物作出安排,却不是对人发号施令。从分配角度看,报酬应当按照个人对社会的贡献,按照比例分配给大家,尤其是分配给积极分子，而不是懒汉式的袖手旁观者。

所以圣西门的思想是对工业社会的最大限度的赞美。他主张按照工厂的模式来建设国家，把经济置于政治之前，这是一种非常激进的思想。他的一些学生进一步发挥，主张发动取消私有财产的行动。但是他们对于社会改革的想法只有模糊纲领而没有可操作的细节，慢慢使得一些信徒陷入失望。

再来看另一个试图利用工厂来改造社会的社会主义思想家——欧文。欧文（1771—1858），出生于英国的威尔士，父亲是个小商人。欧文非常热爱读书，但由于家境贫困，不可能支付大学学费，所以10岁就去一家服装厂做学徒工，后来又经历了多种职业，积累了丰富的经验。18岁时，欧文在曼彻斯特建立了自己的工厂，开始研究工厂的管理问题。欧文的事业非常成功，但他主要把自己视为思想家。所以他陆续写作了很多小册子，着力改善工人的工作环境，也确实在英国取得了不小的影响。

那也正是马尔萨斯和李嘉图出版小册子，从理论层面探讨英国经济的时代。而欧文的理想要比他们更远大。他认为人类生活受到环境的支配，如果改变环境，人间乐园即有可能成为现实。他在工厂里的小规模试验已经取得成功，而他希望把这种尝试推广到全世界。1815年后，拿破仑战争结束，英国陷入战后"生产过剩"状态，《谷物法》即在这种环境下提出。欧文主张用一种新型管理方式来解决贫困，即让贫民从事生产，建立1 000人左右规模的合作村，大家一起在农场或者工厂中合作，构成自给自足的单位。这是一个有计划的花园城市，也是集聚区或者公社。当时英国主流人群都对欧文的想法表示厌恶，一篇社论说，"欧文是个慈善的纱厂主，认为世上所有的人，就像是出生已几千年的一根根小草，现在需要把他们重新安排一下。他因此决定把项目安置在新式的方形物内"。李嘉图算是对欧文最温和的学者了,他虽然对欧文的想法表示怀疑,但觉得也可以让他试一试。

1824 年,欧文在美国印第安纳州买下 1 200 公顷土地,并把一批移民移过去,开始社会主义社群实验。他还发表了一个名为"新的协调"的宣言,主张这个社会主义公社不受私有财产、无理性宗教和婚姻的约束,可以自己想办法来应付环境。但是没过三四年,各种欺诈、破坏、恶习都在这个公社内出现,社会主义实验很明显地失败了。欧文不得不把这个公社卖掉,损失了他绝大多数钱以及名誉。

欧文的行动开创了社会主义实验的先河。后来有不少人也都尝试了不同规模、不同地区的合作者,但无一例外地失败了。欧文回国后,转而组织英国工会运动,希望以工会的名义将英国工人团结起来。当然欧文所认同的工会并不是今天意义上的工会。今天的工会主要致力于为工人争取工资、劳动时间和劳动福利,而欧文所主张的工会理念是要对社会进行更深一层的改造。

欧文支持的工会运动也很快失败了,但是他对工人的热情在英国史上留下很大的影响。圣西门也好,欧文也好,后来被马克思批评为"空想社会主义"。不管是不是空想,他们的思想和行动具有明确的时代特征,即动员工人、以工厂生产为蓝本,将经济基础至于政治治理之前,用工人运动来改变社会、改良社会。这种思想倾向对密尔造成巨大影响,也是当时英国政治经济学家必须面对和重视的一种思想背景。

它很快就会引发出更为激进的社会主义思想——马克思主义思想。

四、密尔与历史主义方法

最后,我们再来谈一下密尔与历史主义方法。历史学是一门极为古老的科学,可以追溯到古希腊的希罗多德,远比经济学来得早。直到我们所讨论的时代,许多学者仍然在通过历史来研究问题。如亚当·斯密的好友吉本写过《罗马帝国衰亡史》,休谟写过《英国史》。到了密尔的时代,历史研究仍然占据相当重要的地位。虽然李嘉图和密尔都自觉不自觉地采用归纳方法,试图更清晰地阐释斯密以后的政治经济学内核,但仍有相当多的人认为,历史学应该作为抽象归纳方法的重要补充。

在英国和欧洲大陆都有这样的学者。英国的学者可以归为培根主义者,而欧洲大陆的学者则可以归为黑格尔主义者。密尔本人虽然并不缺乏历史洞察力,但他非常反对那些过于推崇经验而压抑归纳方法的学者,"这位哲学家致力于建立一部科学归纳的法典,借助于这种方法,而不再是经验的方法,就可以将人类的各种观察结合起来,奠定稳健的一般理论的基础。但是他没有料到自己的名字会成为否认一般化和崇尚经验主义现状的权威。他们以经验为名,以经验作为实践的唯一坚实的基础"。

这里尤其要提一下主张社会进化论的学者。达尔文在 1859 年出版《物种起源》,某种意义上受到了马尔萨斯人口理论的启发。随后,达尔文的进化论又被引入社会学和法学,斯宾塞认为遗传方法也适用于解决社会之谜。我们可以用社会进化的这个标准来研究现有的历史,从中发现经济与政治真正的进步规律。这些历史主义经济学家一般都很反对数学在经济学中的应用,如曾经写作《经济学史》(1888)的英格拉姆批评法国人古诺的数理经济学,"在经济学的推理中使用数学的巨大缺陷是,它必然是贫乏的……这种类型的研究没有前途,它只是浪费追求它的思想力量"。

英国的这支历史学倾向的经济学派,在马歇尔之后,两者逐渐分道扬镳,甚至很少有相互讨论。库特所著的《英国历史经济学》比较详细地描述了这一流派的发展和衰落过程。但到了20世纪中叶,经济史学者和经济理论学者的合作又开始多起来,其中的关键是适用于统计的数据不断被发现,而计量经济学和理论经济学的发展又为计量史学提供了必要的工具。这是一个方兴未艾的研究方向,但它与历史方法、历史哲学的关系,仍然有待厘清。

再来看德国的历史主义经济学,或者说受到黑格尔主义影响的历史经济学,它的影响要更为深远。从经济上看,德国要远比法国或者英国来得落后。普鲁士在18世纪崛起,1815年,它所在的反法同盟终于击败拿破仑,根据维也纳会议建立德意志联邦,其中最强大的两个邦是普鲁士与奥地利,两邦都希望以自己为主来统一德国,互不相让,后来普鲁士逐渐占据上风。尤其是1861年威廉一世上台之后,任命俾斯麦为首相,德国不断向内向外挑起战争,先是逼迫奥地利与匈牙利合并组成奥匈帝国,后发动普法战争并击败法国,于1871年正式宣布德国完成统一,也就是历史上的德意志第二帝国。第一帝国就是之前早得多的神圣罗马帝国,1806年亡于拿破仑之手。

这就是19世纪德国历史的总体背景,德国统一和强大始终是几代德国人的梦想,这往往演变成为赤裸裸地对权力膜拜,不相信任何一般性原则,而且对这些原则极为轻蔑,只相信强权和暴力。维多利亚长公主是英国人,嫁给普鲁士皇帝,就感慨说,"和平、宽容、慈善这些东西是我们所踩着的大地上最宝贵的东西,却被荒谬地诋毁为奢侈、不可实行、不合时宜、模糊的梦想……只有血和铁可以使德国伟大起来"。

德国历史主义经济学有着非常强大的哲学背景,我们不再深究黑格尔、缪勒等极为重要的德国哲学家和当时德国的浪漫主义思潮,只介绍一个最有代表性的德国经济学家,就是李斯特(1789—1846)。

李斯特在1841年出版的《政治经济学的国民体系》中,非常激烈地反对英国古典政治经济学的有效性,尤其是反对自由贸易。他坚信,经济在某些发展阶段一定需要保护性关税。他认为,一个国家的经济发展可以分为五个阶段,依次是原始畜牧业、农业、制造业和农业、制造业、商业。一个国家只有发展到最高阶段,才能施行自由贸易政策,在之前阶段,都应该使用高额关税来保护自己的幼稚民族工业。而传统的政治经济学忽视了这些经济发展的历史阶段,从而不能用于指导经济尚不发达的德国经济。

李斯特认定,经济发展必须基于国家主义和自由主义的综合,但他个人并非一个政治投机者。他早年曾担任大学教授和其他公职,还曾担任议员,但他主张的民主改革方案过于激进,被判入狱。随后,政府把李斯特驱逐到了美国,也使得李斯特把自己的民族主义和历史主义的经济学思想传播到了美国。李斯特后来的生活一直处于困难之中,主要依靠给报社撰稿而谋生。1846年,英国废除争议多年的《谷物法》,这对李斯特是另一个打击,他一直主张的英德联盟计划破灭。1846年,李斯特开枪自杀。

李斯特虽然生前一直命运坎坷,但他的理论在死后很快传播开来,尤其受到发展中国家的大力欢迎。李斯特的思想在19世纪的美国一直占据主导地位，在明治维新时期传入日本，在 19 世纪末和亚当·斯密思想一同传入中国，而且影响力不亚于斯密。历史主义方法论与其背后的历史哲学有着密切联系，所以它符合发展中国家知识分子的心理，具有很强的煽动力。虽然它的整体框架非常可疑，但在很多具体问题上，具有很强的说服力。密尔在一封写给朋友的信中说，他现在愿意承认，保护幼稚产业的论点是正确的。但幼稚产业应该受到国家补贴的支持，而不是受到保护性关税的支持。

关于关税和贸易保护的争论，从重商主义到斯密，从密尔到今天，仍然没有取得完全一致的看法，仍然是经济学重要的研究问题之一。

对于密尔以及相关的功利主义、社会主义、历史主义等思潮的讨论就到这里。下一讲，我们将介绍 19 世纪后期经济学历史上的另一个高峰，有别于新古典经济学的高峰——马克思。

思考题：
1. 密尔的经济思想与斯密、李嘉图等有什么区别？
2. 19 世纪的功利主义思想包含哪些内容？
3. 为何 19 世纪会出现社会主义思想的运动？
4. 历史主义经济学与古典经济学的差别在哪里？

第八讲

马克思

这一讲我们将要讨论马克思以及马克思的经济思想。马克思和他的政治经济学体系是中国学生最熟悉的经济学理论之一,他的思想直至今日在世界范围内仍具有举足轻重的地位。马克思的理论博大精深,自非凭空产生,而是与黑格尔哲学、古典政治经济学和各种社会主义理论之间存在密切的联系。在马克思之后,他的思想又从理论和实践两个层面持续对后世产生影响。

在这一讲中,我们将具体介绍马克思理论产生的背景,马克思的个人经历与其著作之间的关系,以及马克思经济学理论对后世的影响。

一、马克思的生平经历

1818 年,马克思出生于德国小城特里尔的一个富裕的犹太家庭。但是他的父亲受到启蒙思想的影响,带领全家改信基督新教。马克思的家庭仍然保留了很多犹太人的习惯,所以马克思是在新旧文化交融的环境下成长的。马克思的父亲是一个富有声望的律师,从小就喜欢用伏尔泰、洛克和狄德罗的作品来教育马克思。马克思的父亲在他 20 岁的时候去世,但他对于马克思的思想道路产生了很大的影响。

马克思一开始入波恩大学读法律,但不太适应,所以他又转入柏林大学学习法律和政治经济学。当时的大学里还没有经济学这个专业。马克思读的是法律，但他很快被哲学和历史所吸引，尤其被黑格尔与费尔巴哈所吸引。黑格尔哲学是当时德国最有影响的思想，对当时所有德国知识分子都产生了影响。

黑格尔曾说过，经院哲学本质上就是神学，所以经院哲学时期的哲学家、科学家乃至经济学家都必然是神学家。基督教在欧洲逐渐扩张，传统基督教神学成为欧洲的主流意识形态。传统基督教神学将现实世界分裂为两个世界：神圣世界由跟随耶稣的指引按照灵性生活的人组成，世俗世界由经不住欲望诱惑按照肉体生活的堕落无望的人组成。

但是黑格尔的学生、神学家施特劳斯于1835年出版了《耶稣传》，石破天惊地挑战黑格尔的神学观点。他认为，过去学者都把福音书都当作历史书，肯定福音书的历史真实性，把神迹当作事实，导致哲学与科学相矛盾。彻底的理性主义解读福音书的方法应是历史批判和神话解释，破除宗教背后的迷信。施特劳斯说，自己把神话概念运用于研究耶稣生平的全部历史之中，在每一部分辨识神话或神话性的润饰之处，把耶稣幼年时期和社会生活之中的奇异事件，把属于耶稣和他所造成的神迹，全都归于神话的范畴之下。施特劳斯的这项工作一举成名，很快吸引了一批激进的追随者，即青年黑格尔派。

黑格尔将上帝视为理性的最高和最后表现形式，在纯粹理性领域终结了理性对于信仰的批判。青年黑格尔派的代表人物施特劳斯将黑格尔的理性原则应用到对现实宗教的批判上，实现了抽象的理性批判原则与现实基督教之间、基督教的教条批判及教义批判与基督教的哲学批判之间、抽象的人与现实的人之间的衔接和过渡。施特劳斯的工作构成了马克思早期宗教批判的理论起点。

马克思深受这股思潮的影响。他后来回顾说,"《耶稣传》打破了黑格尔哲学体系的第一个缺口"。马克思最敬重的老师鲍威尔就是青年黑格尔派的重要成员,所以他也很自然地加入了这个知识分子团体。青年黑格尔派热衷于用黑格尔辩证法来讨论无神论、共产主义等问题,又激进地反对宪法和宗教,很快引起普鲁士当局的重视,遭到打压。

马克思拟定的博士论文题目是"德谟克利特和伊壁鸠鲁的自然哲学之间的差别"。这个题目具有明显的青年黑格尔派的特征,这就使得马克思无法在柏林大学获得博士学位。他利用德国教育体制的漏洞,转投耶拿大学,最终在耶拿大学获得了博士学位。尽管如此,马克思还是无法在当时德国大学体制内找到工作,于是转向了新闻媒体业,担任《莱茵报》的编辑。

马克思担任《莱茵报》编辑时,非常激进,经常批评时政。1843 年,马克思发表了一篇批评俄国沙皇的文章,引起沙皇的不满。普鲁士当局在收到沙皇抗议后,下令查封《莱茵报》,马克思就此失业。马克思与同乡的燕妮结婚,然后前往巴黎,开始漫长的流亡生涯。

在巴黎期间,马克思开展了大量学术研究,其中最重要的工作是《1844 年经济学哲学手稿》。马克思此时已经对政治经济学产生浓厚的兴趣,他深入研读了萨伊的《政治经济学概论》和斯密的《国富论》等著作,在"异化劳动"方面已经形成初步的想法。这份德文手稿当时并没有出版,直到 1930 年代才在欧洲出版,引起学者们的重视。它是马克思早期经济思想的代表,标志着马克思转向政治经济学研究,对于今天的马克思研究有着重要意义。

马克思在巴黎期间所做的另一件重要事情,就是结识了恩格斯。恩格斯出生于普鲁士贵族家庭,父亲是工厂主,在英国等地都有巨大的产业。他的父亲坚持要恩格斯从商,但他却对哲学产生浓厚的兴趣,加入了青年黑格尔派。1844 年,恩格斯正在为写作《英国工人阶级状况》而进行社会调查,在经过巴黎时,与马克思见面。两人一见如故,思想高度契合,从此开始了一生的合作。

1845 年,马克思又被逐出巴黎,迁往比利时的布鲁塞尔。他与恩格斯开始撰写《德意志意识形态》一书,并在布鲁塞尔创立了共产主义通讯委员会。后来,两人又一同加入了共产主义者同盟,马克思还当选为支部主席和区部委员会委员。马克思和恩格斯参加在伦敦举行的共产主义者同盟第二次代表大会,大会委托他们起草同盟纲领,这就是后来的《共产党宣言》。

1848 年 2 月,《共产党宣言》出版,法国也开始爆发革命,并且革命热潮很快席卷欧洲。马克思与恩格斯在欧洲各地奔走,积极支持 1848 年革命,马克思还筹措资金创办了《新莱茵报》。1848 年革命主要指向欧洲各国的专制制度和君主独裁,对各国的保守势力造成很大打击,也引来强力镇压。马克思先后被普鲁士和法国驱逐出境,《新莱茵报》也不得不在 1849 年停刊。马克思在 1849 年 8 月来到英国伦敦,此后主要生活在伦敦。

在伦敦期间,马克思改变了工作方式,把主要精力用于研究政治经济学。几乎每天都去大英博物馆阅读,较少与人交往。他对于写作有非常高的要求,所以进度很慢。1859 年,他出版了《政治经济学批判》第一册;1867 年,终于出版《资本论》第一册。

在这过程中,值得一提的是 1863 年波兰起义以及第一国际的诞生。波兰在 18 世纪陆续被欧洲列强瓜分。在拿破仑战争之后,

《维也纳合约》进一步明确了瓜分波兰的格局，沙皇俄国兼任波兰国王。此后，波兰人民不断发起各种起义，愈演愈烈，在 1860 年代达至顶峰。1863 年，波兰全境都爆发起义，俄军严厉镇压，终于平息了起义。1864 年，俄国沙皇宣布在波兰解放农奴。

马克思从一开始就很关注波兰起义，也写了支援波兰起义的呼吁书。1864 年，在波兰起义的鼓励下，国际工人协会在伦敦成立，马克思当选为协会临时委员会委员。马克思也为国际工人协会起草了成立宣言和临时章程。这个协会，在日后又被称为第一国际。马克思是第一国际的核心人物之一，委员会发表的大多数文件都出自马克思之手。

国际工人协会试图组织全世界的工人阶级推翻资本主义，建立工人阶级政权。第一国际宣布工人运动的基本原则是，工人阶级的解放应该由工人阶级自己去争取。1871 年，第一国际的法国支部参加并领导了巴黎公社运动。但是在巴黎公社运动失败后，这个组织日趋衰弱。马克思曾经想努力改变第一国际的方向，但并未成功。1876 年，第一国际正式宣布解散。

马克思也在巴黎公社失败后转向理论著述，把主要精力用于修订和发展《资本论》。1875 年，马克思完成了《哥达纲领批判》，总结了他的经济分配理论。1883 年，马克思在伦敦去世，葬于海格特公墓。马克思直到去世，也没有完成《资本论》第二、三卷的修订。恩格斯义不容辞地承担起这个重任。1885 年，恩格斯修订出版了《资本论》第二卷，1894 年出版了《资本论》第三卷。恩格斯于 1895 年去世。

马克思的一生里从未是学院里的学者，他对于学院体系也毫无兴趣，从不结交纯粹学院派的学者。虽然他花费很多时间研究从斯密到密尔的经济学,但并不想进一步拓展古典经济学的体系,他对经济学理论本身没多大兴趣。他在研究经济学的过程中,发现了社会变革的根本动力,这才是他花费力气写作《资本论》的最主要原因。

马克思的思想体系非常严密,但也经历了一个发展过程。从早期的《1844年经济学哲学手稿》到中期的《政治经济学批判》,再到后期的《资本论》和《哥达纲领批判》,可以清晰地看出马克思思想的发展演变过程。因此,研究马克思的经济思想,必须与他的生平经历相结合,历史地加以分析。

二、马克思的经济思想基础

马克思的经济思想与他的历史唯物主义思考有着直接联系。《共产党宣言》一开头就这样说:"一个幽灵,共产主义的幽灵,在欧洲大陆徘徊。为了对这个幽灵进行神圣的围剿,旧欧洲的一切势力,教皇和沙皇、梅特涅和基佐、法国的激进派和德国的警察,都联合起来了。"

所以马克思直接宣称,共产党人不屑隐瞒自己的观点和意图。他们公开宣布,他们的目的只有用暴力推翻全部现存的社会制度才能达到。让统治阶级在共产主义革命面前发抖吧。无产者在这个革命中失去的只有锁链。他们获得的将是整个世界。

按照马克思的历史唯物主义观点,这种共产主义革命不仅是值得期待的,而且是不可避免的。共产主义者与那些想把社会改造成符合其愿望的空想社会主义者完全不同。他们没有乞求于人们的同情心,也没有建构主义的妄想。他们并不把希望寄托于偶然,而是对历史发展规律进行了冷静分析，得出共产主义革命必然胜利的结果，这种结果是不可避免的。

历史唯物主义是一种极端冷静的分析框架。在历史唯物主义看来，物质生活的生产方式制约着整个社会生活、政治生活和精神生活的过程。不是人们的意识决定人们的存在。相反，是人们的社会存在决定人们的意识。社会的物质生产力发展到一定阶段，便同它们一直在其中活动的现存生产关系或财产关系发生矛盾。于是这些关系便由生产力的发展形式变成生产力的桎梏。那时社会革命的时代就到来了。随着经济基础的变更，全部庞大的上层建筑也或快或慢地发生变革。

所以马克思宣称："无论哪一个社会形态，在它们所能容纳的全部生产力发挥出来以前，是决不会灭亡的。而新的更高的生产关系，在它存在的物质条件在旧社会的胎胞里成熟以前，是决不会出现的……资产阶级的生产关系是社会生产过程的最后一个对抗形式。这里所说的对抗，不是指个人的对抗，而是指从个人的社会生活条件中生长出来的对抗。但是，在资产阶级社会的胎胞里发展的生产力，同时又创造着解决这种对抗的物质条件。"

恩格斯对于马克思的历史唯物主义曾经做出很好的概括，他说："历史以及与此相适应的产品的交换是一切社会制度的基础，唯物史观就是从这一原则开始的；在历史上出现的每个社会中，产品的分配以及随之而来的社会阶级和阶层的划分是由生产什么、如何生产以及产品如何交换决定的。根据这个想法，一切社会变动和政治革命的最终目的，不应该在人们的意识中，或是在人们对永存的真理和公道的日益加深的洞察力中去探求，而是应该在生产方式和交换方式的变动中去探求；不应该在哲学思想中去探求，应该在经济境况中去探求。"

所以马克思真正关心的不是生产力,而是生产关系。对于资本主义必然的失败命运,马克思从这样两个方面加以论证。

第一,资本主义迟早会毁灭自己。生产的无计划性必然导致经济活动经常处于紊乱状态,危机、衰退和萧条不断发生。经济体系过于复杂,所以它经常不协调,或者对某一商品生产过多,或者对另一些商品生产不足。

第二,资本主义总是在无意中,不知不觉地培养自己的颠覆者。资本主义的大工厂不仅为社会主义创造了技术基础,还会创造一个有纪律的阶级,它最终会成为社会主义的中坚力量。由此,资本主义自己创造了自己的颠覆者。这就是《共产党宣言》里所预示的,随着近代工业的发展,资产阶级赖以生产和占有产品的基础本身,也就从它的脚下被挖掉了。它首先产生的是它自身的掘墓人。资产阶级的灭亡和无产阶级的胜利,是同样不可避免的。

在后来的主流经济学家中,熊彼特对马克思抱有深刻的同情。熊彼特认为,马克思的经济史观归根到底可以归纳为两个命题。

第一,生产方式或生产条件是社会结构的基本决定因素,并由它产生了人们的处世态度、行为以及文明的方式。马克思曾说,手工作坊只能产生封建制度,而蒸汽机工厂才会产生资本主义。所以我们的日常工作决定了我们的思想,我们在生产过程中的地位决定了我们对事物的看法,决定了我们所看到事物的某一面。

第二,生产方式本身有自己的逻辑。它们根据它们内在需要而变化,按自己的方式生产出以后的形式。手工作坊为特征的社会制度创造出一种经济和社会的环境,它所采用的作坊式的生产方式变成一种实际需要,个人或群体都无力改变这种需要。只有蒸汽机出现才创造出新的社会功能、社会地位，需要新的观念，它们的相互作用和发展生产出它们自身的结构。

这两点概括，在逻辑上有强大的说服力。后来公布的马克思早期《1844年经济学哲学手稿》中，就已经对资本主义的运动规律做出了分析。马克思说："国民经济学从私有财产的事实出发，但是并没有给我们说明这个事实。它把私有财产在现实中所经历的物质过程，放进一般的、抽象的公式，然后又把这些私有公式当作规律。它不理解这些规律。也就是说，它没有指明这些规律是怎样从私有财产的本质中产生出来的。国民经济学没有给我们提供一把理解劳动和资本分离以及资本和土地分离的根源的钥匙。"

例如，国民经济学要确定工资和资本利润之间的关系时，就把资本家的利益当作最后的根据。马克思认为国民经济学把应当加以论证的东西当作前提，这是国民经济学的最大不幸。现实的竞争无孔不入，人们却用外部情况来说明它。国民经济学根本没有告诉我们，这种似乎偶然的外部情况在多大程度上仅仅是一种必然的发展过程的表现。我们已经看到，交换本身在它看来是偶然的事实。贪欲以及贪婪之间的战争即竞争，是国民经济学家所推动的唯一的车轮。

在《政治经济学批判》中，马克思这样论述自己的研究主线："在人类从事生产的社会中，人们是一些明确关系的组成部分。这些关系是他们的意志所必需的，并独立于他们的意志；这些生产关系对应于他们物质生产能力的明确发展阶段。这些生产关系的总和构成了社会的经济结构——实际基础，法律与政治的上层建筑建立在这一基础之上，明确的社会意识形态与这一基础相适应。"

物质生活中的生产方式决定了社会生活、政治生活以及精神生活过程的一般特征。不是人类的意识决定了他们的存在，相反，他们的社会存在决定了他们的意识。在生产力发展的某一阶段上，它与现有的生产关系发生冲突。或者转换为法律表述，与以往在其中运转的财产关系发生冲突。就生产力的发展形态而言，这些关系变成了它们的束缚。接着，社会革命的时期就到来了。随着经济基础的变革，整个广大的上层建筑或多或少地迅速转变。

从这个角度来看，马克思有理由认为斯密、李嘉图等新古典经济学家都只涉及整个社会经济结构中很小的一部分，又缺乏历史性分析，不足以对经济现象做出充分的解释。

三、对马克思经济思想的评价

马克思是一个很特别的经济学家。据接触过马克思的人描述，伦敦时期的马克思身材壮实，须发蓬松，说起话来咄咄逼人，孩子们喜欢把他叫作"摩尔人"。马克思不修边幅，不断抽烟，屋子里都是各种文件材料。他写作需要各种来源的资料。而与马克思往来密切的恩格斯身材高大，举止有礼，一看就是贵族子弟。马克思从不社交，而恩格斯熟练地周旋于各色人等之间，两人的行为具有很大的差异。政治哲学家以赛亚·伯林的《马克思传》对于马克思的生活细节与思想进行了深入的分析。

1849 年，马克思到达伦敦的时候，正是历史上伦敦最繁华的时期。1851 年，第一届世界博览会在伦敦召开。博览会上展示了上万件商品。几周的时间里，总共有超过六百万观众前来参观。在海德公园内，一座大量使用钢铁和玻璃的展厅让观众震惊，后来被命名为水晶宫。因为钢铁与玻璃都是现代工业的辉煌成果，此前从未有过这种形式。所以每天都有大量的人来海德公园参观水晶宫，每个人都兴致勃勃。住在伦敦的马克思对世博会并无兴趣，他完全沉浸在1848年革命失败的阴影中。他希望寻找革命的动力，可是广大英国人民却还在为资本主义的奇迹而欢呼。

马克思对现实颇为失望，所以逐渐转向理论研究。他心目中评价最高的经济学家是重农主义者斯密以及李嘉图，这些人都是劳动价值论者，劳动价值论也逐渐成为马克思经济思想中最核心的部分。对马克思的批判和思考，必须围绕劳动价值论展开。

马克思把所有的经济价值都归结为劳动。他确实承认劳动力与更多数量的资本相结合，最终的产出会增加。但是马克思拒绝承认资本是生产性的。马克思把一切非劳动收入都归入剥削或者剥削的衍生品。如此一来，当马克思要讨论价值转型时，不可避免地会遭遇一系列问题。

斯密、李嘉图都认为，随着时间变化，某个产业的利润率最终会下降，这一点也被大量观察所证实。而马克思也承认这一点。为了保持理论的一致性，他必须将利润率下降的原因归结于劳动在资本中所占比例即资本有机构成的变动。在《资本论》第一卷中，马克思认为劳动力是剩余价值和利润率的唯一源泉，所以只有假设资本有机构成在整个经济中都相同，最终才能得到与劳动价值相一致的价格。但是在《资本论》第三卷中，马克思要处理价值转型问题时，遭遇到困难。最终，马克思放弃假定所有产业拥有相同资本有机构成的假定，而是假定所有产业都有统一的利润率。此时，单个产业的价格就有可能偏离价值。但是将社会经济视作一个整体，价格总额最终便等于价值总额。

在"价值转型"问题上，马克思最终给出的解释并不是特别令人满意。《资本论》第一卷由马克思亲自审定,而第三卷却是在马克思死后才得以出版。两者之间的分歧,也成为后来马克思主义经济学者争论的热点。此外,马克思对分工的批评也很耐人寻味,是马克思主义经济学的另一个热点。

斯密在《国富论》的一开始就强调了劳动分工对于经济产出的重大意义。但是马克思却认为,劳动分工也有负面意义,那就是人的异化。因为通过机器进行的资本的自行增值,同生存条件被机器破坏的工人的人数成正比。资本主义生产的整个体系都建立在工人把自己的劳动力当作商品出卖的基础上。分工使这种劳动力片面化,使它只具有操纵局部工具的特定技能。一旦工具由机器来操纵,劳动力的交换价值就随同它的使用价值一起消失。工人就像停止流通的纸币一样卖不出去。工人阶级的一部分就这样被机器变成了过剩人口。这些人一部分在旧的手工业和工场手工业生产反对机器生产的力量悬殊的斗争中毁灭,另一部分则涌向所有比较容易进去的工业部门,充斥劳动市场,从而使劳动力的价格降低到它的价值以下。

分工不仅使人异化,还会导致失业,失业工人构成了"产业后备军"。市场上总是存在超额的劳动供给,使得工人的工资不得不被压低,剩余价值和利润都为正。当然这个后备军的规模以及利润率都随着经济周期性变化而变化。在经济活动扩张时期,工资提高,后备军的规模减少。但随着资本家对此做出反应,用机器取代劳动,后备军数量又会恢复。

这就是马克思独有的对于失业的解释,与新古典经济学的失业理论不一致。新古典失业理论认为劳动力的供需仅由市场决定,但现实证明绝非如此简单。后来经济萧条时期,马克思的失业理论确实赢得了一批拥护者。但是凯恩斯也提出一套失业解释理论，而且在实践中经受住考验，逐渐为人们所接受。马克思的失业理论现在已较少被经济学家所讨论。

同时，马克思对于失业的解释也直接与他对经济周期的看法相关。在《资本论》里，马克思多处提到，由于消费不足和生产过度，由于无计划生产、利润变动以及重置资本都有周期性特点，资本主义必然陷入周期性的危机之中。这种周期性危机无法可解，似乎只有彻底打破资本主义，改变生产方式，才有可能解脱。

总体来看，马克思的剩余价值理论、失业理论、经济周期理论相互联系，环环相扣，构成一个非常宏大的体系。这也正是马克思主义吸引人的地方。但在后来的新古典经济学家看来，马克思经济学所讨论的对象都缺乏准确的实证测量手段，因而很难在现实经济中用于指导经济政策。这也是后来马克思的经济理论在发展中遭遇到的主要困难。

马克思的思想既有破的一面，也有立的一面。他认为，工人必须生产大于他或她自己生存所必需的价值，否则资本主义不可能存在。因为如果维持工人一天的生活需要一天的劳动，资本就不能存在，因为一天的劳动将交换其自己的产品，资本将不能作为资本起作用，结果资本将不能存在。但是如果仅仅半天的劳动便足够维持工人一整天劳动的生存，那么就会自动产生剩余价值，这就是资本主义的起源。

同时，马克思对于自己期待的未来社会组织形式充满信心，"共产主义是社会发展的更高形式。共产主义是人向自身、向社会的人的复归，这种复归是完全的、自觉的而且保存了以往发展的全部财富。共产主义作为完成了的自然主义，等于人道主义。而作为完成了的人道主义，等于自然主义，它是人和自然界之间、人和人之间的矛盾的真正解决，是存在和本质、对象化和自我确证、自由和必然、个体和类之间的斗争的真正解决。它是历史之谜的解答，而且知道自己就是这种解答"。

甚至马克思还在早期著作中设想过共产主义社会中人们的日常生活形态。"在共产主义社会里，任何人都没有特殊的活动范围，而是都可以在任何部门内发展，社会调节着整个生产，因而使我们可以随着自己的兴趣今天干这事、明天干那事，上午打猎、下午捕鱼，傍晚从事畜牧，晚饭后从事批判，但并不因此就使自己成为一个猎人、渔夫或批判者。"

但是马克思的这些设想似乎并不能令人满意。甚至有些学者认为，对未来社会的形态缺乏足够的想象力，这正是马克思作为思想家的最大弱点。马克思的力量在于他的毁灭性批判，对资本主义有摧毁性力量，而他的建设性思想却没有这种力量。英国哲学家罗素甚至挖苦说，马克思的目标在于使资产阶级获得更多的不幸，而非使无产阶级获得更多的幸福。

四、马克思同时代的社会主义思想

马克思的思想虽有巨大的社会影响力，但他却是一个自闭于书斋里的学者。他定居伦敦以后尤其如此。虽然当时英国有许多经济学家，与马克思住得很近，但是马克思从来没想过去拜访他们。马克思关心书本上的理论以及社会上的运动，与他有所互动的朋友和论敌主要是当时社会运动的组织者。其中最出名的两位是马克思在第一国际中的论敌——蒲鲁东与巴枯宁。

蒲鲁东是法国人，无政府主义名家傅里叶的同乡。蒲鲁东曾当过排字工人，开过印刷厂，1837年移居巴黎。巴黎那时正是各种社会主义思潮汇聚之地，蒲鲁东在1840年发表《什么是财产》一书。他在此书中从法学概念入手，通过对"先占"和"劳动"这两大原则的否定质疑了当时所有权理论的基础，提出"财产就是盗窃"，轰动一时。蒲鲁东认为，从生存实际看来，每一个人都有占有的权利。为了生活，他必须具有用于耕作的、据此进行劳动的生产资料。另一方面，因为占有者的数量是随着出生和死亡情况而不断变化的，它遵循以下规律：每个劳动者可能要求的生产资料的数量随着占有者的数量而变化。所以蒲鲁东主张用超越所有权的社会形式来解决所有权问题，这是一个极为大胆又富于吸引力的想法。

马克思很早就认识蒲鲁东，而且交情很深。蒲鲁东也是劳动价值论的追随者，主张不存在非劳动的收入。马克思同意这一点，也充分肯定蒲鲁东对于所有权的批判，并且赞同蒲鲁东追求个人自由，反对任何国家和政府，反对一切权威的精神。1846年，蒲鲁东发表《贫困的哲学》，就专门寄给马克思征求意见。

蒲鲁东在这本书中的立场反而变得比以前温和。他主张一种以个人占有为基础的互助制，认为这将是最好的社会形式。在经济上，蒲鲁东主张建立一种以无息贷款为基础的人民银行，这样就可以取代资本主义制度中的银行。而在具体实现手段上，蒲鲁东反对暴力革命和无产阶级专政，主张阶级调和与和平革命。

但是这一次，马克思对蒲鲁东的著作提出尖锐的批评意见，还反讽地写了一篇《哲学的贫困》。马克思这次回应直接导致两人断交。此后，蒲鲁东也一直成为马克思所要批判的具体对象。马克思指出，任何将经济范畴当作永恒超验的观念，忽视它们在现实社会中的基础的做法,都是片面的。正确方法应该从现实的个人活动出发,而不是把一切现实的关系都变成了观念。所以马克思坚持要从历史的维度分析资本、劳动、所有权的关系,要揭示资本主义生产方式下的所有权规律的转化。

蒲鲁东后来多次被捕和驱逐,仍不屈不挠地宣扬他的无政府主义,吸收了很多信徒。第一国际成立以后,有不少参与者都是坚定的蒲鲁东主义者,马克思则将反对蒲鲁东主义作为思想斗争的首要工作。蒲鲁东于 1865 年去世,他的思想在巴黎公社运动失败后,也逐渐陷入低潮。

另一位值得探讨的社会主义思想家是巴枯宁。巴枯宁出生于俄罗斯贵族地主家庭,1840 年代前往德国学习黑格尔学派的理论,从而走上社会运动的道路。他在巴黎游历期间,结识了马克思、恩格斯和蒲鲁东,尤其是蒲鲁东对他产生了巨大的影响。

1848 年革命爆发以后,巴枯宁立即前往法国、德国各地,积极参与革命运动。革命失败后,他被捕入狱,又被引渡回俄国。巴枯宁在俄国侥幸获得减刑,流放西伯利亚,他又奇迹般地逃出西伯利亚,最终于 1861 年重返欧洲。巴枯宁追求的是绝对的个人自由,一直认为国家和任何政府按其实质和地位来说,都被置于人民之外和人民之上。巴枯宁虽然将蒲鲁东视为导师,但与蒲鲁东的不同之处在于,他主张使用暴力摧毁有组织的政府。

巴枯宁回到欧洲后,就四处演讲,参与各种社会运动。他的演讲能力极为出色,很快成为无政府主义思潮的领袖人物。巴枯宁参与多个组织,既有左翼组织也有右翼组织,还加入了第一国际,并尝试获取第一国际的领导权。马克思对此坚决反对。巴黎公社运动失败之后,马克思就把揭露批判巴枯宁主义作为组织的主要目标,于 1872 年将巴枯宁开除出第一国际。1876 年,巴枯宁去世。

巴枯宁与马克思在实践上的分歧在第一国际的组织结构上。巴枯宁希望第一国际分权,成为自治性的联合体;马克思要求国际集权,成为真正的工人阶级政党。而两人在理论上的分歧,主要在于对资本主义和人类未来文明的看法不同。马克思相信历史是进步的,并且每一次进步都受到生产力逻辑的支配,有其自身复杂的辩证运动的环节。巴枯宁则要粗暴得多,他认为破坏的欲望也就是创造的欲望,所以主张简单直接地消灭资本主义,进入无政府主义社会。

巴枯宁的主要著作是 1873 年出版的《国家制度和无政府状态》。巴枯宁在书中提出,自由是个人的绝对权利,是道德的唯一基础,无自由即无幸福。国家必然是对外实行侵略,对内庇护特权阶级,剥削人民劳动的暴政独裁工具。有国家必然有统治,有统治必然有奴役,有奴役即无自由。所以巴枯宁主张摧毁和破坏一切国家,这样才能消灭资本、剥削和奴役。

马克思经历了与蒲鲁东、巴枯宁等人的论战之后,逐渐意识到推动社会运动的困难,因此把更多精力投入写作《资本论》。在马克思本人所处的时代,他的声誉远没有今天这么高。在经济学领域,英国仍然以新古典经济学为主流,德国以历史学派为主流,大多数学者并没有把经济分析与历史唯物主义紧密结合在一起。

直到 20 世纪,马克思主义在俄国取得政治上的成功,反过来提升了马克思在学术界的声誉。马克思的著作被更多学者找来阅读,甚至在英国这个新古典经济学的大本营都拥有一批坚定的支持者。在 20 世纪上半叶,从英国到美国,有很多经济学家尝试将马克思的思想与新古典经济学或者其他经济学相融合,典型代表有英国的罗宾逊夫人和美国学者斯威齐等。

继承和发展马克思主义绝非易事。马克思主义经济学是一个非常完整的系统，很难拆成一些碎片被其他经济学所吸收；它的微观基础也与新古典经济学不同，使用不一样的构建话语；再加上它的内部可能还存在一些逻辑问题没有解决。这些状况都增加了马克思主义经济学与新古典经济学相融合的困难。

但学术界还是对马克思主义的思想抱有浓厚兴趣，也一直有经济学家尝试使用最新的经济学工具重新表述马克思的思想。比较有影响力的是一个被称作分析马克思主义者的学派，以罗默等人为代表，一直在用新古典经济学的数学工具为马克思主义构建基础。他们确实已经完美地构建了一部分的马克思主义理论，但距离总体上重构马克思主义，或者将马克思主义经济学与新古典经济学相融合，还很遥远。我们目前可以确信的是，马克思主义必将持续地对未来的经济学产生影响。

对于马克思的经济思想，我们就讨论到这里。下一讲，我们又将回到主流经济学。

思考题：
1. 马克思的写作研究可以分为哪几个阶段？
2. 什么是马克思的历史唯物主义？
3. 马克思的经济思想与古典经济学有什么共同点和不同点？
4. 马克思为何要批判蒲鲁东、巴枯宁等的经济思想？

第九讲

边际革命

这一讲我们讨论 19 世纪后期，在欧洲多个不同国家几乎同时出现的一种经济学思潮，即边际革命。既然被称作革命，那一定是一场巨变，与之前的古典经济学存在本质不同，是一次彻底的转向。古典政治经济学从斯密到密尔终结，而边际革命从这一讲将要讨论的杰文斯、瓦尔拉和门格尔开始，直到今天，我们仍在学习和研究边际革命开创的经济学系统。

虽然当时在英国、法国和奥匈帝国几乎同时有学者提出类似的经济学研究思想，共同构成了这一次的"革命"，但是他们思考的出发点各不相同，甚至研究的目的也各不相同。所以，今天我们的讨论重点是，充分理解每个人的思想出发点，将其置于当时的学术环境中加以理解，这样才能对边际革命有一个总体的认识。

我们的讨论将分为三个部分。第一部分是英国的边际革命，将主要围绕杰文斯展开。第二部分是法国的边际革命，主要讨论瓦尔拉。第三部分是奥匈帝国的边际革命，主要讨论门格尔以及奥地利学派。

一、英国的边际革命

我们先来看英国的情况。我们自讨论古典政治经济学开始，就一直以英国人的研究作为主线。先是亚当·斯密，然后是马尔萨斯与李嘉图，最后是密尔，达到古典政治经济学的最高峰。盛极而衰，在密尔这个高峰之后，人们觉得必须寻找新的突破方向。

杰文斯（1835—1882），英国经济学家，是这一讲要讨论的三个人中最早提出边际分析思想的人，也是三个人中思想最活跃、最具可读性的作者。他的工作直接导致政治经济学向着边际分析的方向转变。杰文斯出生于伦敦，父亲是个小商人，在杰文斯15岁时将他送去伦敦大学读书。上一讲我们提到过，边沁参与创办了伦敦大学，当时它还只是一所新兴的大学，以无神论著称，经济学以及其他自然科学是这所学校的重要特点，杰文斯就是在这样的环境下开始学习经济学。

但是杰文斯很快家道中落，他的父亲破产了。1854年，杰文斯已无法继续在伦敦大学学习，正好这时澳大利亚的淘金热给他提供了一个就业机会。1848年，美国加利福尼亚州发现黄金，掀起淘金热，导致人口猛增。黄金很快就耗竭了。1851年，澳大利亚的墨尔本地区发现黄金，震惊世界。澳大利亚这片大陆，迟至1788年，才有英国船长押送第一批囚犯到悉尼，墨尔本还只是一片荒地。发现黄金之后，吸引了世界各地的人到澳洲来淘金，包括大量华人。杰文斯抓住这个机会，去悉尼造币厂担任了黄金化验员的工作。据后来统计，当时澳洲每年出产的黄金占全世界的40%。杰文斯在澳洲的那段时间里，开始产生对经济问题的兴趣。

1859年，杰文斯回到伦敦，完成学业，然后进入曼彻斯特大学工作，1966年正式成为曼彻斯特大学的政治经济学教授。杰文斯回到英国后就一直在撰写有关经济问题的文章，尤其是关于黄金、货币问题的文章使得他颇有名气。他在1871年出版《政治经济学理论》，引发了所谓的"边际革命"。1882年，他在海边游泳时不幸溺水身亡。这是经济学历史上的重大损失。

杰文斯的核心思想，从今天的新古典经济学的角度来看，就是发明了效用理论，但并没有从效用理论进一步推导出需求曲线，也没有推导出供给曲线。但是，他用效用理论就可以发展出一套完整的交换理论，还能推演出劳动理论、地租理论以及资本理论，这也是我们今天研习杰文斯时最为关注的。

杰文斯是边沁的重要继承者，继承了边沁的功利主义。我们前文已经介绍过密尔更为复杂、具有反思性的功利主义版本，但杰文斯并不希望在这个节点上把问题复杂化，他并不是不知道密尔的工作，但他认为更重要的是"在可忽视道德的问题上的效用计算才是最高的规则"。这代表了当时英国的一种思潮，即把道德分析与经济分析剥离。这项工作后来在几代方法论专家手里推进，到了罗宾逊时代已经很明确了，就是要把伦理学与经济学分开。杰文斯则是这种工作的先驱，他采用了边沁式最基础、最直接的功利主义，即"快乐与痛苦的微积分"。

功利主义有两种基本的版本，即基数功利主义与序数功利主义。前者更直接，认为效用是基数可比的，即我喝咖啡的快乐可以与你看电影的快乐在数字上相比较。这种研究思路的困难之处，在于很难找到效用的最基本单位。而序数功利主义后退一步，即认为两种不同的行为所获得的快乐可以排序比较，但不能进行具体数字上的比较。序数功利主义是 20 世纪意大利经济学家帕累托发现和推广的。

今天我们学习高级微观经济学，一开始从需求学起。需求的基础是无差异曲线，无差异曲线的基础是个人的有序偏好，即个人只要在两种商品之间存在好恶、存在偏好，就可能画出无差异曲线。

我们并没有就个人对两种商品好恶的程度进行比较。所以，无差异曲线乃至整个需求理论，基础都是序数功利主义。自萨缪尔森的《经济学》开始，经济学教育就变得如此。现代经济学几乎已经抛弃了基数功利主义，但在福利经济学里始终碰到一些难题不可解。所以有一些激进的经济学家主张重返基数功利主义，用现在先进的实验、脑科学技术来测量快乐的单位。

而杰文斯就是信奉基数功利主义的。面对别人的诘难，他说，这些感觉的效果在经济生活的日常交易中是显而易见的，我们必须衡量其相对数量，正是这些感觉的数量效果。杰文斯从这个出发点开始，激进地走向主观价值论。效用就是"事物从其余人的需要的关系中产生出来的情况"。而且杰文斯认为，消费商品超过一定数量以后，效用就逐渐降低到零，并且可能随着供给变得不变和有害而成为负的。

杰文斯在分析效用时，准确地区分了总效用和边际效用。他定义说，对于现有的存量而言的最后增加的效用的程度，或者说是有可能的很小或无限小的进步的增量。从这种边际效用出发，杰文斯就得到了我们熟悉的定理，消费者将这样分配收入，使得所取得的每种商品的边际效用与其价格保持同样的比例。

杰文斯继续运用这种理论来解释劳动，跳过了劳动价值论。他认为，劳动一开始是痛苦的、烦恼的。但是经过中等程度的时间之后，劳动会带来快乐。但是如果进一步劳动，经过一个限度之后，劳动又会变成令人感觉痛苦的事。所以工人会在劳动增加的边际负效用正好得到补偿时停止劳动。他们不会过早地停止劳动，因为增加劳动时间还可能获得正的劳动时间。杰文斯的这种分析非常有洞见，和今天对劳动力供给的实证研究高度接近，绕开了劳动价值论问题。

杰文斯甚至直接批评了劳动价值论。他认为劳动价值论缺乏一般性，只能用于研究那些借助劳动可以再生产出来的商品。对那些并非简单再生、简单循环的商品就无能为力（如困惑李嘉图的葡萄酒悖论）。另外一点，劳动价值论并不能适用于所有范围，因为市场上价格永远是变动的，价格并不能反映体现在物品中的劳动量。

当然，杰文斯的重点不是要批评劳动价值论。古典学派有两个基本概念，交换价值和使用价值。在杰文斯这里，交换价值变成了总效用，使用价值变成了边际效用。他不再拘泥于价值问题，而可以利用效用和边际效用来思考需求背后的作用因素。我们总结一下杰文斯的逻辑：生产成本决定了供给，供给决定了效用的最终程度，效用的最终程度决定了价值。

除了这些理论之外，杰文斯还做了大量实证工作，其中比较有名的有1865年出版的《煤炭问题》和1884年出版的《通货与金融的研究》。他在前者中研究了当时英国对煤炭数量的需求，发现对煤的数量呈现几何级数增长，从而得到了一个类似马尔萨斯主义的悲观结论。而他在那本金融研究著作中，发现经济周期似乎与每十年一个周期的太阳黑子周期之间存在联系。当然后人对此有很多批评，但凯恩斯承认，杰文斯的归纳研究标志着经济学新阶段的开始，实现了理论与历史前所未有的统一。

二、法国的边际革命

接着我们来讲1870年前后法国发生的故事，主人公是瓦尔拉。

瓦尔拉生于1834年，死于1910年，寿命非常长。他有家学，父亲老瓦尔拉（1801—1866）也是个经济学家，但不算职业经济学家，写过一些被人忽视的书，其中相对有名的一本叫做《财富的性质》。这本书并不好读，但其中已经提到了稀缺性问题，并主张用稀缺性取代劳动作为价值尺度。小瓦尔拉继承了这种思想，并且将它转变成为边际效用。"我在14岁时知道了土地及其产品有一种内在的价值，这种价值来自与其数量相关的效用……"这是他成名之后对童年的回忆。

瓦尔拉读完大学之后，一直在进行理论研究和实证研究，先后写作了《政治经济学和正义》《赋税批判理论》《社会思想研究》等，但都没有深入涉及价值理论，所以一直为人所忽视。但在这段时间里他系统学习了魁奈、孔狄亚克尤其是古诺的著作，对于他本人有着深刻的意义。

古诺（1801—1877）是瓦尔拉的前辈，他在1838年出版的《财富理论的数学原理的研究》，一般被认为是边际革命以及现代数理经济学的先驱之作。古诺特别强调用数学工具来分析经济问题，他用一种很奇怪的数学方法证明了竞争对经济有利、有助于增加交换价值。当然他的思路与斯密为代表的苏格兰启蒙运动的自由主义思想完全不同。所以延续到后来，芝加哥学派所主张的自由竞争思想与奥地利学派所主张的自由竞争思想也完全不同，这在古诺这里已经有所体现。古诺的名声长期被人所忽视，直到后来瓦尔拉与杰文斯都已成名，在这二人的大力推荐下，学界对古诺的名声才有所知晓。古诺已经研究过垄断竞争的一些特殊情况，也是垄断竞争理论的先驱，今天经济系学生主要是因为古诺模型而记住这个名字。

严格来说，古诺就已经有一些一般均衡的思想了，他在探究各个彼此孤立的市场均衡中走得很远（如古诺模型），但是他意识到自己的分析并没有涉及市场间的相互依赖。他在书中提出了这个问题，表示解决这些问题存在可能性。

至此，我们已经对与商品的生产条件联系在一起的商品需求规律如何确定商品自身价格并调节其生产者的收入进行了研究。我们把其他商品的价格及其其他生产者的收入都考虑为已知的和不变的，但现实的经济系统却是所有的部分都相互联系和影响的一个整体。商品 A 的生产者收入增加了，将会影响对商品 B、C 等的需求，而且会影响生产者的收入。而这种增加的反作用，又包含了对商品 A 的需求的改变。所以，完整而严密地解答与经济系统中几个部分有关的问题，全面考虑整个系统，看来是必不可少的。但这就会超出数学分析和实际计算方法的能力，即使所有常量的数值都可以人为指定。

古诺认为自己这个时代并没有解决一般均衡问题的数学工具，直至瓦尔拉时代，也还不存在这种工具。但是瓦尔拉认为，自己无须解决一般均衡的计算问题，自己只需构建这样一套逻辑上成立的理论就可以。所以瓦尔拉在 1874 年出版了《纯粹经济学纲要》，这本书既是边际革命的标志之一，又被认为是一般均衡理论的开创之作。

从思想上推断，瓦尔拉早在 20 多岁时就已基本形成边际效用的想法，这只需要在他父亲研究的继承上向前走一步。瓦尔拉在研究古诺的时候，逐渐形成一般均衡的想法，但他始终没有机会获得学界的承认。他多次尝试不同的工作，曾经做过编辑、演说家、铁路职员、银行职员等。1870 年，他 36 岁，终于非常幸运地被瑞士洛桑学院任命为政治经济学教授,也正是在这个职位上,他出版了《纯粹经济学纲要》。他在洛桑教学超过20年,1892年退休。虽然他在生前得到杰文斯的赞扬,但英国有杰文斯、马歇尔的新古典经济学传统,奥匈帝国有反对数学的奥地利学派,大家都不太愿意承认瓦尔拉的重要性。甚至马歇尔都不无嫉妒地说:"在经济学论文中,数学的合适位置只是背景。"但到了20世纪,新一代经济学家开始重视瓦尔拉的工作,尤其是熊彼特给予瓦尔拉极高的评价。而到了20世纪中叶,阿罗与德布鲁在数学上证明了一般均衡理论,使之成为现代经济学的基石,瓦尔拉的名望提高到一个空前的地位。

我们简单地回顾一下瓦尔拉的理论。他一开始就同时以代数方法和几何方法分析供给与需求的规律,并且把供给与需求表示为价格的函数。我们今天所习惯的供给-需求分析,主要源于马歇尔的发明,你们在下一讲就会看到。瓦尔拉的分析与英国马歇尔的分析存在微妙的不同,马歇尔的分析都是以数量为横轴、通过调整数量来影响价格。而瓦尔拉的分析以价格为横轴,主张通过调整价格来探索数量的变动,在瓦尔拉心目中,真正关键的是价格。

这样一来,瓦尔拉分析框架中的稳定性就与马歇尔框架中的稳定性有所不同,瓦尔拉特别关心一个市场如何通过调整价格逐渐趋近均衡位置。瓦尔拉把这称为"摸索理论",假定有拍卖人会宣布一个武断的价格,买者和卖者会在这个价格上宣布他们准备购买和出售的价格。如果价格不能出清市场,拍卖人就会宣布另一个价格,这个过程会持续下去直至达到均衡。

通过价格试探,瓦尔拉把各种不同的市场联系起来。这本来就是法国的传统思想。我们在介绍魁奈等自然主义学者的时候，就提过他们在乎生产-消费等不同环节的联系，习惯在复杂的世界中寻找秩序，将多样化转换为统一性。瓦尔拉的思想与他的法国前辈们有着高度的共通，只是瓦尔拉掌握了更多数学工具，所以有能力把这种宏大的综合性体系从经济表转变成一般均衡理论。

瓦尔拉在当时的影响力要比今日小得多。但是杰文斯给予他高度赞扬，认为他和自己在同一时期提出了边际分析这种革命性的思想。

三、奥匈帝国的边际革命

最后，我们简单介绍奥匈帝国在边际革命时期的情况，关键人物是门格尔。先简要回顾奥匈帝国的情形。它在历史上延续了哈布斯堡王朝，那是欧洲最古老的王朝，历史可以一直追溯到罗马帝国。但是拿破仑崛起，对欧洲各国都产生了致命影响。奥地利的国力大为削弱，1859年意大利独立战争，奥地利失去一大块领土；1866年普奥战争，奥地利败于普鲁士，被排除在德意志联邦之外；1867年，奥地利与匈牙利合并建立了奥匈帝国。

奥匈帝国一直处于各个国家的夹缝之中，内部匈牙利民族与传统奥地利贵族之间也不和睦。1914年，著名的萨拉热窝事件，就是奥匈帝国的王储费迪南大公在巴尔干半岛被一位塞尔维亚青年行刺身亡。这件事情被迅速放大，随后导致第一次世界大战。奥匈帝国在第一次世界大战后解体，分裂出来的国家包括奥地利、匈牙利、捷克、斯洛伐克、塞尔维亚、黑山、克罗地亚、斯洛文尼亚、马其顿、波黑等。

所以，在介绍奥地利学派之前，先要把奥匈帝国的文化背景做一个基本解释。我们很容易发现，从门格尔到庞巴维克，再到米塞斯、熊彼特、哈耶克，乃至于哲学界、艺术界，最出色的那一群人都生活在这个时期。这与奥匈帝国保持了哈布斯堡传统贵族精神以及它正处于诸强包夹之中、逐渐衰落的政治地位，都有非常密切的关系。现在有许多人意识到，奥匈帝国尤其是维也纳，可能是当时极为重要的文化中心。有一本书叫《世纪末的维也纳》，值得一读。你会发现从希特勒到列宁，从音乐家马勒到画家克林姆特，包括我们今天要介绍的奥地利学派，之间有着千丝万缕的联系，这就是当时的时代精神。奥匈帝国虽然在经济和政治上衰落，但在文化上非常灿烂。

门格尔（1840—1921），出生于加利西亚，当时属于奥地利，今天属于波兰。门格尔早年在维也纳大学和布拉格大学学习法律和政治科学，最后获得法学博士学位。门格尔在法学专业里学习了大量经济学知识，这也是奥匈帝国的传统，即在法学教育中讲授经济学知识，后来的米塞斯等都是如此。门格尔毕业之后，成为撰写经济文章的记者，后来又进入奥地利首相办公厅的新闻部工作。1871年，他就是在做这些行政工作时，出版了他的代表作《国民经济学原理》。这本书与杰文斯的《政治经济学理论》同期出版，所以一般认为他们两人共同发动了经济学中的"边际革命"。门格尔在写完这本书之后，才决定返回大学，担任维也纳大学法律系的教授，后来变成政治经济学的讲座教授。

门格尔在维也纳大学期间，致力于教学，培养学生。他于1883年出版自己的第二部著作《经济学与社会学问题》。这本书引发了德国历史学派领袖施穆勒的不满，两人随后你来我往地展开笔战，这就是后来所谓的经济学方法论大论战。双方有不少出色的学生参与到这场论战之中。门格尔这方有庞巴维克和米塞斯，施穆勒那一方有马克斯·韦伯，这场争论一直持续到 20 世纪初。有人认为，直到 20 世纪 30 年代伦敦政治经济学院的罗宾逊出版的方法论名作，才算终结了这场方法论大讨论。我们今天主要介绍门格尔的边际分析思想，先不对他的方法论工作加以展开。但这场方法论讨论极为重要，对经济学界乃至社会学、政治学的影响也很大，我们以后要专门花一些时间来讨论。

门格尔在 1903 年辞去教职，专心写作。但是我们对门格尔晚年思想所知甚少，那时他的学生庞巴维克、维塞尔等已经活跃在学术界，甚至米塞斯都已经崭露头角，让大家忘了奥地利学派开山鼻祖门格尔还活着。门格尔晚年的手稿，以及他的所有藏书，后来都捐献给了日本一桥大学。现在有一些学者去日本研究门格尔留下的文献，探究他晚年的真实想法。

门格尔的思想是最典型的奥地利学派的思想，就是从一些最简单的概念出发，不断演绎，最后形成一个庞大的、逻辑严密的系统。门格尔认为，所谓的商品，就是可以通过因果关系、用来满足人类需要的有用东西。门格尔这里论证的关键是需要，而不是杰文斯所说的快乐。因为门格尔认为，商品的满足需要的能力或者说需要本身并不必然是真实的，也可能是想象中的。所以不应该用英国式的、强调身体快乐的功利主义，而应该关注需要这个概念本身。

人们需要不同等级的产品。如面包、饮料，这些东西直接服务于人类的需要，不再经历生产迂回，直截了当，所以这些商品被称作第一级商品。但是我们生活中还有大量其他商品，比如面粉、烤箱，它们不能直接满足人类的需要，但它们可以生产出满足人类需要的面包。相比之下，它们就是比面包更高级的商品。当然，较高级别的商品总是需要补充性的商品，离开了补充性商品，这些高级商品也就丧失了它们作为商品的特征。例如，只有烤箱，却没有生产面包所必需的面粉原料，那么烤箱本身无法生产出面包，它也就失去作为商品的特征和意义了。

门格尔的思想方法在这个例子中已逐渐展现。他设想的经济人，深知经济物品是稀缺的，所以会在各种需求之间做出选择，满足自己的某些需求而不去满足另一些，这样就能取得主观上最优的结果。这种方法摆脱了功利主义方法论，也不需要最大化快乐，而是根据稀缺性的概念另外构建了一套分析体系。

具体而言，个人在比较对不同类型的需要的满足时，必须考虑满足有不同的重要性。一个人首先会满足最重要的需求，接着满足次重要的需求，以此类推，一直到最后实现满足的饱和。门格尔得出这样的结论，对于单个人而言，在某种商品的总量中，任何一个单位的价值，等于借助于该种商品总量的一个单位而取得的最不重要的满足的意义，或者说最少依存应用。所以，较高级物品的价值最终派生于第一级物品的价值，即烤箱的价值取决于面包的价值。而第一级物品的价值，派生于现存数量的最小依存应用。这就是门格尔的边际理论。

门格尔将自己的论证建立在既有的过去生产成本条件下所生产的存量商品的基础上，这些成本已经与今天不相关，也不必再考虑成本与价值决定因素之间的关系。这就是门格尔的《国民经济学原理》中最重要的讨论。另外要提醒的是，门格尔没有对供给进行分析，自然也不会有供需分析，他根本不需要需求函数或者需求曲线，他只需要"人是趋利避害的、一切商品都有稀缺性"这样的基本前提条件即可。所以，门格尔的经济学是一套独立演绎的经济学，与新古典经济学无关。

同时，门格尔也并不认为自己的理论只是纸上谈兵而没有现实意义。门格尔讨论过货币问题，后来货币理论也成为奥地利学派中很有特色的一种理论。门格尔认为，货币的产生不能在公开的传统习惯或者公共当局的行动中去寻找。正是追求利益引导人们相互交换更容易出售的商品，而货币正是市场中最容易销售的商品，它的价值决定与其他交换对象的价值决定方式一样。所以说，货币不是通过设计产生的，也不是计划的结果，而是许多个人追求自己利益的互不相干的行动所产生的出乎意料的结果。

门格尔的货币理论相当激进。后来的哈耶克也继承了门格尔的这种货币思想，提出了应当促进货币竞争、允许私人发行货币的观点，引起大量的争议。在很长一段时间内，几乎没有人把哈耶克的这种货币观点当真。但近年来，随着比特币等货币形式出现，门格尔-哈耶克的这种货币思想又重新被人所提起。

门格尔影响了很多人，后来我们把这群生活在维也纳的经济学者称为奥地利学派。门格尔之后的主要学者有维塞尔与庞巴维克，他们继续培养了米塞斯及哈耶克。后来，哈耶克在罗宾逊的安排下去了英国的伦敦政治经济学院，并与凯恩斯有过激烈的争论。而米塞斯则去了美国，继续影响大量的美国学生。奥地利学派有非常明确的方法论和价值观，即个人主义和自由主义。今天，研究奥地利学派最重要的地区应是美国，虽然它在主流经济学的排挤下也已变得非常边缘化，但仍然存在。奥地利学派是非主流经济学派中非常有意思的一支，曾经对经济思想的发展起到重要作用，至今仍然具有不小的影响力,以后有机会我们可以更多地介绍奥地利学派如米塞斯、熊彼特、哈耶克等人的思想。

总结一下,这一讲主要介绍了 19 世纪 70 年代在经济学界发生的"边际革命"。这场革命是同一个时期,在几个非常不同的国家分别发生,其中的代表人物有英国的杰文斯、法国的瓦尔拉以及奥匈帝国的门格尔。他们在研究中,都包含了边际分析的思想,并且都反对古典经济学的劳动价值论,从而为新兴范式取代传统政治经济学奠定了基础。

但是我们也一再强调,认识到杰文斯、瓦尔拉、门格尔三者的不同也同样重要。这三人都是在各自的学术传统下工作,都有各自的理论先驱,也都有各自的理论体系。杰文斯的边际分析完全基于边沁的功利主义理论,但是门格尔的分析完全不需要功利主义,后来的奥地利学派是反对功利主义分析方法的,他们两者看似接近的研究背后,是完全不同的哲学背景。这也导致后来的芝加哥学派与奥地利学派并没有完全融合到一起。

而瓦尔拉的边际分析,实质上是为了他的大一统的一般均衡研究作基础。瓦尔拉注重价格的探索,希望用这个理论体系把各个不同市场的生产、消费都联系起来,边际分析只是其中并不关键的一步。杰文斯和瓦尔拉在分析工具上看似接近,但最终要解决的问题也完全不同,这就导致后来的经济学分析有局部均衡和一般均衡的差别。

通过今天的课程,希望大家对英国、法国、奥匈帝国的经济学传统有一个更准确的认识,对经济学的发展过程有一个总体的判断。在下一讲中,我们将介绍一位划时代的经济学家、现代微观经济学的奠基者——马歇尔。

思考题：

1. 边际革命有哪些代表性的人物？
2. 为什么效用会成为新古典经济学的分析基础？
3. 一般均衡与局部均衡有什么差别？
4. 为什么奥地利学派经济学与新古典经济学无关？

第十讲

马歇尔

这一讲我们要讨论的主要内容，是新古典经济学真正的创始人马歇尔的经济思想。我们的讨论将分成三个部分。第一部分讨论马歇尔所处的时代，以及马歇尔本人的一些经历。我希望在这一讲中突出强调，社会主义思潮在维多利亚时代晚期的巨大影响力，甚至马歇尔本人在某种程度上也是一位社会主义者。第二部分讨论马歇尔的经济思想，主要围绕他的巨著《经济学原理》展开，最重要的是马歇尔的立场和所采用的方法论。第三部分介绍马歇尔经济学所产生的深远影响。

一、马歇尔的时代

剑桥大学的盲人学者、政治经济学教授亨利·福西特（Henry Farcett）在 19 世纪后半期曾说："总有人在告诉我们，我们的进出口额在飞速增长；也有人在为我们描绘一幅日不落帝国及其贸易横跨世界的壮丽画面；我们的商业船队在以空前的速度扩大；工厂的数量与规模也在蒸蒸日上；在我们身边，财富的增长举目可见；公园设施在变得日益豪华，人们的生活方式也日趋奢侈……但让我们回过头来往这幅画的另一面看看，我们会发现些什么呢？与这些巨大财富同时存在的，与这些充满罪恶感的奢侈生活紧紧相邻的，却是让越来越多的社会成员陷入贫困、期待救济这一可怕的现实。到世界最大的商业贸易中心去参观一下吧,看看你会发现些什么?最悲惨的贫困总是与最庞大的财富形影相随。"

福西特这个名字今天已经不大听到。但他在 1863 年出版的《政治经济学指南》是当时英国很有影响的教材。当时在中国的著名传教士、京师大学堂的总教习丁韪良选择将其翻译成中文,命名为《富国策》。这也是中国人系统读到的第一本西方的经济学著作。丁韪良选择翻译福西特的书,而没有翻译密尔或者斯密的书,可见当时知识分子对福西特的推崇。福西特的经济学方法主要继承自密尔,他也继承了密尔对底层的关心。

事实上,对底层的关心、对贫富差距的重视,是当时社会的重要思潮,也是经济学家最看重的问题之一。福西特感慨说,政治经济学家们真是百无一用,工人罢工之后,经济学家就全都哑巴了,他们拿不出任何能公之于众的解决问题的方案,也根本无法说服和安抚那些持反对意见的团体。福西特夫妇都对工人的前景非常悲观,低廉的粮食价格并不会让工人过上锦衣玉食的豪华生活,只是能使他多养活几个孩子。这些事实让我们得出一个结论,工薪阶层的生活水平或许偶尔会有大的提高,但这种势头绝不会持久,除非我们能保证,人口数量不会随之上升。

当时一些右翼的保守主义者如罗斯金、卡莱尔都预言,如果传统封建社会的关系和纽带不能修复,就意味着灾难。而左翼的社会主义者认为,如果没有一场遍及全社会的改革,工人的处境就不可能得到改善,他们经受过的痛苦也将无法得到补救。马克思就是其中最激烈一支的代表。大家都在怀疑,现行的社会制度究竟还有多大的改善余地。

马歇尔正处于这个时代,但似乎又与他们都有些不同。马歇尔的学问是在剑桥大学磨炼出来的,他也长期在剑桥大学教书,很少议论社会问题。很多人认为马歇尔没有什么现实阅历。他也曾航行到美国,甚至在美国花不少时间乘坐刚建成不久的东西横穿美国大陆的火车,一直到西海岸的旧金山。但是马歇尔从来没有像托克维尔一样写出《论美国的民主》这样富有洞见的现实著作。所以过去学者往往把马歇尔归为象牙塔内的纯粹学者。而随着我们对马歇尔的了解逐渐深入,会发现情况并非如此。

马歇尔(1842—1924)生于伦敦一个普通工人家庭,他的父亲就是孤儿,也从没有很好的工作经历,与马歇尔一起一直生活在伦敦著名的贫民区,周围都是污染严重的工厂作坊。马歇尔从小就聪明,他的父亲经过努力把他送入私立学校。马歇尔每天穿过这些工厂去读书,所以对贫困问题有着很深的感触。马歇尔的哥哥和姐姐都去了印度,家庭的希望都寄托在马歇尔身上。

1861年,马歇尔克服重重困难,放弃去牛津大学学古典学的机会,进入剑桥大学圣约翰学院学习数学。他"身材矮小,脸色苍白,衣着褴褛,不擅社交",但是在数学和哲学领域都展露出极高的天赋。他在剑桥大学最后一场竞争极为激烈的数学考试中取得优胜,通过荣誉考试,也获得在剑桥大学教书的机会。从此,马歇尔才逐渐摆脱了经济的窘迫。

马歇尔在剑桥大学遇到了一个重要导师,就是道德哲学家西季威克。西季威克是19世纪后期英国最重要的古典功利主义阐释者、伦理学家,也是经济学家。他的《伦理学方法》被认为是自亚里士多德《尼各马可伦理学》之后最重要的伦理学著作,非常权威地总结了功利主义的意义。西季威克一直致力于将伦理学科学化,他的伦理关怀也极大地影响了马歇尔。马歇尔说:"我在一家商店的橱窗里发现了一幅小油画,上面画的是一个男人极其憔悴、若有所思的面容。他看上去是一个穷人的形象。我花了几个先令把它买了下来。我将它挂在我学校宿舍壁炉架的上方。从那时起,我便将它称为我的守护神。我把我的一生都贡献出来,就是为了使所有像他那样的人都能进入天堂。"

马歇尔从数学和形而上学转向伦理学,再由伦理学转向经济学,这是马歇尔基本的思想路径。他在 1860 年代一直自认为是"社会主义者"。他问西季威克如何才能消除阶级之间的隔阂。西季威克回答说,如果你懂政治经济学的话,你就不会问这个问题了。西季威克也开设过政治经济学的课,但在西季威克看来,政治经济学的黄金时期已经过去,当时已没多大发展空间了。马歇尔则回忆说,他受西季威克批评之后,从此才开始阅读斯密、密尔以及拉萨尔,其中对他影响最大的是密尔的《政治经济学原理》。

在学习政治经济学的同时,马歇尔没有忘记自己的道德哲学基础,所以一直在驳斥政治经济学能引申出符合道义的决定这一论点。马歇尔认为,如果有人声称,政治经济学本身是生活的指南,那么他肯定是在滥用这门科学。我们的研究越来越多地发现,个人的直接物质利益并不与整个社会的利益一致。如果真是这样,我们就必须重新强调责任。马歇尔毫无疑问是个功利主义的重要继承者,但他与杰文斯相反,从没有完全接受边沁的那种激进的功利主义,而是更偏向密尔的关注道德的、具有反思性的功利主义。

在讨论马歇尔的经济学工作之前,我们先介绍一下 1875 年马歇尔的美国之行。他在美国待了 4 个月之久,美国之行也对马歇尔产生了重要的影响。他非常喜爱美国,觉得美国的建筑很好,饮料也好,宗教环境也好,在很多方面都已超过英国。他最终得出的结论是，十个英国人有九个在加拿大会比在美国更幸福，但对我自己而言，假使要移民，还是应该去美国。他的理由是，当前工业的迅速发展，国际贸易的扩张，传统道德的沦丧，究竟将会把世界带往何处？而美国取得的进步和发展比其他任何地方都要大，所以他想目睹未来美国的这一段历史。

在美国时，马歇尔看到"一卷正在慢慢展开的新地图，是一个初具锋芒的新帝国和一个正在产生中的新文明"。所以马歇尔发出感慨，"托克维尔那个年代的许多东西现在都已经面目全非了……许多以前雷打不动的东西，现在都已不复当年的地位"。托克维尔当年看到的主要是美国的淳朴民风，而马歇尔看到工业革命对美国的巨大影响，"一架靠蒸汽推动的电梯，它从早上七点开始到半夜一直在不停地上下穿梭；旅馆大厅里的自动电报机不断吐出一截截写有股票行情的纸条"。马歇尔已经注意到美国的迅速加快的节奏，源源不断的新移民。他开始思考，快速变化中的美国，是否向着现代乌托邦分子所梦想的那种社会状态无限靠近呢？这时候他还没有开始写那本《经济学原理》，但很多思想已开始酝酿。

此外，马歇尔还注意到美国的女性问题。"美国女士都是她们自己的主人……对打理自己的事务拥有绝对的自由……而这种自由在英国男人看来绝对是危险的兆头。"后来，马歇尔大力推动英国的女权主义运动，他的妻子是剑桥大学最早的一批女学生。1877年，马歇尔结婚后去布里斯托尔和牛津教书，他的妻子也开始为女学员教书。1879年，马歇尔早期著作《工业经济学》出版，是他与妻子共同合作的。

到了 1884 年，前面提及的福西特教授去世，马歇尔就回到了剑桥大学，真正开始他作为经济学家的学术生涯。

二、马歇尔的经济思想

从一开始,马歇尔就很清晰地把自己定位成英国古典政治经济学的继承者,而非革命者。虽然我们现在更多地把他作为新古典经济学的创始人。而新古典经济学倡导主观效用、边际分析,放弃古典经济学的价值论,与古典经济学有很大区别。但马歇尔本人并不这样认为。马歇尔的自我评价与他的公众形象相去甚远,他承认自己受益于李嘉图和密尔,但绝不承认杰文斯或者奥地利学派对他有任何影响。他愿意承认古诺对自己的影响,但并不包括杰文斯,这是很值得回味的一点。

还有一个非常重要的理由。马歇尔最喜欢的一句格言是:"自然界没有飞跃。"这句话是 1890 年《经济学原理》第一版上的格言,后来马歇尔曾把它去掉,但在 1920 年最后一版《经济学原理》中又把它加了回去。马歇尔对这句话非常看重。同时也说明,马歇尔并不认为自己的研究或者经济学的发展,能够出现任何大幅跳跃。马歇尔一直在不自觉地实践这句格言,他把自己的创新之处都平实地用大家已经习惯的传统术语来表达。这也使得他的《经济学原理》为大多数人所接受,成为最畅销的经济学教科书之一。

与瓦尔拉不同,马歇尔受过职业数学训练,以数学家和道德哲学家的身份进入经济学研究领域,所以他比其他数理经济学家更为谨慎,对数学在经济学中应用的可能性更为怀疑,深知滥用数学可能对经济学造成的危害。所以他基本舍弃了用数学重构经济学的想法,甚至把不得不使用的图表和公式放在注释和附录中。

马歇尔说:"虽然用数学阐明某些既定原因的作用方式,本身也许是完善的，在其定义明确的范围内，也许是极为精确的。但是，企图用一系列的方程式来理解现实生活中一个复杂问题的全貌，甚至其中任何很大的一部分，却并非如此。因为许多重要事情，尤其是和时间因素相关的那些事情，是不易用数学来表示的。它们必然被全部删去，或是被削减得像装饰艺术上的鸟兽一般。因此，这就产生了一种错误对待经济力量的倾向；因为最容易接受分析方法的那些因素是被极力强调的因素。"这段话，可以帮助我们思考数学在经济学中的应用。

但马歇尔本人对于统计问题、现实问题抱有浓厚的兴趣。他在《产业经济学》中说道："本世纪初，英国经济学家们的主要失误在于，他们全都忽视了历史和统计数据。他们将人视为一个所谓的常数，他们也从未费心去研究是否有异变的存在。因此，他们只能将一个更系统化、更频繁的行为机制简单归结为供求关系的作用；但他们最严重的失误却在于他们未能认识到产业习惯和制度的变化是何等之快。"可惜的是，马歇尔时代仍然没有太多使用统计学的机会，数据严重短缺。马歇尔一直希望能对需求曲线和弹性之类的问题进行经验研究，因为这些曲线都是看不到的，只有通过经验研究，才能有把握地确信它们的存在。

马歇尔经济思想的最主要特征，用他的得意门生凯恩斯的话来说，就是"均衡"。凯恩斯说："马歇尔创造了整个哥白尼宇宙，在这个宇宙中，所有经济的因素，通过互相抵消和互相影响，都处于它应处的地位。"用我们习惯的术语来说，马歇尔画出了需求曲线和供给曲线，从而得到了两根曲线的"马歇尔交点"即均衡，这也是他整部《经济学原理》的基础。

我们常说，马歇尔提出了局部均衡，瓦尔拉提出了一般均衡。

局部均衡看似一般均衡的特例，但这种观点是错误的。一般均衡并不因为它处理无数多市场的关系就在逻辑和智识上高于局部均衡，局部均衡和一般均衡是两种完全不同背景、不同方法研究市场的角度，两者方法论不同，不应拿来相提并论。研究局部均衡时，我们总是需要"其他条件不变"这个假设，它把经济活动切出一个小的片段，同时主动忽略它与其他变量之间的联系，这是一种有意为之的权宜之计，包含了英国传统的经验主义。只有用这种办法，才能让需求数量的变化与需求价格的变化联系起来，并且建立唯一的联系。

值得思考的一个问题是供需关系与货币之间的关系。我们今天习惯将货币问题归入宏观经济学，单纯讲货币市场，从商品的局部均衡中剥离出来。但在马歇尔时代，经济学理论必须担负起解释所有经济问题的责任，不能区分微观问题和宏观问题。马歇尔承认，沿着需求曲线移动时，会影响购买者手中的货币数量，从而必然影响货币的边际效用，而且货币的边际效用的变化并非恒定。马歇尔再一次试图用一个简单假设回避这个问题，即沿着需求曲线购买商品所耗费的货币仅仅是消费者全部支出的一小部分，微不足道，这时我们可以认为货币的边际效用是不变的。

还有一个被马歇尔发扬光大的概念是消费者剩余。这个概念之前也有人间接地提到，但马歇尔很准确地用需求曲线把它表达出来，跟我们今天的教科书一样。马歇尔关心的是，需求曲线对社会不同阶级的影响。他说，如果货币对两个事件的幸福的衡量相等，在这两个幸福量之间不应该存在非常大的差异。马歇尔对这种基于心理的福利分析非常重视。

另一个很值得探讨的问题是成本的概念。什么是成本？这是后来芝加哥学派非常强调的概念，尤其强调从错失的机会即机会成本角度来认识成本。马歇尔时代，已有不少人是这么思考的。但马歇尔仍然采用一种非常古典的方法来讨论成本，强调真实，也强调货币成本。所谓真实成本，是指商品生产过程中，劳动者的努力和储蓄者的节制或等待，即一种商品在售出变现之前劳动者和储蓄者的痛苦心理。货币成本的定义是，引导劳动者和储蓄者进行这些努力所必要的支付。

由此进一步引申出一个常被初学者混淆的概念，就是时间因素。马歇尔把调整供给的时期划分为市场期、短期和长期。现代经济学很难解释短期和长期的区别，我们现在常用重置资本的容易程度来划分。而按马歇尔当时的想法，短期和长期是与心理成本直接相关的，短期就是可以节制和忍耐的时期，而长期则无法忍耐。我们以后会看到，奥地利学派尤其是庞巴维克在探讨时间这个变量时，充分借鉴了马歇尔的论述，这也成为庞巴维克批评马克思最有力的工具。

同时我们还要讨论马歇尔很喜欢的另一对概念——内部经济和外部经济。简单地说，内部经济就是企业通过自己的努力，如提高专业化程度，或扩大运营规模，再或改善企业的经营管理给企业带来的好处。内部经济是企业自己实现的。而从更宏观的角度看，更大的产业发生变革给企业带来的好处，就称为外部经济。比如，报纸发明促进信息传播，铁路发明促进劳动力流动，使得企业更容易获得熟练的劳动力，也更容易购买专业化的机器或者寻找合作伙伴，这些都属于外部经济。马歇尔认识到外部经济非常重要，这是一种持久性的创新，它会在经济发展中逐步发挥作用。当然罗宾斯后来指出，马歇尔所说的外部经济并不准确，因为一种最重要的进步形式——分工,同时在外部经济和内部经济中起作用,汽车产业的发展就是明证。

但不管怎样,所有这些分析概念,短期和长期的两分,内部经济和外部经济的两分,一方面充分体现出马歇尔身上的古典政治经济学的气质,继承的是李嘉图和密尔的分析方法,另一方面也体现出英国经验主义的分析方法,即并不野心勃勃地追求统一的、宏大的理论,而是希望在某些局部建立起有效、可靠、可供检验的经验性知识。

三、马歇尔经济学的深远影响

不管把马歇尔看作古典经济学的继承者,还是新古典经济学的发明者,他的影响都是惊人的。例如,当年他在剑桥大学时的同学,也是后来最著名经济学家凯恩斯的父亲老凯恩斯,通过与马歇尔的交流,写出了《政治经济学的范围和方法》。这是一本很深刻的书,揭示出经济学研究中演绎方法和归纳方法的局限,我们将在以后讨论经济学方法论时加以介绍;又如,他的继承者庇古,继承发扬了马歇尔的思想,后来被认为是剑桥学派的领军人物;而老凯恩斯的儿子、庇古的学生凯恩斯,更是创造出一套与之前经济学都大有不同的经济学,即宏观经济学,成为20世纪最有影响力的经济学家。我们将在下一讲中专门介绍凯恩斯的学术贡献。

而在此之前,我们先来介绍马歇尔对两个不同分支的影响,一个是对货币理论的影响,另一个是对福利经济学的影响。前者主要介绍美国经济学家费雪的经济思想,后者主要介绍庇古的经济思想。

在之前的课程里，我们一直没有太多机会来讨论货币理论。这当然是极为重要的理论，但是学界分歧非常大，缺乏系统性理论。最早，数学家牛顿在18世纪初提出金本位的设想。经过几十年努力，1816年，英国通过《金本位制度法案》，以法律形式承认以黄金作为货币的本位来发行纸币。到19世纪后期，金本位已在欧洲普遍施行，被认为是一种最稳定、最有效的货币体制。欧洲人对金本位抱有强烈信心，直到1914年第一次世界大战，金本位解体，经济学家这才开始意识到货币的复杂性和重要性。

而早在休谟和斯密时代，经济学家已经发行了货币数量论，即以流通中的货币数量的变动来说明商品价格变动的货币理论。李嘉图就是货币数量论的坚持者，他在尚未使用金本位时批评银币，"这种减色银币的数量超过了在只使用不减色银币情况下流通过程所能保持的银币数量，因此它便贬值且减色了……通货贬值与否，完全取决于其数量是否过剩，而不是取决于它是辅币还是主币"。

到了费雪那里，他把货币数量论提到一个全新的高度。他在1911年出版的代表作《货币的购买力：其决定因素及其与信贷、利息和危机的关系》中提出了现金交易方程式，即我们今天熟悉的费雪方程式，$MV = PT$，M是货币供应量，V是货币流通速度，P是物价水平，T是社会交易量。当T和V不变时，物价水平P主要由货币数量M决定。这也是后来芝加哥大学弗里德曼所主张的货币数量论。

先简单介绍一下费雪的生平，无论是马歇尔还是瓦尔拉都极为赞赏费雪，称赞他为真正的天才。费雪（1867—1947）生于纽约，1890年开始在耶鲁大学教数学。他于1898年在数学系获得经济学博士学位，也是耶鲁大学的第一个经济学博士，从此转向经济学，在耶鲁大学教授经济学直到1935年。同时，他是美国重要的数理经济学先驱，早在1929年就与熊彼特、丁伯根等发起成立了计量经济学会，直到今天，这仍是经济学界最重要的组织之一。

费雪一生也遭遇了挺多挫折，身体一直不好，尤其是他在1929年大萧条之前大量借款购买了兰德公司的股票，但是大萧条爆发，他的股票成为废纸，损失惨重，几乎无家可归，最终还是耶鲁大学帮他把房子买下，再租给他住。在这样的环境下，他在1930年出版《利息理论》，1932年出版《繁荣与萧条》，1933年出版《大萧条的债务通货紧缩理论》，1935年出版《百分之百的货币》。他非常乐观，这才克服困难产出那么多著作。

从马歇尔与费雪的时代来看，货币数量论分成两派，分别注重从货币的供给与需求两方面来进行考察。费雪注重供给，而马歇尔与他的剑桥大学的学生更注重需求这一面。他们愿意把货币方程式写作 $M = KY$。M 是货币数量，K 是指人们愿意以货币形式持有的财富占总财富的比例，Y 是名义国民收入。虽然马歇尔并没有像凯恩斯那样明确提出国民收入，但他已隐含地指出这一点。

马歇尔说，我们被告知，货币的价值依赖于它的数量及其流通速度，虽然由这个考虑我们将自然地被引导到其他有规则的条件的存在。阅读对该理论的一个说明，如密尔所给出的说明，我们应该发现这些特殊说明的条件。但是我们没有发现一个清晰的对优势余额的阐述，优势余额在最终的分析中必须作为基础而予以确立，以决定个人意愿对货币数量的态度。如果我们找到了这一点，就会发现，货币流通速度对于我们确定考察基础并非最方便的事情。我们将表明，从其他角度来推论可能是更为便利的，它可能最适用于说明，而不适用于阐释。

在这里，马歇尔就明确指出自己所处的英国传统与费雪的货币思想最大的区别,即英国人更注重个人对货币的需求,而不愿意简单地将其推向供给侧。而且马歇尔深知用实证方法搞清楚货币流通速度或者货币总量的困难性,因而认为研究现金余额是一种更直接、有效的手段。你们应该都已经很熟悉凯恩斯在《就业利息和货币通论》中的货币思想了,显然凯恩斯的思想与这里马歇尔的现金余额思想有着直接的继承关系。

马歇尔的这套现金余额思想,与他对社会的观察紧密相关。马歇尔说,在原始社会状态下,甚至在像印度这样一个比原始社会远远发达的社会,只有富人愿意以通货的形式拥有大量资源。而在英格兰,所有非常贫困的人持有大量的通货,较低的中产阶级相对来说持有较大数量的通货,而极为富有的商人一般以支票支付,使用相当少的通货。但是,无论什么样的社会状态,不同阶级的人彼此都愿意以通货的形式持有一定数量的资源;如果其他每种情况都相同,那么就存在这种通货数量和价格水平之间的直接关系……当然,人们以通货形式持有其资源的比例越小,通货的总价值就越低。或者说,在一个给定的通货数量之下,价格水平将提高。

以上就是马歇尔对现金余额说最权威的阐释。后来在庇古和凯恩斯的著作中,都以类似的方式重新阐释了马歇尔的这种思想。甚至在奥地利学派的米塞斯与哈耶克关于货币理论的著作中,也可以看到类似马歇尔现金余额的思想。但可惜的是,这种思想在第二次世界大战之后并没有成为宏观经济学的主流思想。弗里德曼的货币学派影响巨大,把所有人的注意力都引向货币供给,引向货币调控。

我们再来简单讨论一下庇古与他的福利经济学。庇古(1877—1959)是个思想史上有点悲剧性色彩的人物。他被公认为马歇尔的继承者，又是凯恩斯的老师，但他的名声完全被马歇尔和凯恩斯所掩盖。今天的经济系学生一般只记得以他名字命名的庇古税。

庇古是正宗的剑桥大学出身，一开始学的是历史，后来在马歇尔的影响下改学经济学。他在接替马歇尔的职位时，年仅 31 岁。他一生著作很多，但比较出名的作品多在早年完成，如《财富与福利》（1912 年）以及《福利经济学》（1920 年）。我们将重点讨论他的福利经济学。在庇古那里，福利的概念与我们今天所习惯的"福利经济学"中的福利有所不同。庇古是希望把马歇尔的分析方法向着宏观经济学或者总体经济学的方向引导，探讨总体资源配置的效率，从而引入福利的概念。虽然庇古并没有系统性提出宏观经济学的分析方法，但他无疑已经有了清晰的意识，后来凯恩斯的结论虽然与庇古的结论完全相反，但两人的方法却有共通之处。

庇古明确提出三个福利标准，分别是国民收入的规模、分配和稳定性。他认为福利就是可比较并且能与货币尺度相联系的心理状态，它在客观上对应的内容就是国民收入。国民收入某种类型的变化，就对应于经济福利的变化。具体而言，经济福利会随着国民收入的增加，随着国民收入更广泛地分散以及随着国民收入更大的稳定性而得到提高。在今天的宏观经济学研究中，福利衡量仍然是一件很困难的事情。庇古则一开始就试图把福利分析与宏观经济分析联系在一起，他提出的几项标准也非常符合我们的直觉。

庇古在他的分析中，已经非常清楚地认识到我们今天称为"外部性"的东西，而他在《福利经济学》中提出的"庇古税"也正是对应于外部性的情形。他发现，租地的农场主没有任何动力去花钱改良土地，因为按照习惯法，改良土地所产出的收益只会成为地主的财产。而投资于森林的人，其实为气候改善、防止土地流失等做出巨大的贡献，但他们的投入也没有真正得到补偿。铁路公司的经营可能为邻居带来成本，因为他们会受到煤灰的困扰，而新开张的酒吧所吸引的顾客，会吸引更多警察的注意。庇古深深意识到外部性对经济的影响，所以他最终的立场逐渐倾向于左翼社会主义或者费边社的立场。

庇古的这些分析都极为精彩，但注意到的人不多。后来的科斯可算是一个例外。科斯熟读马歇尔到庇古的著作，他的科斯定理很大程度上继承了庇古的分析方法，也间接继承了马歇尔的研究方法。他是后来经济学家中极少数意识到马歇尔方法独特性的学者。科斯本人留下的论文极少，但值得我们反复阅读。

以上就是今天所要讲述的马歇尔经济思想的主要内容。在下一讲中，我们将讨论一个你们一定都很熟悉的经济学家——凯恩斯。凯恩斯对经济学影响巨大，一直持续到今天，但我们对凯恩斯的认识充满误解，所以有必要认真地讨论一下凯恩斯。

思考题：
1. 马歇尔时代的欧洲，社会经济水平发生了怎样的变动？
2. 马歇尔提出了哪些今天仍广为使用的经济学概念？
3. 为什么说马歇尔继承了英国古典经济学？
4. 费雪方程式有什么重要意义？

第十一讲

凯恩斯

本讲中，我们主要讨论凯恩斯（1883—1946）的经济思想。凯恩斯在经济学历史中的影响力可谓空前绝后，说他是20世纪最有名的经济学家，大概无人会有异议。凯恩斯是一代天才，20世纪有了凯恩斯之后，才有了能与之前斯密、李嘉图、马歇尔相提并论的大师级的经济学家。

我们今天经常会说，凯恩斯开创了宏观经济学，这是经济学的两大分支之一。但这种说法不见得准确。凯恩斯推动了经济学的转型，用一种不同于新古典经济学的新方法来解决当时英国乃至世界经济所遭遇的问题，后人将其发展成宏观经济学。凯恩斯从来不想做书斋里的学问，也不在意是否开创了新的经济学。他所关注的是，如何用一套管用的方法切实解决英国以及美国的经济衰退问题。凯恩斯本人所有的思想都与他的经历如两次世界大战、美国大萧条等密不可分。真正研究凯恩斯思想，一定要将他置于当时的环境来观察。而凯恩斯主义，则和凯恩斯本人几乎没有关系。

本次的讨论主要分成四个部分。第一部分讨论凯恩斯的生平；第二部分讨论两次世界大战对凯恩斯的影响；第三部分讨论美国大萧条对凯恩斯的影响；第四部分讨论凯恩斯与《通论》。

一、凯恩斯的生平

凯恩斯一生的生活堪称多姿多彩，既是经济学家，也是半个政治家，此外还积极参与文化活动，是英国的一代名人。英国著名传记作者斯基德尔斯基写过三卷本极厚的《凯恩斯传》，还有一个节选版《凯恩斯传》，是有关凯恩斯最著名的传记。

从背景来看，凯恩斯是非常纯粹的剑桥精英。他的父亲就是一位著名经济学家，与马歇尔是同学，还写过一本非常著名的方法论著作《政治经济学的范围与方法》，对当时英国学界影响很大。从今天的角度看，这仍然是一本被严重低估的巨著。凯恩斯毕业于伊顿公学，随后进入剑桥大学国王学院学习数学和哲学。他的经历与马歇尔很相似，也是被马歇尔说服，才从数学和哲学转入经济学，并以此作为终身事业。

凯恩斯的简历非常光鲜，但也并非一帆风顺。他于 1905 年在剑桥大学拿到文学硕士学位，并没有读博士，而且第一次申请剑桥大学的教习职位时失败了，不得不去印度事务部工作。东印度公司早已在 1857 年英国接管整个印度之后解散了。整个印度次大陆都成为英国殖民地的一部分，即所谓的英属印度，这是英国耕耘最深的一片殖民地。英国主要通过印度事务部来处理印度的事宜，凯恩斯就在此工作。凯恩斯工作期间，写出了《印度的货币与金融》，这是他的第一本著作，2013 年刚有中译本。

凯恩斯在这本书里已经开始思考货币问题。印度当时作为英国的海外领土，也采用金本位。但英国对待印度和对待本土的态度终究是不一样的，两个地区历史、文化差异巨大，人口数量和经济水平也差异巨大。在英国本身出现危机后,一定会拿印度作为一个重要的输出危机的手段,1929 年大萧条出现的时候,英国就是这么做的。

而凯恩斯在 1908 年就辞去印度事务部的工作,回到剑桥大学接替庇古的职位担任讲师(庇古是接替马歇尔的职位),做到 1915 年。第一次世界大战爆发后,凯恩斯还是去了财政部。在剑桥期间,凯恩斯写了一本数学小册子《概率论》,当时获得不少好评。这本书与分析哲学大师罗素的思想颇有关系,也与当时经济学方法论的困难(归纳法的适用性)有关。但这本书后来没有产生多大影响,大家觉得凯恩斯的方法也不是今天数学概率论的主流思路。但凯恩斯对经济的认识,跟这本《概率论》确实有关。凯恩斯认为,概率是可信度而不是频率,它是主观的而非客观的。我们一般说概率是 0.1 的时候,意思是把这件事重复成千上万次,这件事发生的频率逐步接近 0.1。但凯恩斯认为这是没意义的,你在做具体决策时,知道真实世界不会重复。哪怕你有很多经验,看到过很多次股票下跌,你也不一定敢真正运用归纳法。真正重要的是你的主观信念,是你相信这件事成功的可能性是 0.1。这一点上,凯恩斯与奥地利学派反而是一致的。后来大家一般都以为"凯恩斯大战哈耶克",认为凯恩斯的干预经济思想与哈耶克的自由经济思想相冲突。但其实在主观主义这一点上,凯恩斯与奥地利学派是高度一致的,后来重要的奥地利学派学者沙克尔是少数继承凯恩斯这种主观概率思想的学者。

后来,凯恩斯的学生拉姆齐也写了一篇概率论的文章,主张从客观角度即频率来理解概率。拉姆齐的文章大受欢迎,后来的概率论的发展主要也是沿着拉姆齐所倡导的客观定义来展开。概率论已经发展得很成熟了,当然代价是淡化了凯恩斯想法中的主观主义。

凯恩斯在剑桥时,身边聚集了一大批精英学生,其中最有代表性的是拉姆齐和斯拉法。拉姆齐是个少见的天才,出身书香门第,很早就在剑桥出名。他与凯恩斯一样,兴趣遍及数学、哲学、经济学。他只发表过寥寥几篇经济学论文,但影响力很大。我们今天都很熟悉增长理论中的拉姆齐模型,还有税收理论中的拉姆齐法则,都是由拉姆齐最先提出的。如果你们对哲学有一点兴趣的话,一定会知道维特根斯坦。维特根斯坦早年的代表作《逻辑哲学论》是一本奇书,用最简洁的概念描绘了世界,前言中就直接感谢了拉姆齐。可惜天妒英才,拉姆齐26岁就去世了。

斯拉法是另一位了不起的学者。他是意大利著名政治学者葛兰西的密友,很早就在意大利出名,为了躲避法西斯,来英国担任凯恩斯的助手。斯拉法很早就发表过精彩论文,指出马歇尔完全竞争理论的不足,暗含了不完全竞争理论的想法。但到了凯恩斯身边之后,在凯恩斯的建议下,埋头整理李嘉图的著作和通信集,一做就是几十年。我们今天能系统性读到李嘉图的大量著作和通信,离不开斯拉法的艰苦努力。斯拉法牺牲自己的研究,半生献给李嘉图,但到1960年他已经62岁时,却抛出一本小册子《用商品生产商品》,震惊了学界。斯拉法用新的工具重新表述了李嘉图的劳动价值论。虽然当时的潮流早已不是古典经济学,价值理论也早已被经济学抛弃,但斯拉法的想法仍然给人极多启示。

回到凯恩斯,我们也应该注意凯恩斯所处的英国文化环境。不妨留意一下当时几个文化圈对凯恩斯的评价。

第一个是被誉为"无限灵感,无限激情,无限才华"的布鲁姆斯伯里圈,核心人物有作家福斯特、狄更斯、诗人艾略特以及沙龙女主人伍尔芙。该文化圈因最初在伦敦的布鲁姆斯伯里这个地区聚会而得名。凯恩斯是这个文化圈的重要人物,伍尔芙也在许多地方记录了她所见到的凯恩斯。凯恩斯与这些作家、艺术家都保持密切的联系,这是他保持"上流社会"人脉的手段。凯恩斯拥有不俗的鉴赏品味,收藏了不少画作,当然也从中赚得了不少钱。有一本书叫《隐秘的火焰》,揭示了很多这个圈子的趣闻。

另一个圈子是哲学圈。分析哲学这一派学问是英国传统,罗素、摩尔等分析哲学大师都与凯恩斯熟识。维特根斯坦在剑桥时,许多人曾对他的哲学水平表示怀疑。可是凯恩斯很早就认定,维特根斯坦拥有惊人才华。有一次他去迎接维特根斯坦回剑桥,写信给妻子说"上帝到了!"凯恩斯与摩尔等人有很深的交往,摩尔是把伦理学如功利主义推向元伦理学的关键人物,著有《伦理学原理》(1903年)。摩尔认为"善"是不可定义的,只能用直觉认识,最大的善就是"享受美的对象"和"人类交流的快乐"。凯恩斯颇为赞同这一点,可惜凯恩斯后来没有把主要精力投入伦理学。

凯恩斯实在太忙,他是个非常出色的演说家,除了在教室里上课以外,还一直在议会里露面。现在网上还能找到一段凯恩斯的演讲录音,这是我所能想到的最古老的经济学家的录音。同时,凯恩斯是个散文大师,他写作了大量针砭时事的小册子,但今天很少有经济学家会去读,颇为可惜。在此之外,凯恩斯还把一部分精力用于投资赚钱,他是个非常成功的投机者。我们今天熟知的选美博弈,最早就来自凯恩斯的投资理念。

二、凯恩斯与两次世界大战

凯恩斯一直是个极有现实感的保守主义经济学家,他很清楚英国在两次世界大战期间的状况,他的学术研究也与1914—1918年和1937—1945年这两次世界大战有着密切联系。当年英国利用在拿破仑战争中获胜的机会,迅速崛起,在全世界范围内扩张经济。时过境迁,在第一次世界大战期间,英国已不再具有如此条件,社会结构也显得僵化。凯恩斯必须直面困境,所以他没有在那些较难改变的产业如纺织、煤炭、造船等行业多花时间,而是全力研究货币。他认为,这几乎就是英国可以选择的最后一个政策了。

第一次世界大战期间,咄咄逼人的首相劳合·乔治与前首相阿斯奎斯发生激烈的冲突,在财政部工作的凯恩斯支持后者,认为英国应适可而止。但阿斯奎斯最终失败了。凯恩斯内心对战争充满怀疑,对战争会导致的经济危机充满恐惧。劳合·乔治则要追求大获全胜,不达目的誓不罢休,凯恩斯实在不能认同首相的激进观点。战争期间,随着凯恩斯在财政部的职位越升越高,内心变得越来越紧张,而英国爆发经济危机的迹象也越来越明显。侥幸的是,英国在这时候胜利了,战争结束了。

凯恩斯参与了巴黎和会,讨论对德国的赔偿问题。中国也派代表参加了巴黎和会,后来引发了五四运动。凯恩斯发现劳合·乔治等人希望借着战败赔偿的机会彻底打倒德国,并不考虑战后经济的问题,于是愤而辞职。他极为失望,给劳合·乔治留了一封信,"我输了。现在就让萨姆纳勋爵和英国赔偿委员会主席对着已被毁灭殆尽的欧洲沾沾自喜去吧,让他们看看到底英国纳税人还能从中得到些什么。"回归剑桥不久,凯恩斯出版了《战争的经济后果》,以一种极度悲观的论调做出预言:"在欧洲大陆上,地球正在艰难地喘息。人们无不意识到世界即将毁灭。"

这场战争使得凯恩斯对斯密以来的追求自由放任的传统智慧更趋怀疑。过去人们总以为社会进步、文明发展会自发地实现。现实证明,当一个政府故意忽视当前经济时,它会产生惊人的破坏力。历史上,金本位制度支撑了维多利亚时期的经济奇迹。可那是政府主动采纳了金本位制,而非相反。凯恩斯无法接受劳合·乔治围绕金本位制的种种幻想,更无法接受"更多公共开支就会减少私人开支"这类自由主义观点。随着经验的日渐丰富,凯恩斯越来越相信一点,在重振经济、恢复经济的过程中,政府绝不能无所事事。他也不相信,一味崇拜黄金、放弃自己的控制,反而有可能促进经济的平衡。

这也是凯恩斯转向货币研究的原因。凯恩斯是较早意识到货币对实体经济将产生深远影响的欧洲经济学家之一,美国人更早接受这一点,而欧洲主要还是被新古典自由主义经济所统治。凯恩斯在原则上接受货币数量论,但在具体操作上,他经常改变方程形式,加入外汇设定以及他逐渐意识到的流动性偏好假设。凯恩斯只在具体问题上探讨货币,所以他会不遗余力地抨击通货膨胀与通货紧缩可在缺乏干预情况下逐渐自愈的观点。凯恩斯坚持,每个国家必须管理货币,必须在稳定价格和稳定汇率之间做出取舍。

三、凯恩斯与美国大萧条

现在经常有人会提起奥地利学派的米塞斯及哈耶克,将他们与凯恩斯相互比照。他们与凯恩斯确实是同辈人，只不过前者接受的是欧陆传统的经济学教育，基本观点看似与凯恩斯截然对立。奥地利学派坚决反对政府干预，而凯恩斯对缺乏干预的经济体忧心忡忡。前几年有一本思想史专著被翻译进来，特意取名为《凯恩斯大战哈耶克》，将他们两人置于经济光谱的左右两端反复加以比较。

事实上，凯恩斯与奥地利学派的分歧，主要表现在不同国家的立场和不同的方法论。一旦回到具体政策建议，两者之间的共识总是超过分歧。现在回顾米塞斯在维也纳期间做的一系列现实问题研究，可以看到他远非原教旨主义者，常常根据实际情况支持政府干预。凯恩斯亦是如此。在写作《货币改革略论》《货币论（上、下）》以及一系列小册子的时候，他经常会收到哈耶克学究气十足的商榷信件。凯恩斯承认，自己在很多具体概念的使用上不够明确，故而引来哈耶克的诘问。可是凯恩斯根本不看重什么体系完备、概念精准，他只在乎这些理论是否准确描述和分析了现实状况。哈耶克则对英国经济本身兴趣不大，只是喜欢抽象的理论问题。凯恩斯经常无奈地表示，哈耶克实在找错了论争对象。

1920年代，美国人民普遍相信繁荣昌盛能够长期维持下去，纷纷陷于一种"幻想、漫无边际的企盼和乐观态度"的心态，即所谓的"旧时光"。也许有人读过著名小说《了不起的盖茨比》，其中就生动反映了当时美国的社会文化。当时美国证券价格总是在涨，纵使少有回落，也能在几个月内恢复水平，这是一个长达十年的大牛市。人们觉得，即使从银行里高利率地把钱贷出来，投入股市，也能轻松获得20%以上的回报。

1929年以后，股市突然像疯了一样，不断创下新高。即使有经验的经济学家和投资者也纷纷迷失方向。列弗莫尔堪称华尔街最伟大的投资者，多年来以坚定的做空者姿态拆穿一个个伪劣股票的真面目，市面上流行的《股票作手回忆录》就是描述他的经历。他在连续多年做空以后，终于忍不住在1929年转向做多。当时凯恩斯也转而做多。他们都认为牛市里永远应该追涨杀跌。

10月29日，史称黑色星期二，股市大崩盘，成为华尔街历史上永远的噩梦。此后股市一路下跌，稍有反弹又向下而去，在几年里跌得面目全非。列弗莫尔破产自杀，凯恩斯也蚀尽本钱。美国股市大崩盘，市值普遍跌去八成以上，GDP缩水一半，由此导致美国乃至全世界的经济陷入大萧条有数年之久。在此之前，美国的失业人口从未超过10%。可在1931年，失业人口达到20%。直到第二次世界大战爆发前，美国的失业人口都没有低于过15%。当时甚至很多家庭出现了营养不良的状况。社会学家埃尔德写过一本书叫《大萧条的孩子们》，跟踪研究经历过大萧条的孩子。研究表明，大萧条不但影响了一代人的身体健康，也影响了一代人的心理。后来的弗里德曼、加尔布雷斯、托宾等人都是大萧条一代，他们对于宏观经济的看法都与他们童年的大萧条有着潜在的联系。

欧洲各国很快受到美国大萧条的波及，工业产值下降，失业猛增，纷纷放弃金本位制度。很多年以后大家才知道，这是20世纪最严重的一次周期性的经济危机，形势空前严峻。许多大牌经济学家的声誉都在这场危机中受到了损害。

例如，美国的货币理论大师费雪在股市崩盘之前就购买了大量的股票。见到股市下跌，费雪仍然乐观地相信股市很快就会恢复，因为他对胡佛总统有信心。费雪常年在耶鲁任教，论敌主要来自哈佛，他的哈佛论敌也没有对这次危机的规模与持续时间做出准确判断。几年过去，总将"一切正常"挂在嘴边的费雪教授，日益成为美国人民最喜欢嘲讽的对象。虽然他的货币理论在历史上极为成功,但他在实践上是失败的。

又如,奥地利学派的米塞斯与哈耶克,生活都过得很艰苦。米塞斯多年来一直在维也纳商会工作,1934年移居日内瓦,第二次世界大战期间进一步移民美国。而哈耶克在这段时间里,正好接受了罗宾逊教授的邀请,前往英国任教。他们总体主张减少政府干预,任由经济自我修复,这次同样如此。可几年过去,美国大萧条丝毫没有好转的迹象,反而进一步拖累了世界各国经济,米塞斯与哈耶克的经济学说也因此开始显得尴尬。

凯恩斯的状况比他们好不了多少。就在纽约股市暴跌之前,凯恩斯还在用杠杆做多美国的期货。危机到来,凯恩斯的身价立即大幅缩水,自身的财务状况变得紧张,不得不出售自己之前收藏的艺术品。虽然投机失败,但凯恩斯的货币思想倒是慢慢开始产生影响。凯恩斯为了写作一本货币理论的专著,已经准备多年。借着这次危机的机会,凯恩斯终于出版了《货币论》。

凯恩斯在《货币论》里挑明了自己的观点:"驱使企业前进的发动机并非节俭,而是利润。"《货币论》在学术市场上是成功的,赢得不少赞誉。凯恩斯自己却将其视为一次失败的尝试。因为它太复杂了,包含许多细节,看似缜密却不够有特色。这样的一本书,很难引起大众读者的兴趣。凯恩斯猜对了读者的口味,于是不再有兴趣加工弥补这本书的缺陷,而是决定与之划清界限,重新创造一套最能反映个人思想主旨的概念性工具,那就是后来的《就业、利息和货币通论》(以下简称《通论》)。

凯恩斯在《货币论》中已经抛出大量我们熟悉的观点:"人多以为世上积累起来的财富,是出于各个人的节制行为。他甘愿放弃从消费中获得的眼前享受而为将来更大的享受着想，这种行为叫作节约。但是要知道，单是节制行为，就其本身来说，是不足以建立城市、开辟田园的。建设和改进这个世界上的事物的是企业。如果企业在进行着，是活跃的，不管节约方面的情况如何，财富都会积累起来；如果企业处于睡眠状态，不管你在节约上如何努力，财富都将趋于萎缩。"凯恩斯的政策建议并没有怎么变过，但在写作《货币论》时，他支持这些观点的理由与后来的《通论》并不一样，这是需要注意的。

为了从研究货币转向研究失业，凯恩斯前后花了5年。自1932年始，凯恩斯开始在课堂上讲授有关失业的"新理论"，逐渐把自己的最新手稿拿出来交由学生讨论。1933年，他在《美国经济评论》上面发表文章，认为"当短期利率和长期利率的调控双双不起作用的情况下，由政府进行直接投资以刺激经济便成为必要。这种情况有可能会出现，其实它不久前就曾出现过"。有一些参加过凯恩斯讨论班的学生表示，所谓的"凯恩斯革命"从那个阶段就已经开始了。

随后，1934年凯恩斯访美，得以和罗斯福以及罗斯福手下各级官员会谈。他向罗斯福保证，只要把用于刺激经济的联邦支出从每月3亿增加到4亿，美国经济就会迅速复苏。罗斯福虽然抱怨凯恩斯"说话像个数学家"，但对他的建议十分赞赏，很快就落实到了政策行动中。美国也成为后来推行凯恩斯主义最有力的地区，对"凯恩斯主义"的兴起极为关键。凯恩斯还有一次表示："要把世界从大萧条里拯救出来，除了战争之外别无他途。"不料一语成谶。德国和意大利都早早地决定使用强力的政府投资来拉动经济，最终的代价则需以战争的形式来偿付。

所以第二次世界大战很快就爆发了。我们不应简单地从政治、经济、思想文化等任何一个维度来归纳第二次世界大战的起因，但经济原因是不可回避的，经济原因也是德国纳粹得以上台的重要基础。第二次世界大战爆发后，已经出版《通论》、名噪天下的凯恩斯重操旧业，为英国政府服务。1940年，他出任财政部顾问，参与战时各项财政金融问题的决策。在凯恩斯的强烈倡议下，英国政府终于开始编制国民收入统计，使国家经济政策拟订有了必要的工具。我们应该注意到，中国学者如刘大中、巫宝三等也都是在这个时期开始着手编制中国的宏观统计数据，也都是受到了凯恩斯的影响。

1944年7月，第二次世界大战尚未结束，凯恩斯就率英国政府代表团出席美国的布雷顿森林会议，并成为国际货币基金组织和国际复兴与开发银行（后来的世界银行）的英国理事。但是凯恩斯的建议再一次被忽视，会议决定建立以美元盯住黄金、其他国家货币盯住美元的国际货币体系，即布雷顿森林体系。在1946年3月召开的这两个组织的第一次会议上，凯恩斯当选为世界银行第一任总裁。返回英国不久，因心脏病突发于1946年4月21日在萨塞克斯的家中逝世。基于金本位的布雷顿森林体系于第二次世界大战结束后的1945年12月起生效，到1971年被废除，但国际货币基金组织和世界银行至今仍然存在，并且发挥着重要作用。

四、凯恩斯与《通论》

1936年，凯恩斯出版《通论》大获成功。凯恩斯之所以成功，主要因为他提出了大众关心的问题。在那个时代，哈耶克与熊彼特等纯粹的学者都还在苦苦探究，"经济是如何一步步发展到大萧条这副境地"。熊彼特在那个时期正在撰写一本巨著《经济周期》，汇集大量资料，却难以完稿。从现在的角度看来，熊彼特确实在进行一项难以完成的挑战。即使在国民经济统计如此发达的今天，宏观经济学家对经济危机、经济周期的成因也未形成一致的看法。熊彼特在20世纪40年代最终完成了2卷本的《经济周期》，但没有产生什么影响，至今未有完整的中译本。

凯恩斯对这些根本性问题缺乏兴趣。他要追问的是："在一个竞争并未受到严格限制的自由经济环境下，高失业率和高产能过剩为何持续如此长的时间？"后来斯基德尔斯基为凯恩斯解释说："一旦世界经济陷入崩溃，没人会特别想知道到底是什么导致了它的崩溃。"这个现实难题既然在传统新古典经济学的供需模型下得不到解释和回应，凯恩斯就主张抛弃这个模型，转而使用直接可见的政府干预，生活本身才是学术理论的最终目的。凯恩斯对《货币论》并不满意。经过权衡，他决定放弃《货币论》的体系，写一本全新的书，并且针对现实困难发明一套无须新古典经济学基础的理论。他在很短时间里就写出了《通论》，于1936年正式发表。

这是一本革命性的著作，很快传遍全世界，也传到了中国。至少清华的陈岱孙教授在1937年就读过凯恩斯的《通论》。现在大家都学过各种层次的"宏观经济学"，学过希克斯、萨缪尔森概括的IS-LM模型，这里只是简单复述一下凯恩斯在《通论》里提出的分析问题的主要方法。

第一，边际消费倾向递减。即消费倾向是收入与消费之间的一个比例关系，从边际来看，每一收入的增量中，用于消费的部分越少，用于储蓄的部分就越多。第二，资本边际效率递减。在其他条件不变的情况下,随着资本投入增加,资本边际效率递减,对企业家的激励也递减。第三,流动性偏好。即人们出于交易、投机或者预防性目的,偏好持有现金货币。在这三种因素的作用下,总需求必定不足,与过剩的总供给不能匹配,导致经济衰退。此外,凯恩斯也已经发现乘数效应,即这些导致总需求不足的因素会被成倍放大,进一步加剧经济危机。

凯恩斯提出这套理论后,对应的政策建议也就变得非常明确了,即扩张性财政政策,用积极的政府支出去弥补总需求不足。而且政府的财政支出也具有乘数效应,很可能有力缓解危机。为此,政府可以不惜一切手段,哪怕是建设金字塔这种没有实际意义的工程也可能缓解危机。"古埃及无疑由于它所拥有的巨量财富而双重有幸。它同时从事两种活动,一个是建造金字塔,一个是搜罗贵金属。贵金属是不能适应人们消费的需要的,却由于它在从事建造金字塔活动,因此不至于被堆积起来变为废物。中世纪时造大教堂和唱挽歌的情形也是这样。如果一个大人物死后造两个金字塔或者做两次弥撒,岂不是好上加好。但是,如果他选择从伦敦到约克多造两条铁路,就不能这样说了。"

凯恩斯的新理论可谓离经叛道,引发大量争议。可是《通论》出版不过一年,整个世界就卷入了第二次世界大战,进入一个特殊时期。在这个特殊时期,凯恩斯与哈耶克、熊彼特等人得以放下包袱,就战时经济达成了高度共识。他们都反对通货膨胀,适当控制财政赤字,这是战时所必需的。为了填补财政支出和税收之间的缺口,凯恩斯还提出在战时征收高额所得税。哈耶克给凯恩斯去了一封短信:"我们对短缺经济学的理论认识完全一致,这真是太令人欣慰,我们唯一存在的分歧只是它在什么时候才适用。"

战争期间，英国全面采纳凯恩斯早在20世纪30年代初就反复提出的建议。不仅军备建设取得成效，大规模的失业也消失了，凯恩斯主义算是用对了地方。与此同时，美国的罗斯福也采用凯恩斯主义的政策，获得了空前的胜利。大家都同意，凯恩斯主义是战时唯一正确的经济理论，经济在战时不会自动恢复均衡，需要外力的干预。不过战争终有结束的一天，经济还要回复到日常状态。在战争结束的那一天，凯恩斯主义已经在世界范围内留下痕迹，很少有人再会天真地相信"一切进步都会自发地产生"。

凯恩斯留下丰厚的学术遗产。在一些经济学家的努力下，他的思想被进一步规范化为"宏观经济学"，成为后续经济学家讨论问题的基本参照体系。诺贝尔奖得主弗里德曼的学术观点与凯恩斯本有极大不同，但他承认"我们使用了《通论》中的许多分析细节；《通论》改变了我们研究和分析的关注点，我们全都至少接受其中的一大部分……从某种意义上来说，我们现在全都是凯恩斯主义者"。

我们现在回过头来看凯恩斯与他的《通论》，会发现凯恩斯并不是在主张一种特别激进的解决方案。凯恩斯是高度实用主义、经验主义的学者和政客，为了现实目的，他不惜放弃经典的新古典经济学理论。他只是希望说明，为什么不可避免的政府补救办法会对恢复经济奏效。他知道，如果面对毫无生气的经济，无限期地放任自流，那么政府未来要对现在的无所作为所付出的代价，一定比现在大胆行动的结果要大得多。

除此之外，我们还是要回到凯恩斯的主观主义。凯恩斯不但是经济学大师，更是心理大师。他在《通论》中多处清晰地指出，经济危机的重要原因在于人们的心理，不管是减少消费还是不敢投资,归根到底都是心理问题。而凯恩斯主张的扩张性财政政策,也希望从心理入手,改变人们的消费投资心理。近年来,有越来越多宏观经济学家注意到凯恩斯所说的"动物精神"并不只是巧妙暗喻,而是凯恩斯看待宏观经济的视角。也只有加入这些心理因素的宏观经济模型,才有可能真正贴近凯恩斯当年的本意。

以上就是本讲所要讨论的凯恩斯的经济思想。下一讲中,我们主要围绕一些重要的经济学争论,如德国历史学派与奥地利学派的方法论争论、计划经济与市场经济争论、两个剑桥的方法论争论等进一步展开讨论。

思考题:
1. 凯恩斯时代英国思想界有什么特征?
2. 凯恩斯在第一次世界大战后的建议是什么?
3. 凯恩斯的《通论》在方法论上有什么特点?
4. 为什么《通论》刚出版时被认为离经叛道?

第十二讲

三场经济学争论

许多经典的经济思想史教材都只写到凯恩斯为止,这确实是一种不错的做法。但在这门课里,我仍然希望继续讨论,进一步讨论凯恩斯至今的经济学发展。因为经济思想史不仅是关于过去经济学的学问,也是与当下经济学直接有关的学问,希望大家能体会到这一点。

19世纪中期至20世纪中期这一百余年的时间里,经济学逐渐成为一门大学里承认的正式学科。同时,当时的经济学也表现出多种可能性。今天我们主要讨论这个时期里几场大型的学术争论,因为我们需要意识到,当时并不存在非常统一的主流经济学派。今天所讨论的这些学派、这些观点,也许今天深受新古典经济学影响的我们会觉得有些奇怪。但在当时,它们都是很有影响力的学派,也都拥有大量的信徒。

另一点要注意的是,学术争论不一定有最终结果,经济学后来的方向也未必按照当时多数人的想法发展。历史并不总是进步的,尤其在思想方面,进步主义是极端错误的想法,尼采就曾有"永恒轮回"的表述。今天新古典经济学已经走得很远,确实做出了很多重要贡献,但它们前进的方向、采用的方法以及内在的困境,仍是值得我们思考的。回顾这些思想史上的争论,探究无数知名学者在当时的选择,这也有助于我们认识今日经济学的来源。

本讲主要讨论三个问题。第一个问题是德国历史学派与奥地利学派之间关于方法论的争论,主要发生在施穆勒和门格尔之间。这场争论涉及很深刻的方法论问题,至今仍然很有意义。第二个问题是计划经济之争,在右翼奥地利学派和左翼马克思主义者之间展开。第三场争论就是所谓的两个剑桥之争,是偏向左翼、同情马克思主义的欧洲学者与美国新古典主义者之间的争论。

一、德国历史学派与奥地利学派的方法论之争

我们先来看第一场争论,德国历史学派与奥地利学派之间的方法论之争。德国历史学派的奠基人一般认为是罗雪尔(1817—1894)开创了这个重要的学术传统。罗雪尔毕业于哥廷根大学,专攻历史学和政治学。他也认真听过兰克的课程,深受兰克的影响。现在回头来看,斯密或者古典经济学在德国的影响非常微弱,而兰克的影响极为深远。兰克主张尽可能客观地还原历史,这种方法后来在史学界被称为"兰克学派",是史学界最主流的研究思路。中国近代的几位史学大师如陈寅恪、傅斯年等无不深受兰克的影响。

1840年罗雪尔开始在哥廷根大学任教,教授的是历史学以及国家科学,兰克热爱修昔底德,罗雪尔也成为修昔底德的专家,早年出版的代表作是《修昔底德的生平、著作和时代》。而罗雪尔希望像修昔底德一样地研究经济问题,所以在1843年出版了《历史方法的国民经济学讲义大纲》,这也被认为是历史学派的开山之作,或者叫"罗雪尔纲领"。

罗雪尔从1848年起在莱比锡大学教书,教授所谓的政治经济学,前后长达46年。在这期间,他陆续出版了5卷本的《国民经

济学体系》,非常庞大,被诸多德国大学选作经典的经济学教科书,流传很广。而马克思很早就被德国驱逐,所以对历史学派的经济学研究非常不屑。

罗雪尔对经济的看法,与古典经济学仍然可以做一些对比,因为罗雪尔也在讨论财富、价值、生产要素等问题,他在这些问题上的论述与古典经济学相似。他不是反对经济学,而是反对经济学的抽象化和绝对化。他仍然尊重国民经济的自然规律,并非虚无主义者。不过他认为,经济发展与社会发展联系在一起,整个发展过程具有上升和下降的不同趋势,不能对这些趋势视而不见单独分析经济。正因如此,在社会经济发展的某些阶段,国家干预经济有其必要。罗雪尔对空想社会主义思想的批评尤其激烈,他认为这些理论的缺陷就在于抽象掉了历史和社会发展阶段。

而在罗雪尔的论述中,最引人瞩目的就是他对方法论的关注,这也是后来历史学派的共同特征。罗雪尔认为:"经济科学的方法,比任何单一的发现有更大的重要性,尽管后者可能更令人惊讶。"英国传统从来不是这样,李嘉图也好,密尔也好,都有经验主义的特征,认为经济学的实际解释力比抽象的方法论重要得多。

而从德国的思想传统来看,罗雪尔希望建立一种以历史方法为基础的经济学。在他那里,经济学并不具有绝对的性质,而是应当看作历史环境的产物。所以他在研究历史中的经济规律时,不仅注意经济方面,还注意法律、政治、文化等很多方面,由这些方面共同构成一个整体。罗雪尔在著作里大量引用历史资料,显示出他渊博无边的历史知识,受到时人的尊敬。罗雪尔除了大量引用古典学者外,也鼓励他的学生们寻找对理论支持的统计数据,但在当时统计学并不发达,这个方向的探索没有进行下去。后来的经济学家则对古典问题缺乏兴趣,也就很少阅读罗雪尔了。

除了罗雪尔,我们要继续介绍施穆勒(1838—1917)。罗雪尔被认为是"旧历史学派"代表人物,而施穆勒就是"新历史学派"代表人物了。新、旧历史学派的区分,值得思考。它绝不仅仅意味着后一代人取代上一代人。应该说,在施穆勒那里,新历史学派不仅反对将理论绝对化,进而反对理论本身。施穆勒认为,经济学就应该是经济史,而且这种经济史应该是由无数微小细节构成,引向政治史或者其他宏观的历史。

施穆勒毕业于蒂宾根大学,辗转几个学校后,于1882年任柏林大学教授,在那里教书30年,直到1912年退休。他的著作很多,经常被提到的是《一般国民经济学大纲》(1900—1904)。1897年开始,他担任柏林大学的校长。此外,他还主编德国最重要的经济学刊物《德意志帝国立法、行政和国民经济学年鉴》,又被称作"施穆勒年鉴"。所以他对德国经济学的影响极为深远,学生众多,其中包括后来对社会学、政治学影响巨大的韦伯、桑巴特等。施穆勒这种影响一直延续到第二次世界大战前后。

施穆勒对于英国古典经济学的批评和罗雪尔一样严厉:"再也没有比老一代英国经济学家的谬误更糟糕的谬误了。这种谬误是:某些简单的、自然的、法律的、经济的制度从来就有并且将永远继续存在下去;文明和财富的一切进步不过是某种个人的进步或技术的进步罢了;一切都不过是一个增加生产或消费的问题,这个问题注定并且能够在同一个法律制度的基础上加以解决。这种植根于经济制度具有稳定性的信念,是老一代经济学家们相信个人及其个人生活的能力是万能的这一天真而又自以为是的信念的产物。"虽然措辞严厉,但是他清楚地认识到了制度的重要性,这点值得我们思考。

而对于现实问题,施穆勒也有非常明确的立场,就是希望劳动阶级能忠实于普鲁士宫廷。他们赞成公有财产扩张,支持目标是再分配的税收政策,支持对城市房地产增值征税,他们自称"国家社会主义者",而外界经常把他们称为"讲坛社会主义者"。真正左翼的社会主义者如罗莎·卢森堡视他们为敌人:"讲坛社会主义者以其对微小的历史细节的研究,将社会现实的活生生的材料搞得支离破碎,不可能在理论上找出使之有一切伟大的有联系的线索,反而使对资本主义的认识陷入只见树木不见森林的境地。"

我们并不能认为施穆勒和新历史学派就是一个彻底保守复古的、只关心历史而不关心任何经济理论的学派。虽然施穆勒彻底否定古典经济学,否定社会中存在任何普遍的客观的经济规律,但是施穆勒对心理学和道德很感兴趣,强调道德因素在经济生活中的地位和作用。这一点和一百多年前的斯密非常接近。同时,施穆勒也很关注统计调查等实证工作。《德意志帝国立法、行政和国民经济学年鉴》搜集了大量史料,也希望从中获得更多统计规律。这是罗雪尔曾试图开展的工作,到施穆勒这里被进一步强调。当然,当时仍然缺乏足够好的统计数据和统计方法,局限了他们的工作。

1883年,奥地利学派的门格尔出版了一本名为《经济学与社会学问题》(也叫《经济学方法论探究》)的小册子,挑起了方法论之争。这本书既是门格尔对自己方法论的阐述,也是对当时主流的德国历史学派的批评。施穆勒很快在《德意志帝国立法、行政和国民经济学年鉴》上写了一篇书评,加以反驳,争论由此展开。奥地利学派与历史学派积怨已久,两派的方法论极为不同,奥地利学派主张演绎法,而历史学派只承认归纳法。两派在具体政策上的观点也截然相反,奥地利学派主张自由主义,而历史学派主张国家干预。边际革命在欧洲很多地方都引发热烈反响,但在普鲁士没有任何回音,施穆勒早就准备批评门格尔了。在这一年,德国哲学家狄尔泰也出版了一本《社会人文科学引论》。施穆勒认为,这本书才真正奠定社会科学方法论基础。今天,狄尔泰的著作在哲学系仍然被阅读,但在经济系已经基本不为人所知了。

施穆勒在书评里写道:"门格尔显然无法理解历史学派的原本起因和必然性,因为他缺少这种器官。历史学派代表了科学认识现实的回归,而不是一系列缺乏现实的抽象迷雾。门格尔没有看到,所有重大的国民经济的现象在时空上都是广泛的,所以正如它对于历史和统计一样,只有集中性的观察才是行得通的。这对门格尔是不可能的,因为他仅仅从单一经济的单数观察出发,总想着交换、价值、货币等,而不想构成国民经济整体骨架的国民经济的器官和机构。"

门格尔准备了一年,以致友人16封信的形式,结集成为《德国国民经济学中历史主义的谬误》,全面展开对历史学派的批评。门格尔言辞犀利:"在政治经济学领域中,德国国民经济学家的历史学派对研究目标以及方法的模糊乃是一种缺陷,它在这个学派一开始的论述中就明白无误地暴露出来,而且在几乎延续了五十年之久的发展过程中没有得到克服。"

施穆勒没有再全面回应门格尔的批评,而是逐渐开始梳理和归纳历史学派的根本方法论。他在后来出版的一系列著作包括《一般国民经济学大纲》中强调了对有意义的观察进行抽象的必要性,一定程度上吸收了门格尔的批评。当然历史学派的根基仍然在于归纳法,在于历史材料和制度分析,这点不会有任何动摇。

他们两人虽然不再争论，但由此引发的方法论反思在学界变得热门起来。双方的门人弟子有很多卷入方法论争论，并由此涉及很多其他问题，对社会学、政治学的发展都有深刻影响。例如1885年，马克思已经去世，但他的《资本论》第二卷出版，恩格斯作序。恩格斯在序言里再度挑起价值理论之争，为方法论之争开辟了新战场。又如1895年，马克斯·韦伯在弗莱堡大学发表著名的就职演讲《民族国家与经济政策》，阐明自己对经济理论、经济政策及其与政治的关系的看法，强调"经济科学是一门政治科学"，就是对施穆勒方法论的延续。韦伯后来还发表了一系列关于罗雪尔、克尼斯的方法论的论文，是历史学派的重要后续工作。

英美学者也对这个问题也感兴趣，写了不少经验主义方法论的小册子。最高潮是1932年伦敦政治经济学院的罗宾斯出版《论经济科学的性质和意义》，一般认为这本书终结了方法论之争。这本书简洁明了地界定了经济学的定义、经济学的研究方法等，把伦理学等很多问题都划出了经济学。这本书在长达几十年的时间里都被视作经济学的圣经。然而最近十多年，经济学出现很多新方向，大家又开始反思方法论问题，质疑罗宾斯一劳永逸的解决方案。所以，方法论注定是一个长期争论的问题。

二、计划经济之争

顺着这个问题，我们继续讨论奥地利学派与计划经济的争论。这一次的主角是奥地利学派后两代的学者，米塞斯（1881—1973）与哈耶克（1899—1992）。

随着讨论的推进，我们逐渐开始接触一些离我们比较近、已经开始使用现代术语的经济学家，如凯恩斯，又如今天要讨论的米塞斯和哈耶克。在 19 世纪末，维也纳大学最主要的经济学教师是门格尔的再传弟子庞巴维克（1851—1914）。庞巴维克的代表作有《资本与利息》（1884）和《资本实证论》（1889）。庞巴维克也是个非常好的教师，承上启下，扩大了奥地利学派的影响，培养出米塞斯、熊彼特、希法亭等非常重要的经济学家。

庞巴维克自己的经济思想也很重要，现在越来越多地受到关注。这里我们只讲他的利息理论，可以体现出奥地利学派的特征，也具有现实意义。庞巴维克认为，人们有三种偏好当下的心理动机。第一，人们倾向于高估未来的资源而低估未来的需要，"我们经验中最重大的一个事实是，我们不太重视未来的欢乐与痛苦"。第二，今日可得的资源在未来会体现出更高的价值，即大多数人相信进步主义，相信未来更好。第三，生产过程是迂回的。比如下河捕鱼，这是直接生产消费品；不去捕鱼，而去编织渔网，这就是迂回生产。迂回生产的目的是获取更高的收益。因此人们倾向于对目前商品赋予更高价值，在用目前商品换取未来商品时，要求获得一笔额外费用使得目前商品与未来商品的价值相等，这种额外费用就是利息。

从现在的行为经济学来看，庞巴维克的总结与今天对贴现率的研究非常一致。而这种利息理论尤其是迂回生产理论，直接对马克思的《资本论》构成挑战。庞巴维克认为，利息是一切经济体系的特征，并不是资本主义这种特殊经济制度下对劳动的剥削，在社会主义体制下也仍然存在。即使社会主义者也不可能简单废除商品当下价值和未来价值之间的区别。如果废除两者的区别，那么植树人的收入应该是面包师的成千上万倍，因为树木需要数十年成熟，而面包在一天内就成熟了。

米塞斯、熊彼特等都在庞巴维克的课堂上听过这些分析，但后来走向了不同的研究方向。米塞斯是奥地利学派最好的继承者，最坚定地继承了奥地利学派的方法论，并且永不妥协。他继承庞巴维克的衣钵，在维也纳组织讨论班，传播奥地利学派思想，最得意的弟子就是哈耶克。到了20世纪30年代，米塞斯先是移居日内瓦，后又移居美国。1949年他在美国出版巨著《人的行动》，这本书至今仍是奥地利学派的圣经。米塞斯在美国从来没有在大学里任教，不被主流学界承认。但他坚持组织讨论班，影响了很多学生。现在，美国仍有一批坚定的奥地利学派学者，与米塞斯当年在美国传播奥地利学派思想密切相关。

早在20世纪20年代，米塞斯就发表过一篇名为《社会主义制度下的经济计算》的论文，引起激烈的争论。米塞斯用奥地利学派的方法指出，一旦缺失用货币表现的价格制度，就无法确定某种产品的必要性，从而彻底否定社会主义有施行经济计算和最优配置资源的可能性。米塞斯最著名的对手是波兰经济学家兰格。兰格在《社会主义经济理论》的文章中，批评米塞斯混淆了狭义价格（市场上商品交换比例）和广义价格（提高其他选择的条件），认为只有后者才是资源有效配置时必不可少的条件。

这场争论在20世纪30年代中期被波兰经济学家兰格重新提起。兰格是个左翼统计学家，曾担任波兰驻美国大使，后来在芝加哥大学和华沙大学任教多年。兰格一直致力于为计划经济提供可操作的方案。他在经历很多批评之后，还提出了"计算机计划经济"的主张，认为当时的数据处理水平尚不足以处理复杂的经济问题。但随着技术进步，计算机水平发展到一定程度后就可以有效推行计划经济。

米塞斯已投身方法论研究,不愿进一步参与论战。作为米塞斯的学生,哈耶克当仁不让地成为奥地利学派这一方的主将。此时的哈耶克正在经历所谓"知识论转向",也将这种新思想引入了论战。1937年,哈耶克发表了论文《经济学与知识》,第一次明确提出"不同社会成员所拥有的知识,在经济分析中至关重要"这个观点。在论及计划经济时,他提出市场缺失导致的关键问题不仅是缺乏价格,更缺乏处理分散信息的机制,这一点更难以反驳。按照这种逻辑,即使计算机水平进步,可以快速有效处理数据,也无法有效获得"默会知识",从而无法得到计算市场均衡所需的数据。兰格的计算机社会主义也不可能成立。1944年哈耶克出版《通往奴役之路》后,这场争论就基本结束了。

对于哈耶克与兰格争论的结果,思想史学家已形成比较一致的看法,即哈耶克取得了论战的胜利。近年来披露的一些兰格与哈耶克的通信也证实了这一点。对于研究者而言,哪一方取得胜利并不重要,重要的是哈耶克在米塞斯的基础上提出了新的问题、新的方法。哈耶克的知识理论极富深意,对后来经济学的很多分支都产生了影响。但是米塞斯却有不同意见,认为哈耶克的知识理论并非奥地利学派传统,而是基于英国的知识论。他对兰格的批评,虽然有效,但并不是奥地利学派的批评。

三、两个剑桥之争

如果今天追问,耶鲁大学与芝加哥大学的经济学教育有何不同,很多人一定会觉得奇怪。因为现在大家对于经济学范式有着高度的认同，美国、英国无论哪所大学都没多大差别。再加上信息沟通、人员交流，所有学者都在共同的一些学报上发表论文，共同参加一些学术研讨会，还有很多学者经常转换去不同的大学工作，导致全世界的经济学越来越趋同，没有什么"学派"特征了。

但在一百年前，情况并非如此。我们之前介绍过，马歇尔与凯恩斯都是剑桥大学的老师。他们在经济学界产生极大的影响，使得剑桥大学当之无愧地成为世界经济学研究中心。罗宾斯在伦敦政治经济学院任教，风格就没那么"剑桥"。他遵循马歇尔的古典经济学范式，反对凯恩斯的创新，所以还特地拉来哈耶克一同与凯恩斯对抗。牛津大学在20世纪初期比较沉寂，但后来也涌现出哈罗德与希克斯这样的优秀经济学家。他们在国际贸易、福利经济学等领域做出重要贡献，从他们的研究中还是能看出与美国很不同的英国传统。

而我们要介绍的是一位女性经济学家，罗宾逊夫人（1903—1983）。经济学界一直存在隐性的性别歧视，真正出名的女性经济学家很少。罗宾逊夫人堪称20世纪后半期最出名的女性经济学家，很多人预测她会获得诺贝尔经济学奖，可惜最终没有。这里面有政治原因，罗宾逊夫人晚年有强烈的左翼倾向。但因此否定她的工作是不正当的，连她的对手萨缪尔森都为她鸣不平。至今只有一个女性获得过诺贝尔经济学奖，即奥斯特罗姆，但她的工作偏向政治学，很多经济学家不太服气。现在开始有一些非常出色的女性经济学家开始为人所知，并获得了克拉克奖，未来可能会有更多的女性获得诺贝尔经济学奖。

罗宾逊先生与罗宾逊夫人都是剑桥大学的学生。罗宾逊先生早年还在剑桥大学学习古典文学，但是在学习了两年的古典文学之后，就受到马歇尔、庇古、凯恩斯等人的影响转学了经济学，因为马歇尔、凯恩斯都是这种情况。而罗宾逊夫人的外祖父和母亲都是剑桥大学的教授，她先是在伦敦的圣保罗女子学校学习历史，后来转到剑桥大学学习经济学。他们两人学习经济学的原因大体相同。罗宾逊先生曾提到，"我的经济学关心的是改进世界的状态，要让它成为对富人和穷人都是一个更好的地方"；而罗宾逊夫人学习经济学则是"因为想要了解为什么世界上存在着贫困和失业"。这说明罗宾逊先生和罗宾逊夫人学习经济学都是为了解决现实问题，密尔、马歇尔等人当年学习经济学的初衷也是如此。

罗宾逊夫人 1929 年开始在剑桥大学任教，1933 年就做出了重要贡献。她在这一年出版了《不完全竞争经济学》，发展出今天我们称为垄断竞争的这一套产业组织理论。但是同一年，哈佛大学的张伯伦（1899—1967）也出版了一本《垄断竞争理论》。两人处理了大量类似的问题，这也是思想史上频繁出现重复性发现的一例。两人同时研究这一问题也并非偶然。完全竞争与完全垄断之间存在巨大的空间，19 世纪的古诺就已研究过其中一些特例。在 1930 年前后，哈罗德以及罗宾逊先生都做过一些这方面的研究，而张伯伦和罗宾逊夫人则各自把这套理论发展完善了。但是两人所使用的术语和分析方法仍有一些区别，仔细比较，今天我们微观经济学中所使用的方法也许更接近张伯伦的工作。张伯伦后来的名气不够响亮，但他在哈佛大学教授产业经济学，培养出后来实验经济学的创始人史密斯。史密斯进行实验的初衷，也正是用另一种实证的方法来检验张伯伦对市场有效性的探究。

张伯伦非常看重这项研究，一辈子都在继续推进垄断竞争的研究。而罗宾逊夫人在完成这些工作后，很快就转向凯恩斯理论，对垄断竞争理论彻底失去兴趣。罗宾逊夫人不再研究这套理论的一个可能的原因是，凯恩斯对此没有兴趣。凯恩斯在剑桥大学有一批忠实的学生，罗宾逊夫人是其中的代表。整个 1930 年代，罗宾逊夫人一直在钻研凯恩斯的理论，并且撰写了大量发展凯恩斯思想的文章。但是到了 1939 年，她发生了巨大的转变，转而研究一直为凯恩斯所痛恨的马克思，开始读《资本论》。她说："结果我发现了许多东西，它的追随者与反对者都未曾料到我会发现它们。"远在美国教书的熊彼特是罗宾逊夫人的好友，也对她的这种巨大转变而震惊。

从第二次世界大战到冷战，欧洲学者的思想与感情都很复杂，但绝大多数人都对斯大林的整肃表示警惕和反思。而感情强烈的罗宾逊夫人却突然强烈地倒向苏联，对美国的政策展开激烈批判。她对苏联的热情，非常接近于她早年对于凯恩斯的崇拜，即使英国左派工党如拉斯基也没有达到这种程度。罗宾逊夫人对密友承认，她的政治信仰与她对国家民族忠诚之间一直存在裂痕，而且这种紧张程度一直在增加。西方注定要没落，而东方注定欣欣向荣，这已经成为她的人生信念。芝加哥大学的弗里德曼与罗宾逊夫人熟识，也对"这样杰出的经济学家竟然会对苏联的政策进行辩护，大唱赞歌"表示强烈的不解。所以，我们在探讨两个剑桥之争，即英国剑桥与美国麻省剑桥之争①的时候，必须时刻注意到意识形态的分歧。

两个剑桥之争，归根到底是在争夺凯恩斯的阐释权，或者说凯恩斯主义的发展方向。在英国剑桥大学，凯恩斯被抬到一个惊人的高度。"在剑桥乃至整个自由世界，经济学说被梅纳德·凯恩斯的

---

① 美国的麻省理工学院所在地亦名为剑桥（Cambridge），与英国剑桥同名。

高超智慧所支配。在一系列的演讲中,每当凯恩斯阐述其通论原理时,剑桥最大的演讲厅总是水泄不通,宛如我们在听达尔文或牛顿的报告。每当凯恩斯讲话时,听众保持绝对的安静。然后人们分成很小的群体,对其进行热烈的辩护或强烈的抨击。"

而在美国,凯恩斯主义主要是通过哈佛大学来传播。但是最初哈佛大学的那些学者,如熊彼特、加尔布雷斯、张伯伦等,对凯恩斯主义也并不完全赞同。但他们的讨论,使得很多学生开始了解凯恩斯,一些学者如汉森等也做了一些拓展凯恩斯主义的工作,青年学生萨缪尔森是其中最活跃的一个。但当时美国其他大学并非如此,在哥伦比亚大学读书的阿罗就很少听到关于凯恩斯的讨论。在芝加哥大学的弗里德曼表示,芝加哥大学大部分老师都反对凯恩斯,认为大萧条主要是政府政策指导失误的产物,今天仍然如此。

而到了第二次世界大战结束以后,英国和美国的经济学都发生了较大的改变,美国经济学的改变尤其剧烈。在英国,凯恩斯已经去世,活跃的罗宾逊夫人以及斯拉法等人成为剑桥大学的主要学者。不过罗宾逊夫人在剑桥一直没有获得教授职位,一直到1965年她丈夫退休才接替她丈夫成为剑桥教授。罗宾逊夫人与斯拉法都继承了剑桥传统,同时也都有左翼马克思主义的倾向,他们都尝试着在马克思主义中寻找与马歇尔、凯恩斯理论能契合的点,尝试构建一套能有效综合这几种理论的理论。同时,罗宾逊夫人并不喜欢数学,她的前辈马歇尔、凯恩斯都是如此,他们更喜欢从概念和逻辑上构建理论。

而在美国,随着大量外国移民进入美国学术界,本土又有一批出色的青年学者成长起来,经济学的面貌发生了重大改变。其中较少使用数学的理论家往往是凯恩斯的批评者(如熊彼特、哈耶克),

而那些擅长使用数学和计量的学者却往往是凯恩斯的支持者。所以美国的经济学的研究方法开始向数量经济学转变，其中典型代表有里昂惕夫的《美国的经济结构》(1941)以及萨缪尔森的《经济学分析的基础》(1937)。

萨缪尔森等学者快速把凯恩斯的思想完善成为数理化的凯恩斯主义模型，并直接运用到实践中。而罗宾逊夫人认为，那些宏观变量并不能简单地套用生产函数进行解释乃至于计算。新古典生产函数只能用于单一产品模型中，而不能用于两部门以及多部门的模型中，不同部门的生产不能简单予以加总。而索罗后来回应说，运用一般均衡理论就可以避免英国人追究的宏观变量加总问题。但英国学者继续攻击说，在一般均衡理论中不存在统一的利润率，所以仍然不能使用加总的宏观变量。

总体而言，罗宾逊夫人等人确实指出了萨缪尔森等人的宏观经济学的致命缺陷。即使使用一般均衡模型，也不能回避加总问题，即所谓宏观经济学微观基础问题。但罗宾逊夫人与斯拉法希望通过李嘉图和马克思寻找"价值尺度"从而构建逻辑一致的宏观经济学的目标也没能实现，他们所构建的理论也面临与新古典宏观经济学一样的困境。1983年，罗宾逊夫人和斯拉法在同一年去世，两个剑桥之争不了了之。对于后来的宏观经济学发展，尤其是新古典宏观经济学的发展，这段两个剑桥之争的历史就好像从来没有发生过一样。

今天我们讨论了从19世纪中期一直到20世纪中期，经济学历史上曾经出现的几次著名争论，分别是方法论之争、计划经济之争以及两个剑桥关于凯恩斯主义发展方向之争。这几次争论，在当时都产生了巨大的影响，但并不一定对后来的学术发展产生决定性作用，这就是思想观念与真实历史之间的复杂关系。

这些争论并未终结。例如，经济学应该采用怎样的方法论，更多地归纳还是更多地演绎？后来芝加哥大学的弗里德曼提出一种折中的方法论，被大家沿用至今。到了近年，大家充分意识到弗里德曼方法论的局限，然而对经济学应该采用哪些方法论，大家仍然莫衷一是。又比如，随着近年来大数据和计算科学的发展，又有人提出兰格式的"计算机计划经济"。那么当代的计算机计划经济能否回应哈耶克的知识论角度的批评？这也是需要我们思考的。

下一讲中，我们将介绍一个极富个性的经济学家熊彼特，讨论他多元复杂的经济思想。

思考题：

1. 德国历史学派与奥地利学派的方法论之争，主要在争论什么？
2. 奥地利学派对于计划经济的批评，主要理由是什么？
3. 两个剑桥之争，主要在争论什么？
4. 随着近年来高速计算机、互联网和大数据的发展，支持可计算计划经济的观点又浮出水面，奥地利学派当年对于计划经济的批评是否仍然有效？

第十三讲

熊彼特

熊彼特是一位承上启下的经济学家。他与凯恩斯同岁,是真正同一代的经济学家。凯恩斯光芒太盛,所以任何同代经济学家都免不了要拿出来与凯恩斯做一些比较,熊彼特也不例外。很多人认为,古典经济学的一个重要转折点落在凯恩斯身上。同样,我们也能认为它落在熊彼特身上。而且熊彼特思想充满矛盾、极为复杂,具有宏大的理论构想,极富欧陆色彩,代表着与凯恩斯经验主义完全不同的另一种经济学思考方式。他是真正的国际学者,一生横跨欧陆、英国、美国等经济学研究区域,对经济学发展产生了巨大影响。

一、熊彼特的生平

1883 年,熊彼特出生于今天属于捷克的一个小镇,当时这里仍是不断衰落的奥匈帝国的领地。熊彼特祖上三代都在经营纺织厂,他是家里唯一的男孩,而父亲又不幸早早去世。熊彼特的母亲为了儿子的前途,改嫁一个年长的退役军官,并举家搬到维也纳。所以,熊彼特从小就进入一所专门为贵族子弟开设的学校。

熊彼特所接触到的同学的社会阶层,与他自身所处的社会阶层存在一定的差异,这种差异对理解以后熊彼特的心理极为重要。熊彼特与凯恩斯一样,都热衷于研究祖上的光荣历史。凯恩斯的祖上是随着征服者威廉来到英国的,似乎还比较可信,但熊彼特祖上的贵族功绩就显得比较可疑了。

熊彼特一生都保持所谓的贵族气质,也就是高雅华丽的举止、风流成性以及奢侈的贵族品位。他表面上漫不经心、冷嘲热讽,但在别人背后非常刻苦努力。他学会并精通击剑和骑术,还学会至少5门以上的古典和当代语言。熊彼特精通古希腊文和拉丁文是毫无疑问的。而他同时表现出狂放不羁和羞怯的一面。例如,他经常在马车上带着两个妓女招摇过市,还经常因为骑马去学校而引得其他同事不安。他对别人的学问如数家珍,但有同学发现,每次询问熊彼特自己的研究时,他会表现得极为不安和羞怯。熊彼特后来有一句非常著名的话:他的三个愿望是,维也纳最伟大的情人,奥地利最伟大的骑士,世界上最伟大的经济学家。这并不只是一则趣闻,从中确实能看出熊彼特一些重要的心理特征。

当时的维也纳,世纪末的维也纳,是一个迷人的城市。虽然奥匈帝国是个在政治上不断衰落的帝国,但维也纳正迎来飞速的经济发展。它是欧洲排名前列的工业城市,正在经历电力化革命。电话刚刚开通,电车正在取代马车,各处都在忙于将电灯取代煤油灯。维也纳的铁路快速发展,环城大道刚刚建成,人口有爆炸性的增长,精神文化正在经历巨变。这些充满矛盾的巨变环境,对熊彼特造成巨大的影响,我们可以在日后熊彼特几乎所有著作中看出这一点。

18岁的时候,熊彼特以优异成绩进入维也纳大学,而且他在大学里就是明星学生,他的老师斯皮托夫对他的评价是,他从未是一个初学者。斯皮托夫曾担任施穆勒的助手,一辈子试图发展出一套商业周期理论。后来熊彼特在著作里对他的工作也有很多讨论。熊彼特在学校里个性强硬,并不轻易附和哪位老师。当时,庞巴维克是维也纳大学最有影响的教师,而且刚刚从财政部的职位上退下来。熊彼特和米塞斯无疑都认真听过庞巴维克的课,但熊彼特经常与庞巴维克唱反调,而米塞斯是庞巴维克最好的学生、最重要的继承者。

熊彼特在大学毕业前,就在庞巴维克主持的学报上发表了不下三篇文章,最终于 1906 年获得法律博士学位。授予博士学位是欧陆的传统,而非英美的传统。在当时,奥匈帝国的很多年轻经济学家获得的都是法律博士学位,米塞斯也是,英国学者则很少有人有博士学位。

这一切都表明,熊彼特受到了良好的现代经济学训练。熊彼特虽然与庞巴维克观点不完全一致,他对于社会主义还抱有浓厚的温情,在方法论上也并没有那么个人主义,很多人并不认为熊彼特属于奥地利学派。但是熊彼特向来主张"方法论的宽容",从总体思维特点来看,他无疑还是属于演绎方法的奥地利学派一路。熊彼特是奥地利学派中对英国古典经济学以及瓦尔拉一般均衡理论掌握最好的学者,他对马歇尔与瓦尔拉都极为崇拜。马歇尔与瓦尔拉对熊彼特在方法论上的影响,一直持续到他晚期。熊彼特在毕业后就发表了一篇方法论的论文,即《关于理论经济中的数学方法》,很有煽动力。虽然讨论方法论一直是奥地利学派的传统,也是奥地利学派与历史学派争论的工具,但熊彼特的论文显然超越了与历史学派的争论,试图直接建立起与马歇尔和瓦尔拉的对话。熊彼特的视野已经不再局限于德奥地区,而是迫切希望学习英国和法国的经济学。

熊彼特大学毕业就开始了所谓"欧洲学术巡回旅行"。他的第一站是柏林大学,他去柏林大学的目的是更好地了解历史学派,尝试弥合奥地利学派与历史学派的分歧。接着他又去巴黎待了一阵，然后就到了伦敦。熊彼特十分喜爱伦敦的生活，他为了在伦敦政治经济学院读书，就在海德公园附近租下房子，生活中则保留了欧洲贵族做派，例如，他每天都在海德公园的马道上骑马。平时，熊彼特也一直去看话剧、社交，只有回到家里才加倍努力地写作。他后来反思，自己当年的思路和在大英博物馆里写作的马克思非常接近，都是试图从经济体系内部诸因素的独立作用推导经济发展的过程。

在英国期间，熊彼特也去剑桥大学拜访了他的偶像马歇尔。熊彼特对这次会面印象深刻。马歇尔年纪大了，而且抱有英国人特有的审慎，不会像马克思或熊彼特那样轻易投入宏大体系的构建。熊彼特虽然谦虚聆听，但仍处处透出他的大胆锐气。两人相谈甚欢，而熊彼特此时已准备好进入一场大型的学术冒险。

二、熊彼特的"黄金十年"

熊彼特在伦敦时，很偶然地结识了一位年长他 12 岁的英国女人格拉迪丝，两人闪婚，并有了孩子。这场婚姻并未持续很长时间，也没有得到两个家族的支持，当时参加婚礼的只有熊彼特的好友、日后的实证法学大师凯尔森。1906 年，在格拉迪丝的支持下，熊彼特为一位埃及公主做财务顾问，夫妻两人跑去开罗，尝试在开罗赚钱。熊彼特后来留下一部未完成的小说，里面就涉及欧洲与北非之间的大型商业交易，可以看出当年熊彼特经历的一些线索。前往开罗这个新奇而混乱的城市，这段经历对于往返于书斋和上流贵族生活的熊彼特而言，非常重要。

熊彼特在埃及待了两年，主要在一家意大利的法律事务所工作。20世纪初，正赶上埃及这个大英殖民地畸形繁荣然后证券市场崩溃。熊彼特处理完事务所的工作之后，就躲到咖啡馆里写书。在当时学界，英国经济学与欧陆经济学相互抗衡，很难说哪一派理论更占据上风。熊彼特无疑属于欧陆经济学家中极为偏向英国的少数派，他希望自己的写作能提供一套整合的理论框架。

熊彼特同时在写好几部著作，相互之间有着内在联系。这只有我们事后观察，才能获得比较清晰的印象。根据熊彼特专家马克·帕尔曼（Mark Perlman）的看法（也是我的看法），熊彼特一生最重要的成就是五项研究计划（或者说四项半）。

第一项是经济学方法论研究，目的是打通欧陆经济学与英法分析经济学；第二项是以创新过程为核心的经济发展理论；第三项是货币和商业周期理论；第四项是晚年对经济思想的总体梳理；第五项也许是熊彼特自己并不太看重的研究，就是他对社会主义经济模式的研究。

1908年，熊彼特用德文写作了《理论经济学的本质与精髓》，同一时期还写作了《经济理论和方法》，这两本书有比较密切的联系，都是熊彼特对经济学本身和方法论的认识。同时，熊彼特尝试运用他的方法分析经济发展和经济周期，那就是后来著名的《经济发展理论》，于1912年出版。这些书最初都是用德文写作，有些被译成英文。《经济发展理论》大获成功，至今仍被人阅读。它为熊彼特赢得了在欧洲学界的地位，而熊彼特当时年仅27岁。

熊彼特一生的五个主要研究计划，第一个在他25岁以前就已完成了，第二个也已有初步的想法。熊彼特1908年在开罗染上热病，不得不回伦敦休养，随后他去维也纳大学就自己的最新研究做了演讲。可惜，维也纳大学并没有能给他提供工作机会。最后还是在庞巴维克的推荐下，去了奥匈帝国边境的一个小镇塞诺维茨，在塞诺维茨大学教书。今天这个小镇已经属于乌克兰。塞诺维茨这个偏僻小镇对于熊彼特极为重要，熊彼特就在这里修改完成了《经济发展理论》。

熊彼特的《经济发展理论》是以一种矛盾的方式展开书写。他认为资本主义的生产过程是静止不动的，不断重复自己，但永远不会改变自己、扩张自己。"我们所有的知识和习惯，一旦掌握了，就会成为根深蒂固的东西，就像地球上的铁道路基。"熊彼特对李嘉图和密尔的古典经济学背后的完全竞争理论有着深刻认识，他明白，雇主之间的竞争将使得他们对雇佣工人支付其所创造产品的全部价值。土地资本家亦是如此。而资本家，除了作为生产管理者的工资以外，也将一无所得。所以，正如李嘉图和密尔已经预见到的，在一个静态经济中，没有利润的位置。

熊彼特一贯采用欲扬先抑的写作手段。他要研究的根本问题就是，利润的来源。马克思对此当然有一套精彩解释，但庞巴维克也已对马克思《资本论》第三卷的动态理论进行精彩批评。熊彼特给出了一种不同于马克思的解释，在静态经济中，如果生产过程改变了其固定路线，利润便产生了。

所以，这就是在生产过程中对技术和组织结构的创新。创新的结果会产生新的收入流，这部分收入既不能归于劳动，也不能归于资源的所有者。这部分新的收入流，不能在李嘉图到密尔的框架内得到解释。这个新的过程，能使资本家以更低的成本生产出与其竞争对手相同的产品。同样，土地所有者也可能通过创新获得新的收入流，而这些收入流也不能归于土地位置和肥沃程度，只是来自创新者的意识和知识。一旦其他资本家也掌握了这种诀窍，新的利润就消失了。

所以这种新的收入并不是永久收入或地租，它只是稍纵即逝的利润，不能归入传统的静态理论，必须归于创新者。这些创新者不同于一般的企业家，严格来说，追求创新的企业家和一般企业家完全属于两个集团，创新者完全可以从任何阶级中出现，所以熊彼特用一个新名词来描述这些生产中的革命家，称他们是 entrepreneurs（企业家）。这些企业家的创新活动，是资本主义制度中利润的根本源泉。

所以，熊彼特是从新古典经济学的逻辑缝隙中找到创新这个因素的。同时，熊彼特还从创新这个因素推导出经济周期的过程。对于经济周期，熊彼特认为需要一个更宏大的视野。日后他在分析大萧条时指出，"这种趋势（大萧条）在战前十五年里没有显示出任何疲软的征兆。经济局面是完全不同的——许多要素构成了更深远的动力"。所以，分析经济周期需要不一般的宏大视野。企业家是最先创新的人，但企业家的数量毕竟极少。他们带动了新型生产模式后，必然有一群人追随其后，熊彼特将他们称作模仿者。模仿者的大规模生产必然导致大量投资支出、银行贷款等，而经济利润在模仿者行动的过程中逐渐减少。投资增长达到顶峰时，经济也随之达到顶峰，随后就开始下降。如果还有一部分模仿者没有看清投资时机，引导了错误的投资，那么经济衰退就发生了。

这种创新精神极为宝贵，可遇而不可求。熊彼特在 19 世纪末的维也纳也许见过很多这种创新，不仅对他们予以高度评价，还反思了传统社会中对于企业家、创新者的看法。熊彼特说："我们应当知道，创新者绝不会感情用事，那是所有其他社会领导方式的荣耀。无论单个的还是集体的创新者，他们的经济地位都不稳定。事实上，当他们经济上的成功使得他们的社会地位提高时，他们得不到文化传统和观念上的支持。其社会地位也只是暴发户，他们的行为被人取笑。所以，我们应该理解，这种人永远是少数。"

熊彼特于1911年5月完成《经济发展理论》，然后就回到维也纳，准备去距离首都维也纳更近的小镇格拉茨大学教书。他在塞诺维茨时，还有一件小事值得一提，可以看出熊彼特的性格。当时他为学生开列了书单，要求学生去图书馆借阅学习。学生在图书馆借书时，受到了图书馆管理员的刁难。学生向熊彼特投诉，向来贵族气派的熊彼特马上选择了最极端的方式，向图书馆管理员提出决斗。幸运的是，决斗结果以熊彼特刺伤对方告终，似乎后来熊彼特也跟对方言归于好，没有进一步恶化事态。但从这件事可以看出，熊彼特对于学习和教育都充满了惊人的激情，并且始终抱着浪漫主义的态度来处理，哪怕涉及自己的生命。

三、熊彼特"失落的20年"

1911年底，熊彼特开始在格拉茨大学教书。熊彼特提交了自己的《经济发展理论》，但并没有受到重视，真正起作用的还是庞巴维克的推荐。而且后来据熊彼特回忆，整个欧陆学界对《经济发展理论》都持一种敌视的态度，甚至庞巴维克都很不喜欢它，还专门写了一篇非常长的文章加以反驳。以奥地利学派的视角看，这本书非常新古典，并没有根植于欧陆经济传统。

1913年，熊彼特收到哥伦比亚大学的邀请，这是他第一次有机会访美。同时，他与第一任妻子的婚姻也走到尽头。熊彼特非常愉快地在美国待了很久，甚至不断地坐火车游历美国。正因为这次游历给熊彼特留下极为美好的印象，所以他在20年后毅然抛弃欧洲，选择了哈佛大学。这让我们很容易联想起另两位游美而发生巨大变化的前辈学者——托克维尔和剑桥经济学家马歇尔。托克维尔看到了美国的民主，马歇尔看到工业革命在美国产生巨大的威力，而美国对于熊彼特的影响也颇值得探讨反思。

1912—1932年整整20年时间，是熊彼特生命中极为失落的20年。熊彼特虽然28岁时就完成了那么重要的工作，但他在后来的20年时间里陷入迷失，做了很多事情，但并无多大意义，也没有促进学术研究。当然后来这20年，对于熊彼特整个人生而言，尽管是挫折，仍然非常重要。

尤其是从思想史的角度看，1920—1930年可算作"失落的十年"，我们很难回想出经济学理论在这十年里取得了什么进展。第一次世界大战之后直到美国经济危机爆发的这段时期里，马歇尔已经老去，萨缪尔森等还没有成长起来，那么凯恩斯、米塞斯、罗宾斯、奈特、熊彼特这些重要的经济学家在做什么？当时还有哪些有影响但现在已默默无闻的经济学家？这是一个非常重要的问题。比如，凯恩斯的一些研究者认为，第一次世界大战与第二次世界大战本质上只是一次战争，《凡尔赛协议》已经暗示了第二次世界大战的路径。而中间这十年，就像是中场休息。这段时期，奥匈帝国解体，欧陆国家普遍陷入经济危机，通货膨胀严峻，这些线索可能是理解后来这些学者在20世纪30年代的个人选择的重要背景。

熊彼特从美国回到维也纳不久，第一次世界大战爆发。奥匈帝国是受到第一次世界大战影响最大的国家之一，熊彼特也逐渐离开课堂，对政治的介入越来越深。等第一次世界大战结束，垂暮的奥匈帝国战败、突然解体，社会秩序非常混乱。既有学界背景又有一些政治经验的熊彼特不断获得重用，先是出任德国社会化委员会经济顾问，随后又被选为奥地利共和国的财政部长。熊彼特雄心勃勃，但是他缺乏政治经验，也缺少必要的圆滑，再加上他奢侈的贵族做派一直为人诟病，在这个位置上做了不到一年就黯然下台。学术界可以包容熊彼特的自我矛盾，但政治界不会包容。主流媒体给他贴上标签："一个人同时拥有自由主义、保守主义和社会主义三个不同的灵魂该是多么美妙啊。"事后回顾熊彼特的真实立场，这种嘲讽倒也没有说错。

熊彼特在战后一段时间，政务和商务繁忙，但仍然写了不少东西，如《税务国家的危机》。这些文章包含了不少重要的想法，试图在非常困难的外部环境下推动一个弱小国家的自由市场经济。这些想法在经济上并非全无推行的可能，但在政治上绝不能简单地据此推行。熊彼特对于社会经济演变的方向确实有宏观直觉，但在具体操作层面上，坚持贵族举止的他，确实不够了解政治的实际运作手腕。

熊彼特在这段时期里，很多精力都转向社会学研究。今天康奈尔大学的社会学家斯威德伯格编辑的《熊彼特读本》里，选择的大多数文献就是熊彼特在这个时期的作品。例如，熊彼特在1918年写作了《税收国家的危机》，在1919年写作了《帝国主义的社会学》，在1927年写作了《伦理同质化环境下的社会阶层》。从今天主流新古典经济学角度看，这些作品都过于欧陆化，或者说过于社会学化，让人不适。英美的经济学者并不会用这样的方式讨论问题。但这正是熊彼特除了新古典经济学之外另一个重要面向。他在向德国学者谈论经济学时，或向历史学派提出经济学问题时，就会选择这样的提问方式。在《税收国家的危机》中，已经显现很多类似后来《资本主义、社会主义与民主》的特征。熊彼特将国家分为两类，领地国家和税收国家，前者是比较初级的国家形态，一定会向后者转变。但熊彼特认为后者并非终极形态，一定会最终崩溃。这种看法极富洞见，也充满矛盾性，这一直是典型的熊彼特风格。直至今天，这些作品仍然是最被低估的熊彼特作品。

熊彼特下台之后，奥地利已经陷入非常严重的财政危机和恶性通货膨胀。熊彼特只能回到格拉茨大学继续教书，但他的心思已不在学校里。奥地利政府给他一个机会，担任奥地利最重要投资银行比德尔曼银行的主席，作为"金色降落伞"。熊彼特很快陷入疯狂的投资活动中，自己的生活也是挥金如土。1924年，熊彼特的投资完全失败，损失了几乎所有财富，还欠了大量的债，并且不得不辞去比德尔曼银行的职务。

最终，熊彼特还是选择回归学校。即便如此，他能取得欧洲大学的青睐也颇不容易。1925年，他获得了波恩大学的聘书，非常激动。而与他竞争这个职位的人，正是他当年的同学米塞斯。同时，熊彼特也陷入一段新的恋情。他与安妮结婚，前往波恩任教。

在这段时期，熊彼特在生活中连续遭遇打击。他在波恩执教没过几个月，与他感情最为密切的母亲去世。接着，安妮在分娩时也不幸去世，而且他们的孩子也没有存活下来。连续的打击对熊彼特造成巨大的影响。此时，他还因为前些年的投资失败而欠着巨额债务，所以他不断地巡回演讲，并通过给报纸投稿来麻痹自己。他的日记表明，熊彼特在这段时间精神极为沮丧，陷入人生低谷。

但是熊彼特对整个社会、对整个资本主义经济制度的观察却与他个人精神状态不同，非常有意思。在1928年，熊彼特就已经认识到，目前欧洲和美国股市高涨很有可能被一轮暴跌所取代，同时会导致商品产出下降、失业率上升，即所谓的经济萧条。但他乐于看到股市暴跌，因为"这种不稳定，是新的发明创造所引起的，它们通常趋向于自我纠正，而不会持续地积累下去"。这就是"创造性毁灭"思想，熊彼特据此认为资本主义经济是稳定的，而且还大有潜力，可以进一步发展。不过再过一些年，他在《资本主义、社会主义与民主》中又说出了相反的话，这是他一贯的自我矛盾。

四、熊彼特的脱欧入美

熊彼特在1928年以后，先后访问美国、日本，他在哈佛大学教了一年的书，与哈佛学者建立了非常好的关系。熊彼特经过慎重考虑，于1932年决定移民到美国，进入哈佛大学教书。美国的经济并不景气，而欧洲的情况也好不到哪里去，而且熊彼特可以感受到，欧洲环境对于他这样并无明显国家主义倾向、反而对左翼社会主义深有同情的学者而言，变得越来越不友好。他也正需要换一个环境，摆脱那些令人悲伤的回忆。所以，熊彼特并没有遭到纳粹直接的压迫，就很自然地离开欧洲，到了哈佛大学。

不过即使在哈佛大学，他的政治倾向也受到广泛关注。熊彼特在前往哈佛大学之前不久访问了日本东京大学。他对日本和德国都富有感情，而且从不掩饰自己对社会主义的同情，而这些正与美国主流立场相悖。联邦调查局对熊彼特展开长达两年的调查，当然并没有查出什么。熊彼特此时已经远离政治，但他对此仍十分敏感。数年之后，哈佛大学同样因为政治理由拒绝接受青年学者萨缪尔森执教，熊彼特再一次为之愤怒，就想从哈佛大学辞职，终被挽留。

而熊彼特到了哈佛大学以后，生活又平静下来，可以重新回归书斋。他已经失去 20 年，岁数也已经接近 50，需要抓紧了。此时，他又遇到伊丽莎白·波迪，两人结婚，这也是熊彼特最后一次婚姻。熊彼特去世之后，他未完成的《经济分析史》就由伊丽莎白帮助编辑出版。

熊彼特到了美国之后，就开始投身于美国最重要的问题——经济大萧条的解释研究。熊彼特在过去的《经济发展理论》中已经解释了经济周期的内在机制。但此时他必须回答更深入的问题——创新有何规律，如何产生？在长期的经济萧条中，显然创新活动并没有及时出现，那么熊彼特必须解释，为何创新活动没有及时出现。

1934 年前后，剑桥大学的凯恩斯与哈佛大学的熊彼特同时开始研究这个问题，他们都认为新古典经济学已经失灵，庇古或者罗宾斯并不能有效应付当前的危机，经济学界迫切需要一种新理论。熊彼特对此尤其看重，这也是他希望在哈佛大学拿出的第一本引人瞩目的著作。起点非常接近，但两人的工作进程有巨大的差别。凯恩斯迅速抛弃了他之前陷入困境的《货币论》研究，直接面对现实困境，利用他丰富的经验归纳出一套用以解决经济萧条的说辞。在短短两年之内，他把讲稿变成《就业、利息与货币通论》，一经出版，大获成功。与此同时，熊彼特还在耐心搜集资料。这次他要尝试解释长时段的萧条问题，根据他受过的德国历史经济学训练，必须搜集整理美国的经济史材料，然后用理论加以分析。

等到熊彼特完成这些工作，时间已经到了 1939 年。熊彼特交出了长达 1 000 页的《商业周期》，分为上、下两册。熊彼特在一开始就阐述了自己的方法论，他将使用理论、统计与历史的三重方法来处理商业周期问题。他认为，经济周期实质上是三种不同波长周期的叠加。第一种是数年之内的短周期，名为基钦周期；第二种是 7 至 11 年的中等周期，名为朱格拉周期；第三种是长达五六十年的康德拉季耶夫长周期。长周期的出现与具有划时代意义的发明有关，如蒸汽机或者汽车。长周期是极难遇到的，当长周期陷于谷地，而中周期和短周期又正好与之叠加，三重周期作用之下，经济就会陷入非常不利的长期萧条。这种大萧条是非常痛苦的，但熊彼特将其比喻为"冷水浴"，不久就会有短、中周期的复兴，而从长期来看，具有重大意义的创新正在酝酿之中，会在未来数十年内不断拉动经济总体向上，人们应当对此报以乐观态度。

熊彼特对这本书的期待很高，这是汇集他毕生心血的一部巨著。可惜熊彼特自己却踏错了周期。凯恩斯的书比他早三年出版，风靡欧洲和美国，并且有一批经济学家根据凯恩斯的理论加以完善，演变成凯恩斯主义。美国经济也正在罗斯福新政的作用下逐渐恢复，不管是大众还是经济学界都觉得，现在已经找到解释和消除经济萧条的正确理论。既然如此，熊彼特的工作也就没有什么意义了。而且熊彼特的《商业周期》非常难读，除了前面部分的理论分析外，后面就是冗长的史料辨析。历史学派风格的作品从未在美国真正得到承认。对于这个结果，熊彼特非常失望。

此时，凯恩斯如日中天，他是丘吉尔的财政大臣，也是英国前往美国金融谈判的首席代表，身边有无数追随者。熊彼特却仍在谷底，并没有多少人关注他的《商业周期》。熊彼特对于德国、日本战争失败的同情也从未被人理解。当然熊彼特也从未喜欢过凯恩斯。熊彼特后来写过一系列经济学者的文章，辑成《从马克思到凯恩斯》一书。尤其值得注意的是，他的遗孀在前言里介绍了熊彼特个人对于凯恩斯的态度："他们 1927 年才见了面，由于一些不易解释的原因，他们两人的关系无论从个人角度还是从专业角度来说，都不十分密切。"如果我们尝试着解释一下的话，从专业角度看，熊彼特对社会主义抱有同情，而凯恩斯截然相反；从研究方法看，凯恩斯是个典型的经验主义者，也是新古典理论的终结者，而熊彼特终身对于理论抱有热情。从个人角度看，也许比较容易解释，熊彼特是个追求贵族精神的浪漫主义者，他不喜欢有同性恋倾向的凯恩斯。

五、熊彼特晚年思想研究

1942年，熊彼特在低落的时期，撰写了《资本主义、社会主义与民主》，没想到这本书却取得极大的成功。熊彼特自己对这本书并不看重，认为它只是一本科普性质的著作，熊彼特对于资本主义的根本看法早已在其他许多地方有所表达。但是这本书写得清晰流畅，虽然在结论上宣布资本主义制度必然终结的命运，却在绝大多数篇幅里揭示出资本主义所取得的巨大成就，给读者以信心。这是熊彼特矛盾写作得以淋漓尽致体现的一次尝试。谨慎的经济学家认为这是熊彼特的"半个"研究计划，而许多政治学家则认为这就是熊彼特的代表作。

熊彼特说："资本主义制度创造出一种关键性的精神状态，它摧毁了众多制度惯例的道德权威，而最终又会把矛头转向自身；资产阶级大为惊讶地发现，理性主义者的观念不会因为任何权威而停止，而是继续向私有财产和整个资产阶级世界观进攻。"所以，熊彼特认为，资本主义的终结或者说创新行为的终结，并非由于马克思所说的工人阶级的团结抗争，而是由于个性的作用下降、官僚管理的加强,创新活动变成了例行公事。这是一种韦伯意义上的理性主义疾病,表面上一切事物都在正常运作,这时"已经产出了一个通向另一文明的潮流,它在潜层中慢慢地发挥作用"。

所以,最终熊彼特得出了与马克思同样的结论,只是理由完全不同,完全是他自己的。这样一种充满矛盾又充满煽动的著作取得了成功。读者不可能对他书中的各处洞见熟视无睹,但又不知如何评价他的最终结论。就这样,这本书以一种意想不到的方式取得了成功。

这本书的成功让熊彼特松了一口气。在 20 年后,他终于又重新获得了学术界内外的关注。但是在这本书之后,熊彼特也深切地感受到与这个时代的距离。虽然他同样也是新古典经济学的鼓吹者,但他同时具备的对左翼思想的关切无法得到同事的体谅。人们觉得他落伍和古怪。熊彼特在哈佛大学的生活,非常寂寞。他自嘲说,人们迫切需要一门新的经济学,但自己已无法胜任这项任务了。

仍有很多学生追随熊彼特,但那似乎都只是一种情感的追随,而非思想的追随。熊彼特意识到,自己应该转向另一个长期研究,也是他最终的研究,经济思想史。

熊彼特的博学,这已是上一代人的特征。熊彼特熟悉大量古典语言,仍然阅读大量其他学科的文献,这在 1940 年代的美国已经极为罕见。熊彼特自身的学习和工作经历横跨欧陆、英、美等经济学重镇,与许多著名经济学家都有过深入交往。在他意识到经济学的重心正在发生变化,经济学研究内容也在变化时,他没有选择追随潮流,而是往后看,开始写作《经济分析史》。

第二次世界大战结束之前,熊彼特就已经陆续着手撰写这部书了。熊彼特并不在乎前人对经济学体系和思想脉络的总结，而且在很多问题上，他的看法与前人都不同。如亚当·斯密，这是新古典经济学中的圣人，但从欧陆传统来看，似乎没有那么重要。熊彼特读了足够多的书，希望能自己构建一套体系，从古代一直写到当代。

熊彼特的最后几年都在不断撰写这本书。他的身体状况迅速恶化，但仍然在生活中保持着贵族作风，以一个鲜亮的形象出现在别人面前。我们现在只能通过《经济分析史》来推测他最后几年的疯狂工作。这本书里，熊彼特恢复了他的尖锐，一方面引用大量一般认为不属于经济学的文献，一方面对很多经典经济学作者展开批评。熊彼特的思想史工作也避免不了"辉格史观"的影响，因为他坚持贯彻自己的理论，用理论的方式来评价过去的作者。但他对于过去的时代非常熟悉，掌握了大量的材料，所以即使有所偏见，也不会显得太离谱。所以，最终的《经济分析史》不是一本温和的教科书，而是一本充满思考和判断的理论巨著。

可惜的是，熊彼特的体力没有能坚持到最后。他已经完成了三卷本《经济分析史》的前两卷，最后一卷写到他最有感情的瓦尔拉，却没能写到更晚近的凯恩斯。熊彼特于 1950 年 1 月去世。去世之前，熊彼特还在阅读古希腊悲剧。几年之后，伊丽莎白协助出版了熊彼特未能完成的《经济分析史》。

熊彼特的名字就作为一种传奇，留在很多经济学教科书里。虽然真正阅读熊彼特的人并不算多，但是人们仍然喜欢他所提出的创新、企业家、创造性毁灭等概念，社会学家、财政学家、左翼文化研究者也在不断引用熊彼特的工作。而某些研究长期经济增长的经济学家，还把自己命名为"新熊彼特主义者"，这自然与原初的熊彼特思想关系不大了。

关于熊彼特的经济思想就讨论到这里。下一讲,我们将继续讨论 20 世纪的一些非主流经济学思想。

> **思考题:**
> 1. 熊彼特与英美、欧陆经济学传统各有什么联系?
> 2. 熊彼特如何看待经济发展过程?
> 3. 熊彼特对大萧条的解释与凯恩斯有什么不同?
> 4. 熊彼特如何看待社会主义?

第十四讲

异端经济学

20 世纪上半叶，是经济思想极为活跃的一个时期。马歇尔的《经济学原理》成为英国古典经济学最纯正的典范。而在欧洲大陆，德国的历史学派还很活跃。法国、瑞典、意大利等地也都流传着相当不同的经济学。1936 年，剑桥大学的经济学家凯恩斯在新古典经济学无法解释美国大萧条的背景下，推出了《通论》，掀起凯恩斯革命。而到了 1948 年，美国麻省理工学院的萨缪尔森出版了《经济学》，将微观经济学与宏观经济学列为经济学的两大分支，从此奠定当代经济学的基本形态。

萨缪尔森的工作，影响极为深远。直至今天，世界各地经济系大学生所接触到的经济学，从总体框架来看，与萨缪尔森时代并无多大差别。但同时我们应当意识到，萨缪尔森的《经济学》也遮蔽了很多当年存在的其他经济学思潮。例如，德国历史学派就慢慢淡出了经济系的视野。这样的例子不胜枚举，但有一些例外，那就是奥地利学派和制度经济学派。

奥地利学派经济学在 19 世纪后期诞生，在 20 世纪前期取得了重要的发展。在萨缪尔森建立主流经济学规范之后，奥地利学派经济学仍然有所发展，虽是一门非主流学问，却香火不断，延续至今。直至今天，世界范围内仍有相当数量的奥地利学派经济学的研究者和信奉者。我们在学习主流的新古典经济学脉络的同时，也有必要对奥地利学派经济学的发展演变过程投以一定的关注。

而主要诞生于美国的制度经济学派，在一开始就对奥地利学派展开激烈的批评。旧制度经济学派从当时美国分配极度不均的现实出发，把研究重点从市场行为转向法律、制度、组织等方面。它一开始就强调市场背后制度环境的重要性，将自己置于新古典经济学和奥地利学派经济学的对立面。在第二次世界大战以后，通过科斯、诺斯等一批学者的努力，制度经济学又呈现出全新面貌，开始与新古典经济学交互融合。

这一讲，就是希望通过对这两个非主流经济学派的探讨，为主流的新古典经济学树立参照对象，也帮助我们思考和认识经济理论本身的多元可能性。

一、奥地利学派经济学的基本方法论

在前几讲中，我们讨论的内容已有多处涉及奥地利学派，做过一些初步介绍。门格尔是奥地利学派第一代学者，维塞尔与庞巴维克是第二代学者，米塞斯与哈耶克是第三代学者，米塞斯到美国后的弟子如罗斯巴德与柯兹纳等可算是第四代学者。但是这些学者之间有很大的差异，奥地利学派在这一百多年的时间里，本身也发生了很大的变化。我们有必要从方法论层面对奥地利学派做一番总结，凸显其最主要的研究特色。

门格尔认为，经济活动是为了满足人类的需要，由此逐渐衍生出经济学，而商品就是服务于这个目的的东西。所以他认为，假如一种东西要成为商品，必须同时满足四个前提：第一，人类需要；第二，这个东西有这种特性，它提供的东西与人类这种需要的满足发生因果关系；第三，人类了解这种因果关系；第四，人类能驾驭这个东西,并引导它满足这种需要。这就是奥地利学派的逻辑起点,用演绎方法往外推演。

商品可以直接或者间接满足人类的需要。但满足的方式不同,有些产品可以直接满足需要,如面包。这种商品称作低级商品,可以位于底层。而有些商品不能直接满足需要,还要经过加工环节,如面粉。这时候,它就位于比较高级的层面,可称为高级商品。如此一来,商品就可以排出等级,有高低之分,这是奥地利学派的一个重要结论。

维塞尔继承了门格尔的思想,进一步提出问题:什么是成本?我们如何才能比较适当地论述和表达成本的概念?维塞尔认为,成本就是把资源用于这种生产而不是用于任何别种生产所放弃的价值。所以成本就是另一种用途的效用的反应。我们今天主流微观教科书上讨论成本,仍然是用"固定成本""可变成本"这样一些会计原则加以分析,并没有真正使用"机会成本"这种更具洞见的经济学分析方法。奥地利学派对于新古典经济学的成本概念非常不满,坚持认为,只有使用机会成本的概念,才满足于从人类行为角度研究经济这个基本前提。

庞巴维克拓展了机会成本的概念。他在《资本实在论》中深入分析了资本和利息。庞巴维克认为,利息理论本质上是对影响或决定现在物品和未来物品之间交换因素的解释。接着,庞巴维克必须要解释:为什么人们会看重眼下的价值,而看轻未来的价值?庞巴维克认为利息有三点理论基础。第一,在现在人类环境中,现在的物品比未来的物品更有价值。这是因为人们对这些物品有紧迫的需要,如人们处于某种紧迫之中,或者因为人们愿意考虑在未来拥有更多的商品。所以,使用资本必须向所有者支付一个正数值的利息率。第二，人们必然地缺乏远见，所以未来的价值会系统性地贬值。在当时的奥地利，奢侈消费的水平确实很高。第三，也是庞巴维克最重要的洞见，迂回的生产方法比直接的生产方法更有生产力。

庞巴维克接着进一步论证，生产周期进一步延长将使得最终产品进一步增加，但其增幅是逐步递减的。而在那些生产中所使用的劳动量会递增，从而我们最终可以使用"平均生产周期"来讨论商品的生产时间。但是"平均生产周期"这个概念与之前的边际推论并不一致，罗宾斯就认为庞巴维克的思想在这里出现了不一致，这也是奥地利学派在分析实际问题时面临的困境。奥地利学派坚持使用演绎的方法，反对用数据的实证结果来评判理论。这就使得奥地利学派在逻辑上非常吸引人，但在现实操作中难以令人信服。所以奥地利学派始终是非主流经济学，而且它的洞见也很难为主流经济学所消化吸收。

不过，奥地利学派的方法论逐渐清晰起来。按照当代学者的研究，我们可以尝试着从十个方面归纳奥地利学派的方法论特征。

第一，奥地利学派坚持，经济研究必须秉持方法论个人主义。因为经济研究必定是从需求、动机、行为这些基本要素出发，而这些要素只能与个人相联系。所以经济研究必然秉持方法论个人主义。哈耶克后来也反复强调方法论个人主义，并且写过一篇著名文章——《我为什么不是一个保守主义者》。

第二，奥地利学派坚持，经济研究必须秉持主观主义。因为经济研究源于对人的需求的研究，人的需求必定是主观的。正因如此，奥地利学派反对将个人效用进行比较，进而也反对将个人效用加总的宏观经济学。这也是奥地利学派不属于现代主流经济学的原因。

第三，奥地利学派特别注重交易过程，即强调人与人之间的交易，从而形成了价格。因此奥地利学派把市场作为研究的核心，而今天新古典经济学已经扩展到很多其他领域，奥地利学派认为那已不是经济学研究范畴。

第四，奥地利学派特别强调时间。因为不管生产也好，消费也好，都需要时间，不可能离开时间讨论经济学。所以奥地利学派反对抽离时间的静态经济学，如当时的新古典经济学。奥地利学派也反对当时的瓦尔拉一般均衡理论，因为这种理论虽然将不同市场联系起来，但是抽离了时间，这是奥地利学派完全不能接受的。

第五，奥地利学派特别强调不确定性和试错。因为考虑了时间维度，所以一定会有部分不确定性包含在时间里，即不同的人，或是同一个人在不同时间也会做出不同的决策。个人在未来也会意识并尝试修正过去的错误决策。有一些选择可以很快被修正，另一些则可能永远无法被修正。所以时间是研究选择的重要维度。

第六，奥地利学派注重社会的自我组织性。奥地利学派认为，绝大多数制度都是在个人互动中自我组织和演化并最终形成的，应从动态的角度来看问题。例如货币也是一种制度安排，它也在随着社会变化而不断变化。

第七，奥地利学派支持边际效用理论，即个人在决策时，只考虑边际效用。这一点与新古典经济学一致。所以奥地利学派与新古典经济学一道，都被认为是经济学中边际革命的代表。而且奥地利学派只支持边际效用分析，反对新古典经济学中常使用的效用最大化目标。这是两派的根本区别之一。

第八，奥地利学派认为，经济学理论必然是一种"原因-结果"

的理论，即对任何现象都可以找到它的根源。而新古典经济学的"均衡"概念就是一种缺乏"原因-结果"的概念，只追求一种稳定的结果，似乎经济达到了"均衡"后就会稳定不变，从而无法被奥地利学派所接受。

第九，奥地利学派普遍认为，政府或者国家一般是不可靠的。因为所有这些集体概念的代理个人，都有自己的私欲，从而会因追逐私欲而扭曲集体的目标。

第十，奥地利学派普遍认为，经济自由主义是一种对经济更有利的政策。因为经济自由主义鼓励竞争，形成价格，鼓励每个人根据自己的愿望追求自己的目标。从结果来看，奥地利学派经济学和新古典经济学都支持经济自由主义，但两者论证的路径是不同的，应予以区分。

二、米塞斯与哈耶克的理论拓展

奥地利学派虽然发源自门格尔和庞巴维克，却在米塞斯与哈耶克手中发扬光大，产生了最大限度的影响。在奥地利学派研究者心目中，米塞斯的地位比哈耶克重要得多。这不仅因为米塞斯是哈耶克的老师，或者米塞斯更专注地讨论经济问题，还因为米塞斯以个人之力完成了百科全书式的《人的行动》，一举构筑了全套奥地利学派的研究范式，称得上前无古人，后无来者。

米塞斯以康德哲学为榜样，从最基本的人类有趋利避害、有目的的行为这一逻辑起点出发，完成了一套"人类行为学"，并把经济学置于这个更宏伟的"人类行为学"之下，还顺便用人类行为学解释了许多社会现象和制度。这项工作当然很伟大，可要命的是，米塞斯的体系逻辑自足、结构封闭，拒绝任何修改或者扩展的可能性。

米塞斯十分强调这一点。作为奥地利学派研究者，要么全面接受米塞斯的体系，用他的分析方法和概念来分析社会经济，要么就不能借用他的任何研究成果。一切试图综合米塞斯与其他研究的努力，都背叛了米塞斯理论，也就违背了奥地利学派的方法。米塞斯曾经严肃地表示，任何真实经济现象都不可能否认他的经济理论，因为他的论证都是先验的、由逻辑演绎得出的，与真实经验无涉。

哈耶克在年轻时在维也纳接受了非常正统的经济学训练，其中也包括数理经济学。他起初对社会主义思想有着浓厚兴趣，但遇到米塞斯之后，思想完全转向自由主义。在20世纪三四十年代，哈耶克对经济周期理论和资本理论做出了值得注意的贡献。只是从20世纪50年代起，哈耶克的兴趣逐渐转向经济组织、经济哲学以及政治哲学等更宽广的领域。

哈耶克与米塞斯的立场并无二致，但哈耶克所用的论证方式却与米塞斯不同。他的知识论源于英国经验主义，并非奥地利学派传统所包含的内容。米塞斯阅读了哈耶克的论文后深感失望，向哈耶克表示，虽然我们都与计划经济作战，但我们两人在此问题上的想法原来完全不同。

哈耶克认为，人类的中枢神经系统像一个巨大的分类机器，帮助我们形成了这种感觉的秩序。我们所体验到的感觉并不是真实存在，而是各个链接系统相互链接所造成的结果。所谓的心智，归根到底就是许多神经元相互链接形成的巨大网络。哈耶克的这种观点对主流的行为主义心理学提出了挑战，心理学界却从未把他当真。

可是几十年以后，随着神经科学/脑科学的发展，行为主义心理学早已过时。许多神经科学家提出的大脑结构模型与哈耶克不谋而合。这些年来,包括经济学在内的越来越多社会科学家开始关注神经科学的进展,试图通过认识大脑结构为行为科学提供更坚实的基础。冷落多年的《感觉的秩序》反而成为热门的学术前沿。虽然目前神经科学的实验手段尚未达到神经元水平,也就不能断言哈耶克理论的正确性。但哈耶克在半个多世纪前,凭借惊人的思辨能力推想出来的心智模型与今天的研究如此接近,让人不得不佩服。

自生自发秩序的必然性可以从哈耶克的知识论角度来论证。社会制度不是有意识的理性设计产物,任何有意识地对演化的社会秩序进行重新设计的企图,必然遭到失败。因为知识本质上根植于社会价值之中,但社会行动者并没有准确意识到这些知识的社会价值。只有自发秩序是由一系列相互联系的因素确定,而这些因素能创造出一种情形:在这种情形下,个人能够根据他们独特的知识形成对他人行为的预期,通过个人行为进行可能的调适,证明这些预期是正确的。

这种自生自发秩序的基础是个人主义,个人主义的基础是个人知识的独特性。所以个人是一切价值的最终标准。每个人在特定情势下的自我调适,最终形成了整体性秩序。这个自由主义的过程是个人适应性进化的过程,却不是任何人强迫他人或被他人强迫的结果。哈耶克的这个结论与奥地利学派方法论个人主义、苏格兰启蒙运动的个人主义、芝加哥学派的自由主义都很契合,但论证过程都不相同。

自生自发秩序可以给我们很多启发。在《自由秩序原理》中,哈耶克自己就给出了许多应用性的例证,同时从哲学原理和应用实证两方面给出了说明。后来的制度经济学、福利经济学、政治经济学都广泛地借鉴了哈耶克的思想,自生自发秩序也成为经济学里的常用概念。

哈耶克还不肯止步于此。他又花了十多年时间,写出了三卷本的《法律、立法与自由》,进一步探讨自发秩序和组织秩序的区别,以及决定它们形成的两种不同的规则。哈耶克把分析范围进一步拓广至法哲学领域,并且从历史维度动态地思考秩序背后的规则演化。哈耶克岁数渐高,思考也更深入。他认为秩序和规则无处不在,从动物到人类,从微观到宏观,从经济到政治,皆是如此。无人能轻易识别这些秩序和规则,所以要对个人的自由保持足够的尊重。

三、旧制度经济学

在20世纪初,新古典经济学在美国开始广泛传播,奥地利学派经济学也有不小的影响。但是这股思潮也遭遇反弹。大约在20世纪20年代,有一个反对新古典经济学以及奥地利学派经济学的学派逐渐形成,被称作制度学派,代表人物有凡勃伦与康芒斯。从今天的角度看,奥地利学派经济学与制度经济学都算不上主流经济学,都为新古典经济学所排斥。但这两套经济学之间的分歧也同样值得关注。

制度经济学与德国历史学派有着密切的联系,但是它有自己的特点。美国并不像德国那样拥有悠久的历史,但美国有本土的实用主义哲学,有快速发展的中产社会,这些因素汇总起来,最终形成了制度经济学这样一个独特的经济学流派。

凡勃伦是我们主要关注的经济学家。从今天的角度看,凡勃伦的研究不太像经济学,很少再被经济学家所引用。但是他对社会总体发展的洞见又如此深刻,以至于他在经济学圈外的影响力远远超过圈内。在今天的经济学版图中,经济社会学和发展经济学都是非常热门的领域,而凡勃伦的思想正与这些问题直接相关。

凡勃伦是挪威移民的后裔,出生于威斯康星,故而能感受到不同语言和文化之间的张力。他接受了正规的经济学训练,曾向多位美国早期经济学家求学,最终在耶鲁取得博士学位,也进入了教师队伍。1898年,凡勃伦在创刊不久的《经济学季刊》上发表了一篇《为什么经济学不是一门演进科学》的文章,系统地阐述了他对主流经济学的批评。他认为,古典经济学并没有提供一个动态和演化的框架来分析人类社会的经济活动,而只是运用一些静止的和先验的固定模式来研究,其结果只能是与实际社会的脱离。这个看法与马歇尔不谋而合,只是两人分别选择了不同的思考进路。

1899年,凡勃伦出版了第一本著作《有闲阶级论》,这也是他最有影响的一部著作。《有闲阶级论》是一部极为精彩的著作。今天看来,它似乎显得不那么"经济学"。可19世纪末20世纪初的美国经济学正是如此,远不是今天新古典经济学和数量方法一统天下的模样。所以凡勃伦在书中大量引用了哲学、人类学、心理学的资料,论述制度形成的过程。凡勃伦的核心观点是,生命是一个进化过程,人在其中维护自己生存的权力。在这个严酷的自然选择过程中,一些制度就逐渐形成了。所以人的行为大量受传统习俗和社会习惯的影响,他们对于现实需求的反应总要滞后一段时间。所以研究现实经济问题、研究市场行为,必须要关注那些使得行为滞后的社会制度。

凡勃伦对现代商业文明无情的揭露,彰显出新古典经济学的不足。凡勃伦特别擅长从制度演化的角度进行分析。他认为，工业体制要求勤劳、合作、不断改进技术，而企业界人士却只追求利益和炫耀财富，这两者之间的矛盾最终在社会制度层面上表现出来。技术对制度安排有积极的促进作用，而社会惯例和既得利益会阻碍社会制度的变迁。所以，古典经济学单纯研究工业产出而忽视文化传统对于经济的遏制，就会陷入误区。

凡勃伦具有一种独到的人类学眼光。他从前工业社会中发现了一种"有闲阶级"。他发现这种有闲阶级不是无所事事的懒人，而是社会上最为忙碌的人，但他们的工作性质是掠夺性的而非生产性的。他们本身并不靠技艺或劳动从事工作，而是凭着武力或智谋来掠夺财富。这些有闲阶级并没有对社会贡献出任何生产性的服务，但是他们的行为却得到社会默许。前工业社会往往已经非常富足，足以养得起一个不事生产的有闲阶级，而且传统习俗又使得一般人格外推崇这种有闲经济。因此这种有闲阶级往往被尊称为能者、强者。在这种情况下，人们对工作的态度与工业社会完全不同。

凡勃伦自认为他的思想直接源于达尔文。达尔文曾受到马尔萨斯的影响，而进化论提出后，终于又反哺经济学。凡勃伦希望经济学能变成一种动态的科学，放宽视野，不要拘泥于纯粹的市场分析，而要从更大范围和更长时段来研究总体的经济发展。但他也并不是所谓"社会达尔文主义者"。他坚定地认为，社会演化既没有方向也没有目的，一切变动都建立在现代科学基础之上。只要研究者真正重视社会惯例和社会结构，就能通过调整技术生产与制度的关系最终促进经济发展和社会发展。

可惜的是，凡勃伦的论述虽然充满了洞见，但是缺乏操作性。当时的社会学、人类学的发展也远不足以为凡勃伦提供分析框架。

在新古典经济学家看来，以凡勃伦为代表的制度经济学家缺乏实证研究的纲领以及方法，只破不立，并不能为经济运行提供具体明确的指导。尤其是在1929年美国大萧条之后，呼吁加强理论研究与现实经济制度之间关系的呼声高涨。制度经济学与现实问题始终隔了一层，也没有找到很好的研究工具，所以在20世纪40年代凡勃伦去世以后制度经济学逐渐衰落下去。

四、奥地利学派的发展

两次世界大战不仅极大地改变了欧洲的政治格局，也影响了奥地利学派经济学在欧洲的发展。第一次世界大战后，奥匈帝国解体，奥地利经济陷入困顿。米塞斯作为当时奥地利学派的领袖，在维也纳组织讨论班，培养了一大批学生。随着时局进一步恶化，熊彼特、哈耶克等学者纷纷离开欧洲。最终，米塞斯也离开奥地利，来到了美国。

20世纪三四十年代，有一大批欧洲经济学家来到美国，极大地提高了美国经济学的研究水平。熊彼特来到哈佛大学，培养了一批有潜力的经济学家，日后在麻省理工学院创出一片事业的萨缪尔森也出自熊彼特门下。与此同时，在芝加哥，弗兰克·奈特也在默默耕耘，影响了一批青年学者，为日后的芝加哥学派奠定基础。哈耶克后来也去了芝加哥大学，但是在社会思想委员会教书，不在经济系。哈耶克对芝加哥学派的发展也有不可忽视的贡献。

最正统的奥地利学派的代表米塞斯也来到了美国。遗憾的是，米塞斯并没有在大学里找到合适的长期职位。当时他的很多学生都已在美国大学任教，积极帮他联系工作，但一无所获。美国各个大学经济系正盛行凯恩斯主义经济学,所以没有哪所大学愿意聘任坚定反对凯恩斯主义的米塞斯。米塞斯最终移居纽约,在纽约大学担任一个不领工资的访问教授虚职,直到退休。即便如此,米塞斯在落魄时期也写出了《官僚体制》等名作,仍在奥地利学派内部享有最高声誉。

虽然米塞斯在学术界的发展不尽如人意,但奥地利学派能在美国真正扎根和传播开来,仍要归功于米塞斯。米塞斯始终专心写作、笔耕不辍,于1949年出版了巨著《人的行动》,大受好评。这本书体系严谨,卷帙浩繁,从奥地利学派的方法论扩展到各类具体问题,无所不包,堪称奥地利学派的百科全书,也是奥地利学派的最高峰。由于奥地利学派方法论严谨,并不轻易接受理论发展,所以《人的行动》直到今天还是奥地利学派的最高峰。

米塞斯到美国之后,立刻恢复维也纳的传统,坚持每周举办讨论班,重新汇聚一批学生,也吸引了不少赞成自由主义的美国青年人。后来,这批学生中的很多人成为新一代美国奥地利学派的领军人物,在美国延续奥地利学派的香火。其中最有影响的是罗斯巴德与柯兹纳。

罗斯巴德继承了米塞斯的批判精神,坚守奥地利学派的方法论,对新古典经济学毫不妥协。罗斯巴德不满于在学界内做研究,而是走向公众、介入政治。他曾创办很多极端自由主义的杂志,并积极传播奥地利学派和自由主义的理念,为奥地利学派思想的传播做出了巨大贡献。在学术上,罗斯巴德后来彻底抛弃学院派的经济学研究,自由写作,自由出版,试图将包括经济学、历史、伦理学、政治学在内的多门学科融合为一个"自由的学科"。罗斯巴德写作了大量经济学和政治哲学的著作,也对早期经济思想史做了大量研究。这些思想性研究略有偏激，但学界都肯定其内在的学理价值。

与罗斯巴德不同，柯兹纳坚持在经济学的学院体制内开展奥地利学派经济学研究。柯兹纳认为，奥地利学派的经济学理论必须进一步发展，必须要与新古典主义更多地对话和交流，取长补短。米塞斯相对忽视，而在哈耶克和熊彼特论述中特别重要的"市场过程理论"在当今经济活动中变得更为重要，这正是奥地利学派可以大展身手之处。新古典经济学也开始研究经济增长与制度变迁，很多最新进展都与奥地利学派的问题意识相重合。奥地利学派不应盲目自闭，而应求同存异，借鉴他人的独到之处。未来的经济学，一定既不是新古典经济学，也不是奥地利学派经济学，但一定既包含了新古典经济学，也包含了奥地利学派经济学。所以后来在美国学院体制内研究奥地利学派经济学的学者，数量并不多，大多继承和延续柯兹纳的研究方式。

而哈耶克到了美国之后，兴趣逐渐转向政治哲学以及大规模的社会制度变迁问题，很多人认为，哈耶克已不再是一个经济学家。哈耶克在1960年出版了《自由秩序原理》，在1970年代又陆续出版了三卷本《法律、立法与自由》。这几本书都没有讨论传统意义上的经济问题，经济学界的读者不多。但在社会学、政治学和法学领域都受到高度评价。1974年，哈耶克获得了诺贝尔经济学奖，一下子又把奥地利学派经济思想和自由主义经济思想推到公众面前。哈耶克的思想无疑来自奥地利学派经济学，只是最后进入更宏大的政治哲学。奥地利学派是否应该跟随哈耶克进入这些更宏大的领域，还是应该像米塞斯那样坚守在传统经济学领域，奥地利学派内部也有一些分歧。这是非常困难但又很关键的问题，决定了后来的学者如何看待经济学,如何继承和发展经济学。

哈耶克的学生不算多,但其中涌现出很多人才。以华人学者为例,中国台湾地区经济研究院首任院长蒋硕杰教授就是哈耶克当年在伦敦政治经济学院指导的学生,终身服膺自由主义。蒋硕杰一贯反对通货膨胀、反对各种经济管制以及对市场的人为干预。20 世纪 50 年代,他在中国台湾坚持高利率对抗通货膨胀,采用单一汇率,鼓励出口,推动贸易自由化,为中国台湾的经济起飞打下坚实基础。

中国台湾哲学家殷海光也是哈耶克的崇拜者,曾将哈耶克的《通往奴役之路》译成中文在台湾地区出版。殷海光秉持民主自由的精神,对抗强权,在媒体上传播科学方法和个人主义,被称为台湾自由主义的精神领袖。他的学生林毓生后来前往芝加哥,成为哈耶克的关门弟子。林毓生致力于中国思想史的研究,代表作有《中国传统的创造性转化》。

哈耶克思想传入内地较晚,但影响扩大得极为迅速。自 20 世纪 90 年代起,哈耶克的众多著作以及其他奥地利学派的著作陆续被译成中文,无论在经济学还是社会学、政治学和法学等领域,都产生巨大影响,这种影响也将是长期的。

五、新制度经济学

奥地利学派经济学虽是一支非主流经济学,却在经济学中顽强地存在,制度经济学也有类似的特征。凡勃伦没有找到合适的分析制度的工具,使得旧制度经济学逐渐衰落下去。而到 20 世纪 60 年代以后,两位青年学者在不同方向探索分析制度的工具,取得了重要成果，于是成功地复兴了制度经济学，又叫"新制度经济学"。

第一位是芝加哥大学法学院的科斯。科斯出生于英国，曾在伦敦政治经济学院读书和任教，20世纪50年代移居美国。科斯的研究发表非常少，但很精。他在1937年发表了一篇《企业的性质》的论文，其中创造出"交易费用"这个概念，并用交易费用精彩地解释了企业的边界。1960年，科斯又发表了一篇《社会成本问题》的论文。在这篇论文里，科斯通过讨论外部性问题，发现了在交易费用为零的条件下，初始产权并不影响资源最佳配置这个结论。这个结论后来也被称作"科斯定理"。而交易费用和科斯定理这些工具，就成为制度经济学复兴的最有力工具。

这套工具可被运用到一系列制度分析语境，尤其适合与法律制度衔接，所以科斯的研究也连带推动了法律经济学这一新兴交叉学科的发展。科斯也因为这两篇不朽的论文，在1991年获得了诺贝尔经济学奖。

第二位推动新制度经济学发展的重要学者是诺斯。诺斯在20世纪七八十年代出版的一系列著作已经奠定了他在经济史和新制度经济学领域的地位，如1973年出版的《西方世界的兴起》，1981年出版的《经济史中的结构与变迁》，1990年出版的《制度、制度变迁与经济绩效》等。他在这些书里提出一套从制度变迁角度研究历史的方法。

长期以来，"制度"一直是诺斯研究中的关键词。对于制度，诺斯自己是这样定义的：人为设计的，将政治、经济以及社会互动结构化的约束条件就是制度。所谓的约束条件，既包括显性的、正规的约束如宪法、法律或者财产权，又包括隐性的、非正规的约束如习俗、传统、禁忌、信仰等。各个国家、各个地区都会因为不同的环境，相应地选择一组制度来维持政治和经济的运行。所以对于关心长时段经济变化的学者而言，不仅要研究资源要素、生产技术等的变化，还必须研究生产背后的制度变迁。

从方法论角度看，诺斯明确提出，产权理论、意识形态理论和国家理论应当是新制度经济学的三块基石。诺斯经研究发现，历史上许多表现出色的经济体，都拥有一套行之有效的私有产权制度。所以推动产权清晰化也是促进长期经济增长的有效手段。经过诺斯的归纳整理，产权理论一跃成为新制度经济学的核心理论，被运用到诸多领域，尤其是长期的、动态的历史研究。现在，产权理论仍是制度经济学与传统经济学联系最紧密的一块基石，已被主流经济学所吸收。

而诺斯归纳出的另两个方向——意识形态理论和国家理论的研究——却遭遇"瓶颈"。虽然经济学家从不否认这两个维度的因素对于经济绩效可能产生重大影响，但传统经济学并没有研究这些问题的趁手工具，无法测量也无法建模，所以大多数经济学家只是持一种观望态度。

1993 年，诺斯获得诺贝尔经济学奖，此时他已经 73 岁。很少有人想到，这个大奖只是他人生中的一个阶段。他很快就迎来了自己学术研究的另一个高峰。诺斯并不满足于过去对于制度的定义，他又开始接触新工具，如博弈论、实验经济学、认知心理学等，希望用最新工具更深刻地挖掘制度内涵，对制度做出更有效的描述。他的最后一本书是《暴力与社会秩序》，写作时已经近 90 岁了。

应该说，新制度经济学在科斯和诺斯的努力下，在 20 世纪八九十年代掀起了一阵热潮，成为经济学中的热门研究领域。但是后来大家逐渐意识到制度刻画的困难性，仅凭交易费用、科斯定理、产权理论、国家理论等工具仍然不够。诺斯晚年投入各种新兴学科的学习,尝试新方法,目的也正在于此。所以,新制度经济学也经历了一段时间的萧条。但是近年来,诺斯不断尝试的新方向似乎有了一点起色,很多经济学家开始用实证工具研究制度,为制度研究提供了新的思路。

所以,这就是异端经济学对于经济学的重要意义。奥地利学派经济学也好,制度经济学也好,试图处理和面对的都是非常重要的经济学问题。它们的方法与新古典经济学不同,这决定了它们的异端地位。但是随着经济学工具的不断发展、经济学领域的不断拓宽,这些异端理论常以大家意想不到的方式重新进入经济学研究者的视野。

下一讲,我们将重返主流,探讨凯恩斯之后的宏观经济学的发展。

思考题:
1. 奥地利学派的主要研究特征是什么?
2. 米塞斯与哈耶克对于计划经济的批评有何不同?
3. 今天,奥地利学派经济学与主流经济学是怎样的关系?
4. 旧制度学派与新制度学派有何异同?

第十五讲

后凯恩斯宏观经济学

第十五讲 | 后凯恩斯宏观经济学

凯恩斯于 1936 年出版的《通论》开创了宏观经济学这个研究领域。在一批追随凯恩斯的青年经济学家的努力下，凯恩斯理论迅速地形式化、模型化，成为后来的宏观经济学的基础理论。在以后的三四十年里，凯恩斯主义一直是欧美各国的重要宏观分析工具，直到动态一般均衡模型的出现。即使到了今天，虽然动态一般均衡模型已经成为宏观经济学的主流学术语言，凯恩斯的思想仍然以各种形式出现，是当代宏观经济学的重要组成部分。

哈佛大学教授、《经济学原理》的作者曼昆表示，当现代经济学家阅读《通论》时，会感到既振奋又失望。一方面，这本书是一位伟大的思想家试图研究最常见同时又最艰深的社会经济问题的成果；另一方面，虽然这本书涉猎甚广，但在逻辑上似乎并不完整，留下太多线索悬而未决。这就使得读者们不断追问，到底有没有一种经济模型可以将所有这些片段糅合在一起呢？

在本讲中，我们就将讨论凯恩斯之后宏观经济学的发展与变化。1936 年至今，所有的宏观经济学家都在尝试构建完整的、一致的宏观经济学体系，拓展了很多条进路。到了今天，很多使用 DSGE 模型即动态一般均衡模型的学者认为，宏观经济学已经找到了具有一致性的表达术语。但是 DSGE 模型仍然存在一些非常致命的方法论缺陷，在学术圈外也有很多人对此提出质疑。因此，认识宏观经济学如何从凯恩斯走到今天，是经济思想史研究中的一个重要课题。

一、凯恩斯主义经济学

凯恩斯以前,经济分析的核心问题是局部均衡或一般均衡下的资源有效配置。在凯恩斯以后,这些问题仍然重要,仍然在经济分析中占据重要地位。但是社会总产出水平、收入水平或者失业水平等也都成为经济分析中另一类重要问题。前一类问题主要追求形式上的有效性,并不太关注经验检验,而后者从一开始就注重经验检验。两类问题的着眼点并不一致,因此导致宏观经济学开始与微观经济学产生分流。

首先对凯恩斯思想进行界定的学者是牛津的希克斯。1937 年,希克斯就发表了一篇著名论文《凯恩斯先生与古典经济学》。希克斯在这篇文章里分别用三个方程刻画了新古典经济学体系和凯尔斯体系,而且在写出方程后,希克斯又用图形方式对此进一步刻画,这就是我们今天非常熟悉的 IS-LM 模型。

希克斯认为,新古典体系和凯恩斯体系的唯一区别就在于货币,在于 LM 曲线的斜率。在新古典体系中,LM 曲线一直保持正的斜率。而在凯恩斯体系中,LM 曲线的斜率会发生变化,起初是平坦的,后来才逐渐为正。当 IS 曲线在 LM 曲线比较平坦的部分相交时,整个经济就会陷入流动性陷阱,即新注入的货币都会被储存起来而不会被消费。

希克斯的思想介于新古典经济学和凯恩斯经济学之间,但他意识到了前进的方向。就在希克斯尝试将凯恩斯主义系统化、模型化,并做出第一步关键性工作后,1944 年,莫迪里安尼发表了名作

《流动性偏好和利率、货币理论》，进一步将 IS-LM 模型改写成今天宏观经济学教科书里表示的样子。

莫迪里安尼敏锐地意识到，工资刚性是凯恩斯体系有别于之前新古典经济学体系的重要特征。他认为，名义工资刚性是使得充分就业无法实现的唯一因素。因为任何存在工资刚性的经济体系都具有一个共同的特征，那就是真实变量的均衡值基本是由货币条件决定，而不是由真实因素决定。货币条件就可以决定货币收入的大小，并且在给定工资和固定技术水平的前提下，每一种货币收入水平都严格对应一种均衡就业水平。这一均衡水平不太可能与充分就业水平相一致，因为并不存在让两者完全相符的经济机制。这就是经济体系失衡的根本原因。

通过希克斯和莫迪里安尼这两步关键性的工作，凯恩斯思想转变为可供学习和分析使用的凯恩斯主义，具体表现为 IS-LM 模型。所以这两位对于凯恩斯主义的正规化、模型化功不可没。如果没有模型化，凯恩斯主义也很难在如此短的时间内产生如此大的影响。

就在凯恩斯主义逐渐为人所熟悉后，一些原本不太被人关注的问题变得重要起来，对个人消费函数的关注正是其中的代表。莫迪里安尼与弗里德曼在 20 世纪 40 年代晚期分别提出了"永久收入"假说，即主张个人的消费行为不仅关注短期收入水平，还会关注长期或者"永久"收入水平。弗里德曼在 1957 年的《消费函数理论》中进一步明确了这种理论，主张消费者的支出主要反映永久收入，他们会将暂时收入储蓄起来。

凯恩斯本人并没有讨论分配理论，这是马克思主义所关心的内容，却并不是凯恩斯本人所关心的。但是凯恩斯主义为剑桥经济学家卡尔多提供了启发。凯恩斯主义暗示，在特定的理论假设下，国民收入中的利润分配是由投资与产出的比例决定的。当我们假设劳动者的边际储蓄倾向为零时,利润就等于投资总额和消费总额。所以,资本家应该根据投入的资本获得回报,而劳动者根据自己的消费获得回报。凯恩斯主义宏观经济学支持这种分配理论。它与新古典经济学分配理论的结论相仿,但推导逻辑不同,可以避免从李嘉图到密尔等很多经济学家困扰的问题。

凯恩斯体系很快转变为凯恩斯主义,具体表现就是 IS-LM 模型。诸多宏观经济学家很快就发现,这套新的话语体系具有很强的适应力,可用于解释不同角度的问题。但这些解释需要使用宏观计量经济学的方法加以验证,甄选出可靠的解释。统计调查和计量经济学在整个经济学体系中发展得较晚。1920 年,制度经济学家米切尔组建了美国国民经济研究局(NBER),主要目标是根据现实情况对米切尔的名著《经济周期》进行修订。而只有在凯恩斯主义成形后,宏观经济学家才发现,宏观计量模型在经济学中的作用比过去设想的要大很多。

克莱因是计量经济学的先驱,他较早地意识到必须对凯恩斯主义用实证方法进行证实或反驳。他在 1955 年出版了《美国计量经济模型》一书,开创性地使用 15 个结构方程和 5 个恒等式来刻画美国经济。他希望用这个模型代入真实数据,对美国经济进行预测,并探讨不同政策工具的有效性。

当时还没有高速计算机,没有太多真实准确的宏观数据,宏观模型的设定也存在不少缺陷,所以这个模型的准确性并不太高。但克莱因模型仍然引起很多宏观经济学家的关注,大家意识到,这是一种全新的研究方法,甚至是有可能颠覆原有经济学研究的一种方法。宏观数据的检验,不仅能帮助政策制定者获得非常明确的政策建议,还能用于检验现有宏观理论模型的有效性。克莱因的方法具有很强的前瞻性,一直到 2000 年以后,高速计算机全面普及,DSGE 研究方法成为宏观经济学的主流方法后,学者们才意识到 DSGE 在方法论上与克莱因思想的关联性。

二、萨缪尔森与新古典综合

凯恩斯主义长期与"新古典综合"这个概念相联系,新古典综合的创始人就是保罗·萨缪尔森。萨缪尔森出生于美国印第安纳州的一个波兰犹太移民家庭,1935 年毕业于芝加哥大学,随后获得哈佛大学的硕士学位和博士学位,并一直在麻省理工学院任经济学教授,是麻省理工学院研究生部的创始人。他发展了数理和动态经济理论,将经济科学提高到新的水平,是当代凯恩斯主义的集大成者,经济学界"最后一个通才",此后就再也看不到如此博学的经济学者了。他所研究的内容十分广泛,涉及经济学的各个领域,是世界上罕见的通才学者和经济学巨匠。

1936 年,萨缪尔森获得了硕士学位,并赢得了哈佛大学经济学权威人士阿尔文·汉森教授的青睐。汉森收萨缪尔森做自己的助手,这使他对各种学派的研究更为深入。他不断地探讨汉森的思想,同时也为自己选择研究的主攻方向,很快就发现了凯恩斯并成为凯恩斯主义的信徒。他认为,凯恩斯主义是从 1929 年 4 月的美国华尔街股票暴跌开始到 1933 年基本停止这一遍及资本主义世界的经济危机的历史背景下产生的。因此他决定从当时社会上亟待解决的难题——投资与就业问题入手,来研究凯恩斯主义。很快他就成为凯恩斯主义在美国的主要代表人物,影响力甚至超过了他的老师汉森。

1940年,萨缪尔森受聘到麻省理工学院任教。1941年,他发表了《经济理论运算的重要性》,这是他的博士论文,获得了哈佛的威尔斯奖。这篇论文就是他在1947年纪念凯恩斯逝世一周年发表的《经济分析基础》的雏形。萨缪尔森完全以物理学观点和古典数学方法来引证、推理,因而该文被认为是数理经济学具有划时代意义的著作。萨缪尔森认为,各种不同理论的主要特征之间的相似性的存在,意味着一般理论——它是各种特殊理论的基础,并且将各种特殊理论的主要特征统一起来——的存在。《经济分析基础》一书的目的就在于详细论述这种一般化的基本原理对理论经济学和应用经济学的意义。

1948年,萨缪尔森发表了他最有影响的著作《经济学》。这本书一出版即脱销。许多国家的出版商不惜重金抢购它的出版权,它很快被翻译成日、德、意、匈、葡、俄等多种文字。萨缪尔森曾说:"假如我能够为这个国家写作经济学教科书的话,我才不关心是谁起草一个国家的法律。"这成为他的一个为人所熟知的口号,也成为他辉煌人生中的一个注脚。

萨缪尔森几乎在经济学各个方面都做出了卓越的贡献,而《经济学》教科书包含了新古典经济学和凯恩斯主义,形成了完整的微观经济学和宏观经济学体系,真正体现出萨缪尔森所追求的"新古典综合"特征。

萨缪尔森发表了不计其数的学术论文,涉及微观经济学、宏观经济学、金融学、国际贸易等各个领域。后人总结他的主要贡献包括以下7个方面。

第一,提出显示性偏好理论。他认为基数效用论和序数效用论都有缺陷，不足以解释消费者行为。他提出当 A 物品与 B 物品价格相等或 A 物品价格高于 B 物品时，消费者则仍然选择 A 物品，这就是他对 A 物品的显示性偏好。从这种偏好出发来研究消费者行为就有了更为扎实的基础。显示性偏好的概念成为现代微观经济学的基础概念。

第二，建立了乘数-加速模型。加速原理是指产量增加对投资的影响，乘数原理是指投资增加对产量的影响。萨缪尔森把这两个原理结合起来，建立了一个解释市场经济中经济周期原因的模型。这个模型说明了在完全市场调节的情况下，由于加速原理和乘数原理的相互作用，经济如何自发地出现繁荣与衰落的交替，证明了市场经济中经济周期的必然性。这个模型至今仍被作为对经济周期的经典性解释之一。

第三，证明了赫克歇尔-俄林定理（Heckscher-Ohlin Theorem）成立的条件。这个定理是比较成本理论的重大发展，其创立者之一俄林曾获 1977 年诺贝尔经济学奖。萨缪尔森证明了这个定理发生作用要基于四个条件：贸易双方有相同的生产函数；在有效的生产要素的价格比例之下，生产不同产品的生产要素的密集度的关系不变；生产规模改变时，收益不变、生产规模不变时，收益递减；在有效的商品价格比例之下，贸易国的消费结构不变。在具备上述条件的完全竞争市场上，赫克歇尔-俄林定理是正确的。这是第二次世界大战后国际贸易理论的重要发展之一。

第四，对资本理论的发展。萨缪尔森针对剑桥学派对新古典经济学的挑战，提出了替代生产函数（Surrogate Production Function）和反帕西内蒂定理（Anti-Pasinetti Theorem）。这对第二次世界大战后资本与增长理论有重大影响。

第五,替代定理。这里的替代是指生产中生产要素的替代。这个定理说明了增长理论的重要问题。各部门的产品价格仅仅由供给条件决定,与需求情况无关;如果原始投入包括流动和耐用资本品两种,那么在任何一种利率之下,各部门产品的长期价格由供给条件决定,与需求无关。这是新古典生产理论的重要发展。

第六,公共物品与效率的关系。萨缪尔森用处理外部性的方法来处理公共物品引起的资源质量问题,证明了公共物品的条件与消费者的公共物品与私人物品的边际替代率等于这两种物品的生产边际转换率。这对福利经济学和政府公共物品供给决策都有意义。

第七,建立了国际贸易中的斯托尔珀-萨缪尔森定理(Stolper-Samuelson Theorem)。这个定理指关税保护对实际工资的影响,即一种商品相对国内的价格提高(无论是由于关税提高还是其他原因),必然会提高该商品生产中相对密集地使用的生产要素的实际价格。

1970年,早年出版的《经济分析基础》帮助萨缪尔森赢得诺贝尔经济学奖,他也是获得诺贝尔经济学奖的第一个美国人。评奖委员会说:"在提升经济学家理论的科学分析水平上,他(萨缪尔逊)的贡献要超过当代其他任何一位经济学家,他事实上以简单语言重写了经济学理论的相当部分。"

三、弗里德曼与货币主义

接下来要讨论一个极有影响的宏观经济学家,米尔顿·弗里德曼(1912—2006)。弗里德曼曾被誉为20世纪最伟大的辩论家、学者和巨人,在经济学界内部和外部都享有极高的声誉。弗里德曼从

1946 年开始在芝加哥大学任教，任教 31 年后退休。他与斯蒂格勒、贝克尔等被誉为芝加哥大学经济系的三巨头，三人全都获得了诺贝尔经济学奖。正是在弗里德曼的不懈努力下，芝加哥大学经济系成为世界上最出名的经济系，并形成了所谓"芝加哥学派"这样的经济学学术传统。

弗里德曼一直是一个自由主义者，主张经济放任，并且从学理上对凯恩斯主义展开激烈的批评。在早期凯恩斯主义风靡美国时，弗里德曼的自由主义立场显得偏激和异端。但是到了 20 世纪 70 年代，经济形势发生变化，学界开始重视弗里德曼的研究成果。他的影响力在学界不断扩大，并且通过公共媒体对大众产生影响，最终使得自由主义重新回归经济研究的主流位置。

弗里德曼与萨缪尔森一样高产，但是他并不像萨缪尔森那样涉猎各种不同主题，而是反复宣扬他的核心观点，货币是重要的，自由是重要的。他坚持认为，央行管理货币不当时，就有可能对宏观经济造成极大的负面影响。

回顾弗里德曼的一生，他的研究生涯大致可以分为三个阶段，每一阶段都有精彩表现。在第一阶段是他开始工作到 20 世纪 50 年代中期。在这个阶段，他还很年轻，研究主要集中在统计学和消费函数领域。他在这个时期最出名的研究有两项，一项是 1957 年出版的《消费函数理论》，其中对凯恩斯的边际消费倾向理论提出了挑战；另一项则是 1953 年发表的论文《实证经济学方法论》。在这篇文章里，他讨论的实证主义的研究方法，变成了芝加哥学派最基本的方法论。

弗里德曼研究的第二阶段，是从 20 世纪 60 年代直至 70 年代中期，这也是弗里德曼最有创造力的时期。他与施瓦茨一起研究美国历史上历次经济周期中的货币因素，耗费十多年的时间，最终完成了《美国货币史：1867—1960》。这是货币史研究中的丰碑，对所有重大的制度变迁都进行了深入且逻辑一致的分析，运用他的货币理论娴熟地对历史数据进行了实证分析。在这过程中，弗里德曼发表了大量货币理论的经典论文，并成功地解释了菲利普斯曲线，将宏观经济学带入货币主义时期。

弗里德曼在论及美国大萧条时，对凯恩斯的解释进行了批评。他认为凯恩斯主张的，大量无效投资以及对经济失去信心最终导致大规模市场失灵的观点有误。大萧条的根本原因是，美联储在那个时期错误地采用了紧缩性货币政策，从而加速而非缓解了经济衰退，把普通的经济衰退转变为大萧条。

1976年，弗里德曼获得了诺贝尔经济学奖，从此进入他人生的另一个阶段。弗里德曼转变成一名极有影响的公共知识分子。他在电视、广播等各种媒体上，用各种手段传播自由主义的理念，维护自己的货币主义理论。这一时期，他最有代表性的著作当属《资本主义与自由》。弗里德曼后期的这些著作，不仅在美国广为人知，也传播到东西方诸多国家，甚至对很多国家的体制改革起到了一定的作用。

在弗里德曼的所有工作中，我们应当对他的方法论研究持以特别的关注。因为1953年这篇论文（《实证经济学方法论》）不仅是芝加哥学派方法论的宣言，在后来很长一段时间里，也是新古典经济学所承认的主流方法论。在这套方法论的指引下，经济学理论被抬到很高的高度，并促进了博弈论等诸多理论的发展。但是这套方法论内涵很多问题，也为经济学招来众多的批评。

弗里德曼直接承认："我认为不存在所谓纯粹理论，只存在针对不同问题或不同研究目的的理论。我们基于固定或变动的实际利率来分别分析名义收入或实际收入的波动,并没有任何错误或者说前后不一致。一种理论可能最适合于某一研究目的,而另一种理论可能适合于别的研究目的。由此,我们的理论虽然丧失了一般性,却收获了简洁和精确。"

弗里德曼认为,为了实现简洁和精确这个富有美学特征的理论目标,经济学应当考虑的问题不再是某种理论"假设"本身是否精确地刻画了"客观现实",这是永远不可能也不必要的。就我们现有的研究目的而言,经济学应当注意的是,这些假设是不是对于现实足够好的近似。

弗里德曼的分析框架主要包括四点:第一,货币数量论首先是一种货币需求理论;第二,价格或名义收入的显著变化几乎总是由货币供给量的变化引起的,所以经济周期起源于货币管理的不当;第三,私人经济是稳定的;第四,货币创造需要遵循一个货币增长规则。

在凯恩斯主义的框架里,货币需求和货币流通速度并不稳定,货币的投机需求会受到很多因素的影响。在极端的流动性陷阱情形下,利率弹性无穷大。所以传统的货币数量方程式并不成立,自由主义的政策无法自动消除宏观经济失衡。而弗里德曼却不这样看,他认为永久性收入和货币流通速度都是大致稳定的,所以货币需求也是稳定的;一旦能用实证方法表明货币需求是稳定的,那就可以重回货币数量论,重新捡起古典两分法,将价格理论与货币理论真正分开。

弗里德曼另一个引起诸多争议的观点是,对货币变动所带来影响的实证研究必须要考虑时间滞后因素。因为货币供给对于名义收入的影响并不会马上发生,而是存在一定的时间滞后。但对于这种时间滞后的研究，需要更多时间序列的计量工具。弗里德曼的时代，宏观计量工具还比较欠缺，直到 20 世纪 80 年代以后，宏观计量经济学才有了突飞猛进的发展。

在 20 世纪 70 年代，货币主义开始压倒凯恩斯主义，成为极度流行的宏观经济学方法。英国的撒切尔政府从过去的凯恩斯主义立场转向货币主义立场，也极大地提高了货币主义的威望。而且，弗里德曼是少数敢于承认支持某种意识形态的经济学家。他利用一切机会传播自由主义思想，这种意识形态也正好与他反对干预的货币主义结论相一致。

弗里德曼在政策建议上主张固定规则后放任自由，只需牢牢盯住货币供给即可。这种观点与凯恩斯主义截然相反。但是从方法论来看，两者的差异可能比我们想象得要少。弗里德曼在马歇尔和瓦拉之间，仍然赞同马歇尔的局部均衡，反对瓦拉的一般均衡分析框架。在这个层面上，弗里德曼与凯恩斯是一致的。

然而，弗里德曼的货币主义存在两点深层缺陷。第一，货币主义者拒绝建立一种决定物价水平的理论，即货币主义从未建立一种探究货币变动对产出和物价如何产生影响的理论。凯恩斯主义缺乏微观基础，货币主义同样未能有效地建立起微观基础，甚至对建立微观基础的尝试存在反抗。第二，货币主义严重依赖于实证经济学。例如，它对于货币流通速度的判断就取决于实证检验的结果，而非逻辑推导。弗里德曼的这种并不彻底的研究态度，与他早年提出的实证主义方法论也是一致的。

所以，虽然弗里德曼所秉持的自由主义意识形态与凯恩斯主义截然对立，他也在政策制定上提出了与凯恩斯主义相反的建议，但他并未在方法论上挑战凯恩斯或者马歇尔的理论工具。货币主义是宏观经济学发展历史上的重要阶段，但尚不能称其为革命。

四、卢卡斯革命与 DSGE 模型

在 20 世纪中期，就有许多学者尝试对凯恩斯主义或者宏观经济学进行拓展与综合。凯恩斯主义对现实具有很深的洞见，对宏观经济的失衡尤其是劳动力市场的失衡具有很强的解释力，这点为学界所公认。但凯恩斯主义的观点是凯恩斯凭借天赋直觉直接写出来的，并没有很可靠的微观基础。萨缪尔森将微观经济学与宏观经济学并列为《经济学》教材的两部分。如何将两者合一，为宏观经济学构建微观基础，就成为很多经济学家所努力的方向。

尤其是 20 世纪 60 年代，阿罗与德布鲁用数学方法证明了瓦尔拉一般均衡的存在，在学界引起极大的震动。一大批欧洲经济学家开始尝试，在典型凯恩斯主义假设如价格刚性的设置下，构建一般均衡体系，对包括劳动力市场在内的所有市场提供一般化的解释。他们往往被称为"非瓦尔拉均衡学派"。

后来非常著名的经济学家如巴罗、格罗斯曼等人，早期都曾投身于非瓦尔拉均衡模型的研究，并做出了卓越贡献。这个学派曾经红极一时，但可惜的是，它最终却没有成为主流的宏观经济学研究范式，被后来的新古典宏观经济学所取代。这也是一次重要的宏观经济学研究范式变迁，背后的动力很值得年轻的研究者思考。我们可以观察到的现象主要包括以下几点：第一，非瓦尔拉均衡学派高度注重凯恩斯主义的一些假设，坚持把它嵌入模型框架，这种调和的态度破坏了模型的纯粹性；第二，非瓦尔拉均衡学派虽然试图建立一般均衡模型，但目标仍是传统的静态一般均衡模型，缺乏动态机制；第三，它生不逢时，连续遭遇卢卡斯理论、真实经济周期理论以及动态一般均衡理论的挑战，最终被更有包容力的新宏观经济学语言所替代。

20世纪70年代开始，芝加哥大学的卢卡斯撰写了一系列宏观经济学论文，发起了所谓"理性预期革命"，从而彻底颠覆了宏观经济学的面貌。在宏观经济思想史家德弗洛埃看来，卢卡斯的工作称得上是"卢卡斯革命"。宏观经济学自诞生以来，总共只有两场革命。第一场是凯恩斯革命，第二场是卢卡斯革命，而萨缪尔森、索罗、弗里德曼等大师也只是过渡而已。卢卡斯革命从20世纪70年代兴起，直到今天仍未终结。我们可以把这几十年宏观经济学波澜壮阔的发展切分为几个阶段，内生增长理论、真实经济周期以及动态一般均衡理论都曾产生巨大的影响。

1969年，卢卡斯与拉平发表了一篇《真实工资、就业与通货膨胀》的论文。在这篇论文里，卢卡斯构建了一个劳动供给函数，并用经济主体的闲暇跨期替代的理性决策作为计算依据，并且不顾当时主流凯恩斯主义的看法，假设任意给定的交易期限内，劳动力市场都处于出清状态。卢卡斯自己都没有意识到，正是这篇文章，拉开了卢卡斯革命的序幕。卢卡斯这篇文章所采用的关键性设定，如任意期限内的市场出清，如消费者的跨期替代计算，现在都已成为宏观经济学的最主流语言。

卢卡斯很快意识到，这种研究方式必须全面拒绝凯恩斯主义及其政策建议，而且这种研究方式直接指向凯恩斯之前的新古典经济学体系，故而后来被称为新古典宏观经济学。很快，卢卡斯在后续的一系列文章里，引入世代交叠模型，引入理性预期假设，对于经济周期做出全新的解释。卢卡斯认为，分析经济周期时，我们需要探讨外在冲击是暂时的还是永久的。在资本不变的前提下，如果是暂时冲击，个人会进行跨期选择替代；如果是永久性冲击，个人的决策保持不变。在资本可变情况下，决策则相反。同时，由于存在时滞，个人选择会更复杂。如此一来，我们就能对经济周期进行准确的理论刻画。而由这套一般均衡的新古典经济学理论得出的政策建议也很简单，就是放任自由，任由个人的理性预期来应对外在的冲击。而且由于理性预期的存在，所以经济政策都会被预期到，从而失去调控经济的作用。

卢卡斯的经济政策建议与弗里德曼一脉相承，也都出自芝加哥大学，所以常被人视作对弗里德曼思想的发展。但是仔细体会两人的方法论就会发现，卢卡斯与弗里德曼之间的距离，比弗里德曼与凯恩斯之间的距离要远得多。卢卡斯的自由主义政策是从一般均衡的结构和理性预期假设中得到，卢卡斯是一个瓦尔拉主义者，而非马歇尔主义者，这是他与弗里德曼、凯恩斯的本质区别。至于政策建议趋同，只是一个巧合。

值得注意的是，卢卡斯本人并不喜欢凯恩斯，他在无数次发言中贬低凯恩斯，认为凯恩斯所写的《通论》只是为某种不足信的理论代言。他认为凯恩斯自始至终是一个政治活动家，试图通过《通论》来说服人们相信存在一种不动摇资本主义体系基础并通过强制干预来有效处理大萧条的手段。虽然如果没有凯恩斯，我们也能承受大萧条，但幸运的是我们没必要那样做。卢卡斯对于凯恩斯的态度，也暴露出他的新古典宏观经济学的最大短板，就是默认劳动力市场也和其他市场一样出清，这正是之前的宏观经济学家绝不能接受的。卢卡斯的理论假设显然与实际情形不符，这使得他的后继者在完善新古典理论体系的同时，必须认真思考凯恩斯主义的潜在挑战。

1982年，基德兰德与普雷斯科特的《建设时间与总波动》发表，这是卢卡斯之后的又一篇重量级论文，标志着真实经济周期学派（RBC）出现。基德兰德与普雷斯科特的想法是，不仅要论证真实冲击对经济周期波动的影响，还要将这种模型付诸实证检验，这是一种全新的方法论。在卢卡斯的时代，计算机已经出现，并且计算机的运算速度高速增长，这就使得在宏观经济学里采用校准方法进行模拟计算成为可能。真实经济周期学派完全遵循卢卡斯的理论框架，将分析基础建立在动态一般均衡模型之上。这一类模型往往高度复杂，没有解析解，只能采用数值模拟。真实经济周期理论赶上了这股潮流，生产出大量重要论文，全面重写了传统的凯恩斯主义经济学。

但真实经济周期理论还是有一个软肋，就是劳动力市场。由于各种刚性、黏性的存在，劳动力市场绝不能简单地出清。真实经济周期理论也尝试用一些特殊手段描述劳动力市场，但并不是很成功。另一些经济学家坚持凯恩斯主义的原则，主张用更灵活的方法保持凯恩斯主义的特征，而情愿舍弃真实经济周期所采用的一致性方法论，这批学者被称作新凯恩斯主义者。

真实经济周期学派与新凯恩斯主义者交锋多年，前者不断壮大，后者则不断衰落。2000年以后，随着计算机速度的进一步增长，宏观经济学家在自己的笔记本电脑上运行DSGE模型并加以校准检验已成为常态，所以从卢卡斯直到最近，DSGE这套方法论终于逐步统一学界，成为目前占据统治地位的研究方法。

所以今天的经济学是瓦尔拉一般均衡大胜马歇尔局部均衡的局势，已没有凯恩斯方法论的立足之处。凯恩斯主义的洞见，不能在最基础层面进入宏观经济学范式。但大家在设定模型结构时,往往主动设定一些垄断竞争、工资刚性等凯恩斯主义特征,仍有很多人在争论凯恩斯主义在宏观经济学中的地位。就目前的研究范式而言,宏观经济学的术语是瓦尔拉的"形"、凯恩斯的"魂"。但是没有了"形","魂"也只能是虚假的"魂"。若凯恩斯有知,恐怕不会同意现在的宏观经济学。

宏观经济学自 1936 年凯恩斯发表《通论》诞生,至今不到一百年,其中就已经经历了多次范式迁移,堪称当代经济学思想研究中最精彩的部分。今天我们仍处于卢卡斯革命的进程之中,也有许多重量级经济学家对 DSGE 范式提出激烈的批评。所以宏观经济学未来的发展,也一定会很精彩。

> **思考题:**
> 1. 凯恩斯与凯恩斯主义有什么差别?
> 2. 什么是新古典综合?
> 3. 弗里德曼的货币主义研究更接近局部均衡还是一般均衡?
> 4. 卢卡斯新古典经济学的革命之处在哪里?

第十六讲

经济学的最新进展

这是经济思想史的第十六讲,也是最后一讲。在这一讲中,我想讨论一下自第二次世界大战结束至今这几十年来经济学的发展,主要是微观经济学和其他相关领域的发展。这一讲的内容对我而言极为困难,因为时间上距离我们比较近,太多东西没有盖棺定论,而学术风潮转变得极为迅速,只能由我们自己建立一个判断。经济学已经细分为无数分支领域,个人不可能深入所有领域,所以对经济学的总体认识也只能凭借判断。

纵观这几十年顶级学术期刊上的经济学论文,经济学研究范式经历了先收窄再放宽的过程,目前正处于一个后现代即"什么都可以"的阶段。例如,有的经济学家在做卫星遥感,有的在用语义识别,有的在贫困国家做田野调查,差异太大,很难有共同语言。所以目前要对经济学研究范式和研究领域进行划分是一件比较困难的事情。按照马歇尔与凯恩斯的传统,也是萨缪尔森在《经济学》(1948)中的传统,我们会将经济学划分为微观经济学与宏观经济学两大类,这一分类至今仍有重要意义。

但是前些年,影响最大的经济学期刊《美国经济研究》又推出了四个子刊物,分别是微观经济学、宏观经济学、应用经济学和政策研究,认为划出这样四个子刊物能比较好地容纳现在的学术研究。我们都知道应用经济学和政策研究与前面两者并不属于一个理论层面,所以这是一种权宜做法,相对平均地分配众多经济学家的研究论文而已。

过去很长一段时间，学界喜欢以研究领域来划分经济学，如产业经济学、农业经济学、医疗卫生经济学、教育经济学、环境资源经济学、政府经济学等，很多著名的研究手册都采用这种分类。但在另一些情况下，学界也采用研究方法来为经济学命名，如公共选择理论、信息经济学、演化经济学、机制设计理论、拍卖理论等。这两种命名法同时存在，而且后者正有逐渐取代前者的趋势。我们看到越来越多的情况下，经济学家主要与采用类似研究方法的同行进行交流，而不是以研究对象做划分，一种研究方法可以迅速运用到诸多看似完全无关的领域。与此同时，那些仍然采用传统分类方法的学者，发现一种名称在不同地区具有完全不同的意义，某些发展经济学家之间的差异可能远大于发展经济学家与经济史家之间的差异。

我们这一讲中就主要讨论近几十年经济学的发展，尝试解释经济学中的这种趋势。第一部分，我们将讨论诺贝尔经济学奖与经济学教育，界定主流经济学的范畴；第二部分，我们讨论微观经济学尤其是博弈论对当代经济学的影响；第三部分，我们讨论经济学应用领域的拓展；第四部分，我们讨论经济实证方法的发展。

一、诺贝尔经济学奖与主流经济学

先来看这个诺贝尔经济学奖。首先，它并不是根据诺贝尔遗嘱设立的奖。1895年，瑞典炸药大王诺贝尔希望挑选五个颁奖领域，确认和奖励"给人类带来重大利益"的个人。1901年，物理、化学、生物、文学以及和平奖成立，每年评选一次。按照惯例，诺贝尔奖委员会一般在每年秋天陆续公布得奖名单，12月10日，在瑞典和挪威分别举行隆重的颁发仪式，国王会出席并发奖，获奖者也会发表精心准备的获奖致辞。经济学原本与诺贝尔奖无缘，诺贝尔的遗嘱里没有涉及经济学的发展。据说瓦尔拉晚年曾被提名诺贝尔和平奖，那只是个意外。

1968年，瑞典国家银行在成立300年之际，捐出大额资金给诺贝尔基金，增设诺贝尔经济科学奖，1969年开始颁发，比其他奖的设立要晚了近70年。现在经济学奖已经融入诺贝尔奖的整体体系，颁发的流程以及奖金都与其他诺贝尔奖相一致，大家一般称其为诺贝尔经济学奖。目前每个诺贝尔奖的奖金是900万克朗，折合下来大约是740万元人民币。如有几个人共同获奖，那么奖金就由大家平分。虽然这点钱不算少，但与它所象征的荣誉相比，实在算不上什么。

对于这个奖项，经济学界内部和外部当然会有一些争议。甚至连1974年的诺贝尔经济学奖得主哈耶克都说过，如果当年事先征询他的意见，他会建议不要设这个奖。但是我们必须看到，绝大多数经济学家都承认这个奖项的权威性和科学性。它不是十全十美，也不是毫无争议，但它的确表彰了经济学界内部普遍承认的、做出最了不起贡献的那批学者，具有相当高的权威性。诺贝尔经济学奖在经济学圈内的争议，恐怕比文学奖、和平奖的争议要小得多。

诺贝尔经济学奖的获得者，包括大量我们熟悉的名字，如萨缪尔森、哈耶克、希克斯、阿罗、弗里德曼、托宾、索罗、贝克尔、科斯、纳什、卢卡斯、阿玛蒂亚·森等，这些学者的研究构成了今天所谓的主流经济学。当然诺贝尔经济学奖也忽略了不少人，如罗宾逊夫人。早期诺贝尔经济学奖有一定的意识形态偏见，但随着近年来意识形态对抗的减弱，这份名单已不再那么敏感。

但是对于诺贝尔奖的批评仍然不绝，主要集中在几个方面。第一，诺贝尔奖一般奖励学者过去的成就。为保险起见，诺贝尔奖委员会一般会表彰学者几十年前的贡献，这样才能有效判断这些工作对今天研究的意义，但是这无助于判断今天的研究对于未来的意义。所以很多学者对诺贝尔奖兴趣不大。第二，诺贝尔奖希望寻求在思想上有突破的学术贡献，但是学界对于思想突破并没有多少共识。所以诺贝尔奖逐渐变得趋向于表彰那些在重要学术期刊发表大量论文的学者，把自己的评价标准转移给学术期刊，这样也减少了诺贝尔奖本身的吸引力。第三，诺贝尔奖主要表彰在美国工作的经济学家。美国的经济学家数量在20世纪60年代就已超过英国，这几十年来，美国毫无疑问地成为世界经济学中心，美国的学术期刊也成为世界最高水平的经济学期刊，美国经济学年会成为世界最重要的经济学会议，全世界的经济学趋于一致即美国化了。大多数诺贝尔奖颁发给在美国工作的经济学家也与这个趋势相一致。但是美国经济学有其特点，即使在第二次世界大战以前，美国经济学家也比其他国家更偏爱数学和测量。美国是一个多元文化的熔炉，数学为不同背景成员的交流提供了一种重要的工具，美国经济学在这个基础上发展起来。但从另一个角度看，美国经济学家只有一般的人类经验，缺乏共同的历史经验，对于历史学派、制度主义的发展是极为不利的。

二、博弈论的发展

接下来，我们要讨论一下微观经济学的一个重要发展——博弈论方法的兴起。这对于微观经济学而言非常重要。1931年，22岁的匈牙利数学家冯·诺依曼来到美国工作，这时他已经初步具有博弈论的想法。第二次世界大战爆发后，冯·诺依曼把精力转向应用数学，研究诸如导弹弹道、气象预测、密码破解、计算机运算等问题，并做出了惊人的贡献。1947年军队的嘉奖令赞扬他是物理学家、工程师、武器设计师和爱国主义者。

冯·诺依曼在研究这些问题的间歇，也开始琢磨战争中各方实际可能的策略选择。1944年冯·诺依曼和摩根斯坦合作的《博弈论和经济行为》出版，标志着博弈论这种工具正式诞生。他发现，博弈双方中的任何一方，如果对每种可能的博弈策略都考虑了可能遭到的极大损失，从而选择"极大损失"中最小的一种策略，那就是"最优"策略。从统计角度来看，他能够确保方案是整体最佳的。这一发现被称作最小最大定理，是当代博弈论的基础，也是博弈论发展史上第一个里程碑。

博弈论诞生时，冯·诺依曼就意识到它能用于分析寡头垄断等市场机制，也能用于分析个人决策机制。当时已有一些经济学家注意到他的工作，但并未意识到他的工作会对经济学造成革命性影响。1950年，普林斯顿的纳什提交《非合作博弈》的博士论文，其中提出重要的"纳什均衡"概念。纳什的这一发现非常重要，后来的经济学和博弈论基本是沿着纳什均衡的思想发展下去，但冯·诺依曼却对天才的纳什表示反对。纳什很快陷入精神分裂，直到1990年代才逐渐恢复，并在1994年获得诺贝尔经济学奖。纳什的传记及其电影《美丽心灵》记录了这一段历史。

博弈论在20世纪50到70年代并非经济学中的主流，但是许多学者都对其有所贡献，陆续提出今天我们所熟悉的各种博弈论工具。例如，夏普利等在1952年提出合作博弈的一般解，夏普利值；1950年代有好几位学者开始研究重复博弈；1960年，谢林把博弈论应用到军事等诸多需要策略研究的领域；1965年，泽尔腾提出子博弈完美纳什均衡的概念；1967年，海萨尼提出贝叶斯纳什均衡的概念；1973年，海萨尼又推进了混合策略的研究；1972年，演化稳定策略被提出，演化博弈论成为可能；1976年，奥曼提出"共同知识"的问题，引起学界关注。到了20世纪80年代，博弈论比较成熟，开始被应用到诸多经济学领域，博弈论的教材也开始大量涌现。

与此同时，所谓的委托-代理问题或者机制设计问题也在迅速发展中。从思想上来看，机制设计可以分为两支，第一支可以称为最优机制。机制的目标是最大化委托人（有时候是拍卖者）的预期收益，迈尔森于1981年发表的"最优拍卖设计"是这方面的基础工作；第二支可以称为效率机制，设计者的目标不是个人收益最大化，而是整体社会的效率最优，这方面的工作更丰富。维克里1961年发表的《投机，拍卖和竞争封闭出售》、莫里斯1971年发表的《最优所得税理论的探索》都堪称这方面的经典之作。

博弈论被广泛运用于各个领域，法国经济学家蒂若尔的工作就是其中的典范。20世纪八九十年代，蒂若尔先后出版了两本教科书，一本《博弈论》，另一本《产业组织理论》，马上就成为欧美各个大学的指定教材，经久不衰。他的工作重构了产业经济学，使得今天我们认识产业问题的角度与张伯伦传统的产业经济学大相径庭。大家都以为蒂若尔是一个微观经济学家，可他在2002年出版了《金融危机、流动性与国际货币体制》，讨论国际金融体系危机问题；2005年出版了《公司金融理论》的教科书，讨论公司金融问题，从此跨入金融领域。但是深入研究蒂罗尔的《公司金融理论》就会发现，他的兴趣并不在于一些金融现象如资本结构，而在于他一直研究的委托-代理模型、不完全契约等理论。他意识到公司金融领域的一些核心议题与产业组织、契约理论的核心议题有同构性，于是再一次用非合作博弈工具重写了公司金融的学科框架。蒂若尔的工作很好地解释了现在主流经济学家的工作方式。

博弈论本身仍在深入之中，博弈论的应用范围也在不断拓展。但我们不再进一步讨论博弈论的各个应用领域，而要从博弈论开始讨论另一个现在极为热门的领域——行为经济学。

博弈论专家在 20 世纪 50 年代就深入研究了囚徒困境，并且用纳什均衡来解囚徒困境。我们都知道，囚徒困境的标准解是双方都背叛。按照理性人假设，在非合作博弈中，博弈双方不应该相互信任。

但是另一些经济学家怀疑这种假设。1982 年，德国经济学家古斯等开展了一个经济学实验——"最后通牒博弈"实验，从而揭开行为经济学的序幕。实验的设计是这样的，两位被试者瓜分 4 马克。其中一个人扮演提议者（Proposer）提出分钱方案，他可以提议把 0 和 4 之间任何一个钱数归另一人，其余归他自己。另一人则扮演回应者（Responder），他有两种选择：接受或拒绝。若是接受，实验者就按他们所提方案把钱发给两人。若是拒绝，钱就被实验者收回，两个人分文都拿不到。按照标准的博弈论预测，提议者应该只分 0.1 马克给回应者，回应者也应该接受。但事实上，相当多的提议者提议平分。同时，大量低于 0.1 的分配方案被回应者拒绝。这个发现结果与博弈论的预测存在系统性的偏差。

这项研究的意义在于：第一，采用新的研究方法即实验方法来检验经典理论；第二，发现人的行为中存在与经典理论不符的特征，即非理性特征。从此以后，大量类似实验被开发出来，不断得到验证。这种理论后来被称为社会偏好理论，即承认人在理性决策之外还有信任、追求公平、追求合作等社会偏好。行为经济学是在对博弈论进行批判和反思的基础上建立起来的，两者相互融合，才能比较好地预测和解释人类行为。现在这个领域非常热门，人的行为特征还被应用到其他领域如产业经济学、劳动经济学乃至宏观经济学等。但也有人批评说，行为经济学只破不立，批评理性选择理论，本身却没有提出替代性的系统理论。

三、经济学的拓展

除了微观经济学和宏观经济学这两个分支以外，经济学也在不断拓展自己的边界，尤其是与政治学、法学、社会学等社会科学的交叉领域。我们过去已经花费很多时间讨论经济学的范畴，自古希腊至近代，大多数时候，经济学都被认为是道德哲学的一个分支部分。但从19世纪初开始，政治经济学开始独立于道德哲学。而到了杰文斯那里，他希望进一步用经济学来取代政治经济学，把经济学变成一个独立的学科门类。后来的方法论之争，既是在讨论方法，也是在讨论经济学的边界。1932年，罗宾斯出版《论经济科学的性质与意义》后，就把伦理学、历史学、政治学等内容都从经济学中剥离出去，使得经济学基本变成今天的样子。

但是仍然有许多学者的兴趣在这个边界之外。因为我们缩小了经济学的范畴，所以把这些领域称为交叉学科。后来芝加哥大学贝克尔的研究颇有代表性，他毫无顾忌地将新古典方法运用到社会学各个领域，被称作"经济学帝国主义"。虽然贝克尔的研究经常能给人启发，但从方法论角度看，这是一种无所顾忌的后现代方法，表演性质远高于理论性质，它对理论研究的实质推进是颇为可疑的。

而公共选择理论可能是经济学方法拓展得比较成功的领域，代表人物布坎南也获得了诺贝尔奖。公共选择理论与社会选择理论，有时可以互相替代。前者一般更偏向"政治"，代表著作是布坎南和图洛克的《同意的计算》（1965）；后者略偏向"伦理"，代表著作是阿罗的《社会选择与个人价值》（1951）。前者更偏向探讨政治学的基础，关注集体选择的政治后果，而后者更关注集体选择的数学与伦理基础。

公共选择的基本思想是用新古典经济学方法来研究政治问题。公共选择理论的研究对象是公共选择问题，公共选择就是指人们通过民主决策的政治过程来决定公共物品的需求、供给和产量，是把私人的个人选择转化为集体选择的一种过程（也可以说是一种机制），是利用非市场决策的方式对资源进行配置。所以说，公共选择在本质上，实际上就是一种政治过程。公共选择理论涉及大量大家关心的现实政治问题，如公务员以权谋私、俱乐部理论、利益集团、宪法形成、民主投票等。

布坎南指出，政府亦是由一个个有血有肉的经济理性人构成，他们的目标会是个人利益最大化而非抽象的集体利益最大化，由此可能出现政府失灵，从而导致严重后果。人们在政治活动时，不管是达成协议、协调冲突，还是制定规则，所有行为无不建立在自愿的基础上，类似市场中的交换。由于选择永远不可能事先决定，而总是作为选择存在着，所以个人会要求最大的选择自由，即根据自己的愿望选择任意替代方案的自由。又因为人与人的偏好不同，主观评价是外在观察者完全无法预测的，所以自由只能通过交换来体现。交换的前提则是产权清晰，承认产权的过程中，还必须引入讨价还价机制，最终才可达到一致同意。这样的"同意的计算"最优化了全民福利。

再来谈谈法经济学。法学是最古老的科学，有几千年的历史。而一些法学家认为，近百年来法学一直尝试着从其他学科借鉴方法，其中经济学就是对法学影响最大的学科之一。法经济学又叫法律的经济分析，曾经是一个极为热门的领域，它的兴起与芝加哥大学的科斯有着密切联系。科斯在1960年发表的著名论文《社会成本问题》中提炼出"科斯定理"，直接指明了经济效率与法律之间的关系。科斯这个发现非常重要，有了这个参照系，法学就可以运用个人主义、个人理性的方法，对法律安排的社会价值做出准确的评估。

很多制度经济学家都参与到法律的经济分析之中，如加利福尼亚大学洛杉矶分校（UCLA）的阿尔钦等。而在这过程中影响最大的，则是大法官波斯纳。波斯纳认为，法律的经济分析是"将经济学的理论和经验主方法全面运用于法律制度分析"的学科。所以它采用经济学的理论与分析方法，研究特定社会的法律制度、法律关系以及不同法律规则的效率；其研究的主要目的仅在于"使法律制度原则更清楚地显现出来，而不是改变法律制度"。波斯纳的《法律的经济分析》是这个领域最重要的教科书，已经修订到第九版。近年来，哈佛大学的法学家桑斯坦也非常活跃，他主张将行为经济学的分析方法引入法经济学的分析，拓展了原来波斯纳所采用的新古典分析方法。

而在社会学领域，实证的社会学几乎已经与劳动经济学融为一体。近年来，随着实证方法的提高和调查数据的爆炸，大量经济学家都在诸如就业、工资、婚姻、子女、养老、医疗等社会问题的研究中做出重要贡献，如诺贝尔奖得主计量经济学家赫克曼的很多工作都可以归入这一范畴。这也是今天相当比例经济学家正在从事的工作。

同时，经济学与社会学另一个重要的共同关注点是"社会资本"，即人的社会关系，这个概念存在巨大争议。20世纪60年代，一批芝加哥大学学者提出"人力资本"的概念，即将教育投入转换为参与劳动时的"人力资本"。这种做法并未被所有学者接受，如哈佛的里昂惕夫就不承认什么人力资本。人力资本概念在应用中会遭遇很多困难，例如，它很难被客观衡量，也很难明确参与创造价值的过程。更重要的是，一些英国传统经济学家认为这种资本不能从价值理论中推演得出，所以我们根本不应该承认人力资本这个概念。

但是芝加哥经济学家坚持使用人力资本概念，虽然一些核心问题并未真正得到解决，但大家也慢慢接受了。而近年来，社会网络研究逐渐成为经济学的热门方向，社会学中出现了"社会资本"的概念，这在经济学中比起人力资本更加难以接受。诺贝尔奖得主阿罗与索罗曾围绕这个概念展开过争论。虽然这个概念仍没有厘清，但是随着数学工具的发展，结合了社会学、博弈论和空间计量经济学的社会网络分析也逐渐成为经济社会学中最热门的研究方向。

四、实证主义的兴起

最后我想谈一谈经济学中实证主义的兴起。现在《美国经济评论》都开辟了一个实证经济学的子刊物，经济学研究中使用实证方法已是大势所趋。这无疑是经济学研究的巨大进步，一定程度上甚至可以说颠覆了原有的、延续了数百年的以理论研究为中心的研究方法。这个巨大的转变过程就是在最近十多年里实现的，在2000年以前开始接受经济学教育的人恐怕都有很深的感触。这里我们就讨论经济学的一个分支领域——发展经济学，重点考察发展经济学与经济学实证主义兴起之间的关系。

发展经济学自第二次世界大战以后才开始变成一个独立的经济学分支。随着世界政治趋于稳定，不同国家的经济水平差异成为经济学家的关心对象。最初阶段，经济学家一般就用GNP（国民生产总值）的增长来代表发展。当时经济学家的主要研究问题是：为何有些国富有，有些国贫穷？穷国又应该如何分配自己的财富与劳动力，才能实现经济起飞，尽快赶上发达国家？

20世纪六七十年代，发展经济学着实热闹了一阵，涌现出一批学者和理论模型。其中比较著名的有麻省理工学院的罗森斯坦-罗丹、哈佛大学的纳克斯等，他们对各国经济发展模式做出一般化的概括，提出均衡发展理论，即保证产业之间、区域之间、区域之内各个地区的同步发展，平衡分配生产力资源，实现共同增长。他们认为，只要国家采用这些理论，就能实现有效经济增长，从而迅速缩小穷国与富国的差距。这些理论在逻辑上非常严谨，也有很强的吸引力。尤其是缩小穷国与富国的收入水平差异，这正是许多左翼学者的理想目标。

可人们逐渐发现，许多采用类似政策的国家并未如预期那样走上发展道路。倒有一些经济学家并不看好的国家，纷纷创造经济奇迹。又有经济学家追问：为何有些国家早早就踏上发展之路，有些国家却陷入"贫困陷阱"不能自拔？同样是发展中国家，为何有些国家获得国际援助后经济起飞，有些国家却迟迟不见起色？这些问题已经超出了当时经济学家的解答能力范围，而红极一时的发展经济学因为无法指导现实而逐渐被人抛弃。

印度裔经济学家阿马蒂亚·森（1933— ）较早意识到这个问题。他出生在1947年独立之前的印度，尤其是亲历了1943年孟加拉地区的大饥荒，这是他童年的重要记忆，也改变了他后来的学术道路。他在1950年代赶赴英国，在剑桥大学三一学院获得博士学位。他早年在社会选择理论方面做出了重要贡献，代表作有《集体选择与社会福利》（1970）。他发现了"森不可能定理"，与阿罗不可能定理、吉伯-萨特维（Gibbard-Satterthwaite）不可能定理共同构成社会选择理论的基石。

在20世纪80年代初，森注意到有些国家的GNP很高，如南美洲的巴西、墨西哥，当时人均GNP可能已经轻松超过2 000美元大关，但人均期望寿命却不及中国或斯里兰卡，婴儿死亡率也更高。而当时中国和斯里兰卡的人均GNP都不过两三百美元。由此可见，单纯以GNP作为经济发展的唯一指标，存在着许多弊端。

森认为，尤其对于发展中国家而言，发展的根本目标不应是最大化国家总体财富，而应是最大可能地发展每个人创造财富的能力，简言之，评价经济发展成功与否的指标必须是人，不是钱。许多发展中国家拥有大量人口。在新古典经济学家看来，这些都是非常宝贵的人力资本。可实际上，这些人往往缺乏教育，甚至不具备基本的营养和卫生医疗条件。在每天都要为生存而挣扎的环境下，人力资本模型无从谈起。

所以森的工作改变了发展经济学的议题，把发展经济学的研究从经济导向扭转为能力导向。他还据此理论设计出一套"人类发展指数",为联合国所采用,目前已经成为目前衡量国家经济发展水平的重要指数。森的工作很有意义,他在成名之后就转而关注印度本土问题,甚至开始思考梵文等传统文化问题,也是美国主流经济学之外的另一种选择。

随着经济学其他领域的发展,经济学家逐渐掌握新的技能,对发展经济学重拾兴趣。与半个世纪前的状况相比,20世纪90年代,世界上很多地方的发展问题仍然严峻。亚、非、拉许多国家的经济依旧落后,人民还在为温饱而努力,全世界有相当比例的人口每天生活费用低于2美元。与此同时,许多新问题如环境污染、能源耗竭也出现在经济学家亟须解决的问题清单上。虽然发展中国家尚未发展经济,但它们同样要处理此类问题。

20世纪90年代,两位美国经济学家哥伦比亚大学的萨克斯与纽约大学的伊斯特利之间发生一场著名的争论。萨克斯曾经主导过南美和俄罗斯的经济转型,非常有名。他在20世纪90年代野心勃勃地推行一个千禧村计划,即在非洲寻找1 000个村庄,根据当地状况推行脱贫政策试点。这1 000个村庄成功后,影响会向周围辐射,从而带动整个非洲大陆的经济起飞。从这个角度看,千禧村计划已经与当年的平衡发展理论有点不同,向非平衡发展理论靠拢。

可伊斯特利反对萨克斯的计划。伊斯特利曾写过一本书名为《白人的负担》,全面总结了联合国与世界银行在全球推行扶贫政策的失败教训。伊斯特利这本书以翔实材料证明了国际援助的普遍失败,可惜未能找出失败的普遍原因。伊斯特利认为,从经济学家几十年来的失败教训来看,我们对扶贫所需知识极度欠缺,萨克斯在这些方面没有显著突破,所以他的千禧村实验仍不可能获得成功。

而麻省理工学院的经济学家贝纳基、杜弗罗以及周围的很多经济学家认为，萨克斯与伊斯特利的争论关键在于大家都对具体地区的经济发展过程所知太少。扶贫政策是不是管用，必须试了才知道。过去由于缺乏调查数据和检验政策的手段，所以只能抽象地从理论上加以推导。到了今天，贝纳基等经济学家已经可以采用来源更广泛的调查数据以及实验经济学的方法来研究政策有效性。

他们的一些研究表明，我们原以为有效的大量政策都会失灵，这与当地的自然、社群、历史、风俗等诸多因素都有联系。每个地区的情况都有不同，没有百试百灵的药方。很多在局部有效的经验，都需要一步一步地谨慎推广，尤其要重视"最后一公里"问题即具体实施操作的细节。只有在每一环都做好，发展计划才可能顺利施展，从而促进区域乃至国家的整体发展。反过来，任何一个环节上的失误，都有可能对总体目标造成致命打击。过去几十年无数发展计划几乎都失败了，实在一点也不奇怪。

所以，数据来源的变化和实证方法的进步，彻底复活了发展经济学这个学科。今天促进这个学科的主要驱动并非理论发展，而是实证数据，这一点以前少有人能预料到。我们不妨把目前实证导向的研究方法与德国历史学派尤其是施穆勒的想法做一个比较。施穆勒就不相信任何普适的、抽象的经济理论，而是主张研究者从浩瀚史料中提炼归纳出一些局部有效的经济学理论。施穆勒也特别强调统计调查方法，只是当时还没有那么丰富的数据，也没有足够管用的统计分析方法。到了今天，大规模实证研究的兴起，并不完全建立在新古典经济学的继承之上，从某种意义上看，反倒是历史学派在今天的复活。这也正是研究经济思想史的意义之一了。

我们对于经济思想史的讨论到此就全部结束了。在这门课里，我们从柏拉图开始,一直讲到了当代的经济学,领略了经济学研究范式的形成和演变过程。由于时间所限,我们没有机会介绍更多的思想家和更多的思想细节。但是通过这门导论,希望读者对经济思想在这两千多年中的演变过程有一个粗略的了解,同时建立起批判性思考的习惯,以后有机会能更深入地学习经济思想史。

思考题:
1. 近几十年来,微观经济学发生了怎样的变化?
2. 近几十年来,经济学成功地拓展到哪些新兴领域?
3. 现在,经济学如何指导现实的经济发展?
4. 实证技术的发展,对于经济学理论产生了怎样的影响?

主要参考文献

[1] 以赛亚·伯林，卡尔·马克思，译林出版社，2018年。

[2] 马克·布劳格，凯恩斯以前100位杰出的经济学家，西南财经大学出版社，1992年。

[3] 斯坦利·布鲁、兰迪·格兰特，经济思想史（第七版），北京大学出版社，2008年。

[4] 小罗伯特·埃克伦德、罗伯特·赫伯特，经济理论和方法史（第四版），中国人民大学出版社，2000年。

[5] 罗伯特·海尔布罗纳，几位著名经济思想家的生平、时代和思想，商务印书馆，1994年。

[6] 哈里·兰德雷斯、大卫·柯南德尔，经济思想史（第四版），人民邮电出版社，2011年。

[7] 西尔维娅·娜萨，推手：改变世界的经济学天才，人民文学出版社，2013年。

[8] 阿列桑德洛·荣卡格利亚，西方经济思想史，上海社会科学院出版社，2009年。

[9] 莱昂内尔·罗宾斯，经济思想史：伦敦经济学院讲演录，中国人民大学出版社，2008年。

[10] 熊彼特，经济分析史（第一卷），商务印书馆，1991年。

[11] 熊彼特，经济分析史（第二卷），商务印书馆，1992年。

[12] 熊彼特，经济分析史（第三卷），商务印书馆，1995年。

[13] 熊彼特，从马克思到凯恩斯，江苏人民出版社，2000年。

[14] 罗伯特·斯基德尔斯基，凯恩斯传，生活·读书·新知三联书店，2015年。

[15] 亨利·威廉·斯皮格尔，经济思想的成长，中国社会科学出版社，1999年。

[16] 玛乔里·谢泼德·特纳，两个剑桥之争，江西人民出版社，1991年。

[17] 赖建诚，经济思想史的趣味（增订版），浙江大学出版社，2016年。

图书在版编目(CIP)数据

梁捷西方经济思想史讲稿/梁捷著. —上海：复旦大学出版社，2019.8
ISBN 978-7-309-14559-5

Ⅰ.①梁… Ⅱ.①梁… Ⅲ.①经济思想史-西方国家-高等学校-教材 Ⅳ.①F091

中国版本图书馆 CIP 数据核字(2019)第 174654 号

梁捷西方经济思想史讲稿
梁　捷　著
责任编辑/张美芳

复旦大学出版社有限公司出版发行
上海市国权路 579 号　邮编：200433
网址：fupnet@fudanpress.com　　http://www.fudanpress.com
门市零售：86-21-65642857　　团体订购：86-21-65118853
外埠邮购：86-21-65109143
常熟市华顺印刷有限公司

开本 890×1240　1/32　印张 9.75　字数 214 千
2019 年 8 月第 1 版第 1 次印刷
印数 1—4 100

ISBN 978-7-309-14559-5/F·2611
定价：49.00 元

如有印装质量问题，请向复旦大学出版社有限公司发行部调换。
版权所有　　侵权必究